禪海蠡測

南懷瑾 著

南懷瑾文化

出版說明

六十年前在臺灣，南師懷瑾先生撰寫了這本《禪海蠡測》，當時的先生，只有三十六歲。但是這本書，經過歲歲月月，早已公認爲是中華文化的傳世經典之作。

蠡測是什麼？蠡字令不少讀者卻步，對內文美不勝收的這本書，因而失之交臂。其實蠡是一支瓢，用一瓢海水去測禪海，這只是先生自謙之辭。

禪宗源自印度，但先生曾說，在魏晉南北朝時，中國已經有禪，就是誌公禪。達摩祖師來到中國後，經中華文化的沃土培育，與中國禪，孔孟老莊及諸子百家等，交融互通，而開花結果，枝繁葉茂，光芒四射，爲世界所公認的中華文化。

這本書首於一九五五年面世，由自由出版社出版，定價二十元新台幣。在書的背面，印有「爲保衛民族文化而戰」的字樣。因爲經過多年的戰亂，文化像一片沙漠，所以先生要爲保衛民族文化而奮鬥，而且，終身努力不懈。

此書在出版後十八年，先生曾略加修訂，重新出版，四十年又過去了，此書經過不斷的印行流通，不知何故，卻有不少誤差。或字體分別不清，或標點令文意模糊，或一字之差變成錯誤等。一本流通六十年之久的書，其間有盜印，改印，魚目混珠，在所難免。

現在，先生仙去已近兩載，回憶先生的教化，特聚三五同學同好，細心檢閱流行版本，並參酌原始一九五五年版本，再加訂正。除用字加以統一化外，有問題處亦已根據經典修正，並加標明，另版面排列也略加調整。但吾等因才學所限，只能盡力而為，企盼有方便於讀者而已。

又，為紀念先生的初心，封面封底仍援用最初文字，並附先生三十六歲時照片，以追懷當年之壯舉。

劉雨虹　二〇一四年六月

再版自序

時輪劫濁，物欲攖人，舉世紛紜，鈍置心法，況禪道深邃，尅證難期；余以默契宿因，嗜痂個事，覓衣珠於壯歲，慮魔焰之張狂，故不辭饒舌，綴拾斯文。然投滴巨壑，吹毫太虛，沉沉無補時艱，復將廿載。頃者，莘莘學子，驚顧域外之談禪，攘攘士林，欲振中華之墮緒，再請重鑄斯編，冀復燃燈闇室；固知舊鉛新槧，盡同夢裡塵勞。喫響撩虛，等是狂思玄辯，禪非言說，旨絕文詞，拈花微笑，能仁已自多餘，渡海傳衣，少室徒添滲漏，五家七派，無非自碎家珍，萬別千差，透徹何勞竪指，斯編之作，為無為，何有於我哉！

中華民國六十二年仲夏南懷瑾再序於臺北

初版自序

運阨陽九，竄伏海疆，矮屋風簷，塵生釜甑。客來自遠，顧而讓之曰：子脫屣圭纓，棲情衡泌有日矣；曩者掩室岷峨，行腳康藏，風霜凋其短鬢，烟水歷乎百城，矻矻窮年，究此一事；雖夢宅虛無，本乏可留之跡，而空書斐亹，終成不著之文，際茲慧命絲懸，魔言鼎沸，同舟儼分乎楚漢，一室而判若參商，正法衰微，乾坤幾息，不有津梁，罔克攸濟，金針密固，庸所安乎？聞已而思，瞿然有省。夫妙契匪意，眞證難言，動念已乖，況涉文字。然無說自說，瓶瀉雲興，從上祖師，皆非得已，矧余末學，猶具見聞，窺測之談，不離知解，揆諸先聖盍各之義，竊比昔賢就正之情，磚石之投，連城或致，則亦何妨著佛頭糞，大作寱語耶！爰濡禿管，率成斯編，所涉雖繁，要仍以禪爲主，如葉歸根，如水赴海。倘閱者因筌得魚，見月廢指，形山打破，會即不疑，是吾心也。若遇明眼，爍破面門，此中廓然，徒添絡索，一場懡㦬，轉見敗闕，則余知過矣。

中華民國四十四年七月一日淨名盦主南懷瑾識于臺灣

目錄

禪宗之演變

釋迦一代時教，宏開於印度，流傳徧亞洲。印度後期大乘興盛，以世親時代之彙集闡揚，開後世顯密通途之學。世親年代，假定在西曆第五世紀之初（東晉時），印度本土佛教之滅亡，則在西曆第十二世紀之末（南宋時），歷時約八百年之久，其間學說嬗變，初後期中，又多不同。初期二百餘年，派別紛紜，顯密異趣，大變從來學說之一貫面目。其後五百餘年，大師零落，任運敷衍，燦爛餘葩，遂歸萎謝。印度素乏歷史觀念，佛教發源於印度，經典記述，史跡闕如。後賢考證雖精，片羽吉光，不無罅漏。在中國開創之十宗，通途皆歸於佛，後先輝映，彌增光彩，禪宗當爲其首。有謂禪宗乃後期大乘佛法流行時所開創，臆測之說，殆難徵信，姑予存疑可也。

印度原來情形

佛所說法，若顯若密，皆有典籍可據。唯禪宗傳承，缺乏考證資料，學者視爲疑案，且有指爲僞造者。歷來禪宗學者，對此問題，謂爲教外別傳之旨，皆捨而不論；宗門所傳，則以靈山會上，拈花微笑一則公案，爲其開端。

世尊在靈山會上，拈花示眾，是時眾皆默然。惟迦葉尊者，破顏微笑。世尊曰：吾有正法眼藏，涅槃妙心，實相無相，微妙法門，不立文字，教外別傳，付囑摩訶迦葉。

又云：

世尊至多子塔前，命摩訶迦葉分座令坐，以僧伽黎圍之。遂告曰：「吾有正法眼藏，密付於汝，汝當護持。」並勅阿難副貳傳化，無令斷絕。而說偈曰：「法本法無法，無法法亦法。今付無法時，法法何曾法。」爾時，世尊說是偈已，復告迦葉：「吾將金縷僧伽黎，傳付於汝，轉授補處，至慈氏佛出世，勿令朽壞。」迦葉聞偈，頭面禮足曰：「善哉善哉！我當依勅，恭順佛故。」

據此二說，後則經典有據，前則載籍無徵。唯宋王安石曾謂於內廷校閱祕閣圖書，得讀未經頒行之《般若大梵王問決經》，記述此事，實可徵信。並謂經內涉及國運轉變之預言頗多，故歷代帝王，皆藏之祕府。說者如此，而終乏實證，姑從闕疑而已。

宗門記其傳承，溯自釋迦以前，歷傳七佛。跡其七佛名號，於經有據。唯單傳付法之事，則又屬禪宗傳說，群疑繁興。自釋迦以次，迦葉、阿難，遞傳至二十七代，而有達摩，爲印度二十八祖，復爲中國禪宗初祖。達摩東來傳法，事跡可徵，論者崇之。

稽之宗門記載，印度二十八代傳承，諸祖行跡，與中國後代禪師，大異其趣。印度祖師，多爲三藏大師，經、律、論，靡所不通，戒、定、慧，尤爲殊勝。迨其臨終遷化，踴身虛空，顯現神變，然後付法而寂。其間如龍樹、馬鳴皆名稱普聞，爲佛門柱石。若龍樹大師，爲中國所有八宗之祖，開來繼往，德業崇隆，事蹟斑斑，眾所習知。唯二十四代師子比丘，被罽賓國王所殺，故有謂禪宗在印度傳承，於茲已斬，後之傳統，多所置疑。據此而論，則中國二祖亦於鄴都償債，事有類同。豈後代傳法，都爲僞造。凡禪宗大德之有成就者，皆能預知，如二祖所遭遇之事，已先期自曉。師子比丘被害時，斷頭無血，唯白乳涌高數尺，其工用成就如此，豈倉皇殉道者可比。復有其師懸記，預期付法，早已得人，誠未可以世俗之見，測量之也。

中國初期情形

印度本土禪宗，既乏史料，考證無由。達摩東來，信史可據。梁武帝普通七年，達摩祖師自印度渡海至廣州，同年十月至金陵，與帝說法不契，於十一月至洛陽，寓止嵩山少林寺。「面壁而坐，終日默然，人莫之測，謂之壁觀。」共歷九年。相傳面壁九年之說，訛矣。又謂其在中國時間，歷五十餘年之久。如《傳燈錄》載師示寂之日，爲魏莊永安元年戊申十月五日。通論據史辨其訛。故終爲疑案也。當時從其學法者頗不乏人，如道副、道育、尼總持等；唯慧可（神光），得其心要，是爲此土之二祖。自此以後，遞至六祖，恰在初唐高宗，至開元時代，此爲禪宗之初期。

達摩傳法慧可，師徒授受之際，猶付《楞伽經》以印心。雖曰「教外別傳」，實須符證教典，絕非憑空臆造。迨黃梅五祖，以至曹溪六祖，皆提倡《金剛經》，故後賢亦有謂禪宗爲般若宗者。六祖示現不識文字，提持心印，爲禪宗正統。說法極其平實，淺出深入，智泉噴涌，其門人錄成寶典，號曰《壇經》。其中語不離宗，皆歸於教，於釋迦之文字教義，多所闡發。因其在廣州、韶州之曹溪，開堂說法，後世溯禪宗正脈，咸歸曹溪，故稱之曰「南宗」。而與六祖同時宏化者，尚有「北宗」神秀，學者歸仰，數亦不少。神秀以漸修爲尚，六祖以頓悟爲門，宗旨方法迥異。故言禪宗者，當以曹溪爲歸。六祖以下，得其心要者，頗不乏人，而言其正脈，以南嶽懷讓與青原行思二師爲首。南嶽一系，至馬祖道一，而宗風大振，後賢之言禪宗者，尤重南嶽單傳。所謂嗣法傳承，主嫡傳正統者；非謂法嗣之外，皆所不取，惟擇學眾之中，成就至高，見地透脫，足當承先啓後者，爲其嗣長耳。

禪宗初期，不但南北二宗，儼然對峙，即六祖門下，亦漸分途。荷澤（神會）擅改《壇經》，深爲同門所不滿。如南陽忠國師（六祖得法弟子）

曰：

吾比遊方，多見此色正尤盛矣。聚卻三五百眾，目視雲漢，云是南方宗旨。把他《壇經》改換，添糅鄙談，削除聖意，惑亂後徒，豈成言教？苦哉！吾宗喪矣！

今之言禪宗者，捨正脈而不談，以荷澤為宗門正統，誠非篤論。稽之《壇經》有云：

一日祖告眾曰：我有一物，無頭無尾，無名無字，無背無面，諸人還識否？神會（荷澤）出曰：是諸佛之本源，神會之佛性。祖曰：向汝道無名無字，汝便喚作本源佛性，汝向去有把茅蓋頭，也只成個知解宗徒。

荷澤於六祖門下，見解如此，已為六祖所斥。後之賣度牒，提倡南方宗旨者，已如六祖懸記，事所必然。學者推重荷澤，謂得禪宗之的旨，實為未可。

唐宋間之發展

自南嶽青原以後，有馬祖道一、藥山惟儼。二師出世，宗風丕變。尤以馬祖見地超越，接引機用，不重講解，門下出八十四員善知識，咸為出格高人。彼此論道，逸趣盎然，且皆雋永有味，義蘊無窮。如百丈、南泉、丹霞、歸宗、龐居士等，或擎拳豎拂，或瞬目揚眉，或棒喝以示宗旨，或默然以符心要。其用意必須聰明絕頂，度金針而不落言詮，甘苦到頭，覩棒喝而豁開靈鏡者，方可當下知歸，契入宗旨。禪宗至此時期，五家宗派興盛，已大異昔趣，創中國禪宗特有之典範矣。此後所謂德山棒、臨濟喝、雲門餅、趙州茶，皆承其緒而別開生面。雖然，弊隨跡生，若顛狂放浪，圓滑幽默等風氣，以謂不教而得，形雖近似，而實亂眞。故至宋代宗門大匠，如圓悟勤、大慧杲師弟，力闢棒喝作略，而以理事並行。大慧住徑山日，約定下喝者罰錢罰齋，蓋深知其弊，故痛懲而力挽之也。比附此等風氣而興者，即用四韵八句，以詩詞格調而唱宗旨，於是宗師授受，用此謂付法。大慧杲臨滅時，侍僧了賢請偈，師厲聲曰：無偈便死不得嗎？援筆曰：「生也恁麼，死也恁麼，有偈無偈，是什麼熱大？」擲筆而逝。繼此之後，棒喝機鋒，爲之稍遏。而以四韵八句付法，代之而興。歷至近代叢席，佛之心法不問，徒以紅綾書上偈語，作爲接方丈法位之事，早於彼時階之厲矣。

元明清之趨向

元代宗門，頗乏大匠，且在蒙族統治之下，受喇嘛教威脅，心燈光燄，搖搖欲墜。禪者雖亦散處四方，而皆晦跡韜光，如時人推重之高峰、中峰師弟，皆入山唯恐不深，逃名若將不及。當此之時，禪宗競尚修持，居山閉關打七之事，相率成風。昔日之直指見性者，轉於行履門頭，見其鵠的。所謂起疑情參話頭之學，成爲宗門下手定式。歷明至清，一是無變。中間如密雲、破山輩，皆遭世多難，一仍舊規。若憨山者，豈敢認爲禪宗正統，但爲衛教功臣耳。清初雍正以人主身，提持宗旨，獨顯威重，天下禪和，咸皆鉗口，雖護法有功，而亦從此扼殺天下老和尚之口舌者矣。等次以下，禪宗所存者，唯打坐、參話頭等形式而已。宗師即無接引後進手眼如唐宋大匠者，參禪之徒，多有老死語下，不落入擔板窠臼，即墮在禪定功勳。撫今追昔，吾誰與歸！

禪宗在中國之演變情形，概如上述，約分爲初、中、後三個時期，譬例可明。南朝至初唐爲初期：此時禪宗，方値萌芽，如平地聞隱約輕雷，夾和風化雨而來，有大地陽和，春滿人間之象。中唐至南宋末，爲中期：大德輩出，已枝條堅固，花葉繽紛，如夏日迅雷，聲震寰宇，黃河長江，急流洶湧，夾泥沙而俱下，其源流所及，「到江送客棹，出嶽潤民田。」而犯人苗稼，勢亦難免。元、明、清間爲後期：如寒冬入幽壑，清冷逼人，霧迷山徑，林峰隱約，雖面目朦朧，而其中幽趣，引人入勝，令遊者欲罷不能。時至現代，則幾趨衰落，其情形如古德有言：「百花落盡啼無盡，更向亂峰深處啼。」

與中國文化因緣

中國文化，儒道二家之學爲二大主流，如黃河長江，灌溉全國，久已根深柢固。佛法在後漢、兩晉、南北朝間，陸續輸入。初期翻譯教典經文，名辭語句，多援引老莊或儒書。外來法師如鳩摩羅什，翻譯名言，必與此土思想文字，比類發明。什師門下高弟，如僧肇、僧璿輩，名僧道安師弟，以及慧遠諸公，皆學問淵博，貫串古今。影響所及，梵語佛法，形成中國化者，勢所必至。禪宗本為教外別傳，不立語言文字，直指見性之學，一變再變，而成中國特有之宗風，亦理之所必然者。

兩晉以還，談玄風氣，相率成習，士大夫間，厭憚世亂，率逃虛無。如劉遺民曰：「晉室無磐石之固，物情有纍卵之危，我復何為？」此足為當時知識階級間頹廢思想之代表。而玄談冥渺，旨無所歸，佛法東來，適救其弊。大乘救世思想，挈儒家而同途，涅槃寂淨之說，掖道家而並駕，故得上下嚮風，趨之如騖。修習禪觀之學，於以大興。然習禪觀以證眞如性海，事非不能，第滯情化境，易落小果。迨達摩東至，契理契機，於言詮以外，傳授心法，簡捷提示，深合中國民族文化特性。南朝至唐宋間，僧俗習禪宗者，偏於全國。禪師輩說法開示，擺脫教義，用一機一境，或以富於趣味之文學詞句，指出空有眞詮，比比皆是。因當時師僧，素質至高，多有博學名儒，披緇其間。影響所及，舉凡思想、文學、藝術、建築等，皆以具有出世神韻，富有禪意爲高。歷代名人，直接參禪，指不勝屈，出此入彼，於儒家開理學門庭，於道家啓丹道各派。佛法在中國之有禪宗，非但爲佛教之光，亦爲東方文明大放異彩矣。

對佛教之功績

佛教入中國，自兩晉至五代間，學說傳佈，雖有日興月盛之趨，而左儒右道，其在學術及宗教競爭上，常受挫折。佛教史上所稱之「三武一宗之難」（即北魏太武帝、北周武帝、唐武宗，及後周世宗等四次排佛。）皆賴禪宗師僧得以保存規範。蓋禪者簡易，遭逢斯世，祇須一瓶一鉢，遯跡空山，即足避禍。迨事後出世，名望倍增，此爲其對佛教功績之一。佛教在印度，因習慣已成，出家比丘，可以乞食自修；中國國情既異，長此以往，勢難繼續。百丈禪師師徒有鑒及此，乃興叢林制度，集中僧團，自力謀生，共修佛法，訂立清規，以資公守。且以身作則，「凡作務執勞，必先於眾。主者不忍，密收作具而請息之。師曰：我無德，爭合勞於人？即徧求作具，不獲，則亦不食。故有一日不作，一日不食之語，流播四方。」及宋代程伊川見僧出堂威儀，嘆曰：「三代禮樂，盡在是矣！」而在當時，佛教之徒，認爲非佛之制，謗百丈爲破戒比丘。及今觀之，其所立制，管理嚴於軍事部勒，計劃勝於社會組織，不圖百丈禪師，早創之於千載以上，終賴此制得以保存佛教於不墮，此爲其對佛教功績之二。佛法重在行證，依諸教理，須經三大阿僧祇劫，遙遙歲月，佇望興悲！何期有此教外方便，使「不歷僧祇獲法身」。娑婆眾生，得此心法要門，皆可見性而立地成佛，其直截了當如此，其功勳德業，誠欲讚而無辭焉！

禪宗之宗旨

佛法十宗，各有教典可據，依教奉行，可證果地。唯禪門一宗，既不據於教典，又無軌則可循，摒棄文字，壁立萬仞，如一個鐵饅頭，叫人無下嘴處。諸方浩浩，商榷宗旨者，終如寒潭月影，撈摝無踪。雖然如此，而其文彩亦自然而彰，如旃檀刻佛，唯妙唯肖矣。宗旨之難言既若此，今欲強言之，亦若佛頭著糞，罪過無比。嘗言此事必至臻「手揮五絃，目送飛鴻」之妙，方有少分相應。否則，如在「冰稜上走，劍刃上行」，一有放浪，即喪身失命矣。

宗門之始，即靈山會上，世尊拈花，迦葉微笑，滴髓一脈，永傳慧命。言其理則，佛說三藏十二分教，皆爲所依。推其極致，則一字不立，揚眉瞬目，已是第二義事矣。故佛說一大藏教，如僧繇畫龍，鱗甲爪角畢具，栩栩欲動。宗門工夫，則如雙睛一點，立即破壁飛去。故靈山一會，世尊以不說而說，尊者以不聽而聽，無上甚深之旨，盡在默然中矣。

今世學者，有言禪宗者，極盡幽默譏諷之能事，例如謂：「打即不打，不打即打。」是禪門之宗旨。噫！是何言歟！若認此爲禪宗者，譬如有一盲人，問人曰：白色者何狀？答曰：如白雪之白。盲人又曰：白雪又是何狀？曰：如白馬之白。盲人復曰：白馬何狀？曰：如白鵝之白。盲人再曰：白鵝何狀？答者無奈，取盲人之手而比畫之曰：白鵝者，其頭頸細長而能伸曲，有兩翼，其鳴也呷呷然。盲人乃曰：汝何不早說？如此，我已知乎所謂白者，頸細而長，有兩翼，其鳴呷呷。客之所謂禪宗者，亦猶是耳！安可相與論禪？昔聞某教授論禪曰：禪宗乃冥想之極則耳。因笑謂曰：公之論禪，猶村里小兒，論廟堂中事，何能不作門外語哉！

達摩東來，傳吾佛心宗以外，並付《楞伽經》以印心。但此經非禪宗獨據之內典，大乘各宗亦祖述之。理賅三藏，微妙幽深。《楞伽經》云：「佛語心爲宗，無門爲法門。」然則，佛之心畢竟如何？恐雖析須彌以爲筆，蘸四大海水以爲墨，盡大地微塵以爲舌，亦難以言語文字明之矣。既不可明，自然無門可入此心法之宗，祇此千迴萬轉，無路可通，無門可入，即可入得此門。一彈指間，開見彌勒樓閣，即有無數無量之彌勒，一一彌勒各坐寶閣中，重重無盡，放大寶光，轉妙法輪。故佛曰：「止，止，不須說，我法妙難思。」又曰：「奇哉！一切眾生，皆具如來智慧德相，祇因妄想執著，不能證得。」既不可說，又不可妄想執著，皆是無門可入。即此無門，是爲法門。無以明之，且畫其影曰：「滿地江湖難放棹，漁郎何得下金鈎？」茲簡禪宗古德之略言宗旨者如次：

達摩祖師謂神光曰：「內傳法印，以契證心。外付袈裟，以定宗旨。」

三祖僧璨作〈信心銘〉有曰：「眞如法界，無他無自。要急相應，惟言不二。不二皆同，無不包容。十方智者，皆入此宗。」

印宗法師問六祖惠能：「黃梅咐囑，如何指授？」祖曰：「指授即無，唯論見性，不論禪定解脫。」宗曰：「何不論禪定解脫？」祖曰：「爲是二法，不是佛法。佛法是不二之法。」又曰：「無二之性，即是佛性。」又立無念爲宗。復曰：「無者，無二相，無諸塵勞之心；念者，念眞如本性。」

且引經明無念之旨曰：「善能分別諸法相，於第一義而不動。」

黃檗禪師曰：「我此禪宗，從上相承以來，不會教人求知求解，只云學道，早屬接引之辭。然道亦不可學，情存學解，卻是迷道。道無方所，名大乘心。此心不在內外中間，實無方所。第一不得作知解。只是說汝如今情量處，情量若盡，心無方所，此道天眞，本無名字。」

初期禪師之言宗旨者，大抵如此。有曰：靈山會上，佛告迦葉：「吾有正法眼藏，涅槃妙心，實相無相法門。」此之數語，即爲心宗禪門之宗旨。持此說者，約分二途。其一謂：「正法眼藏」一句，即爲全提。而且著重在「眼藏」二字，若能將此雙眼，藏於無相實相之境，則涅槃妙心自然現前。並取密宗之「看光」、「觀空」，及習用之「回光反照」等用工之事相法門爲證。持之有故，言之成理。然法執深固，如靈龜掃跡，愈掃而跡愈彰，於直指心性之門，不覺愈馳愈遠，終至向外馳求，不自知其落於窠臼。豈吾佛心宗之的旨乎？

玄沙禪師曰：「西天外道，入得八萬劫定，凝神寂靜，閉目藏睛，灰身滅智，劫數滿後，不免輪迴。蓋爲道眼不明，生死根源不破。」其二謂，此之數句，非關用工之相事，乃標至理而明宗。所謂「正法眼藏」者，乃稱佛之正法，祇有此心法爲正。眼者，如人有目之爲至尊至貴。藏者，若如來藏性之無盡無際。質言之，如其云此爲無上第一正統，別無遺蘊。然而「涅槃妙心，實相無相」之說，豈純爲言理？須知理極即事，事顯其理。祇如此說，了無實義；豈吾佛亦說口頭禪，作門面語乎？誠然，此之數語，於心宗要旨，已開其門。悟之者，是則全是，非則全非。若不明見此心，洞達法性，皆爲墮負之言耳。故後之禪門大德，捨此不言，唯以「麻三斤」、「庭前柏樹子」等句，全提正印，要君自肯。所謂「鴛鴦繡出從君看，不把金針度與人。」誠爲大機大用，無上慈悲；否則，終日說禪論道，論理則細析玄微，行證則妄心龐雜，烏足以語乎此。

自馬祖以後，參宗之徒，皆以究問「祖師西來意」爲尚。此之所稱祖師，即指達摩初祖而言。問「祖師西來意」，即與問「佛法大意」是同一目的。若明乎祖師西來意旨，宗門心法之要，可以釋然自得。而諸禪師之答此問者，咸以一無義味語句，令彼自參。此非故弄玄虛，神祕莫測。如語人寶藏在彼，不指方向，僅示一鎖鑰之形，由當人自製自尋，必須歷盡萬苦千辛，一旦豁然覓得，方知原是自家故物。苟不歷盡此中艱苦，縱饒辯若懸河，義窮淵海，仍是承虛喽響，終至流爲口頭禪。故曰：「莫將閒學解，埋沒祖師心。」

迨乎百丈臨濟以後，五家宗派興盛。如臨濟有三玄三要、四料簡、棒喝等機要，各標一門宗旨，稱爲綱宗。學者透不得綱宗，終似「透網金鱗猶滯水」、「猿猴化去尾難逃」。不能透脫般若，法身難圓。有曰：綱宗之興，實爲禪門病態，舉一眩萬，若佛之言教，祖師之開示，無一而非綱宗，何待別立綱宗，豈非頭上安頭之舉？殊不知禪宗至唐宋間，天下善知識如林，大匠處處皆是，「言前薦得，終是滯殼迷封，句後精通，猶復觸途成滯。」禪門活法，至此已成死語。故諸家宗祖，不得不別標心法，以勘驗學人，錘鍊其知見。雲居戒禪師有言曰：

五家宗法，各有門庭，各有閫奧。玄關金鎖，百匝千重。陷虎迷獅，當機縱奪。如陰符太公之書，不可窺也。如五花八門之陣，不可破也。不如是，不足以斷人命根，而絕人知解也。不如是，則學家情關未透，識鎖難開，法見不消，而通身窠臼也。豈佛祖正法眼藏也哉？或曰：所貴乎禪者，以不立文字，不涉名言，超然獨脫也。今綱宗一立，則名相紛繁。楷成格則，是增人情識，益人知見，而有實法可求也。聰明者，必穿鑿，愚魯者，益懵懂矣。真悟道者，何貴於此乎？曰：諸祖所以立綱宗者，正為此也。主人公禪，自謂無情識，而渾乎情識也。自謂絕知見，而純是知見也。自謂無實法，而認定一機一境，恰墮實法也。有臨濟七事，五宗宗旨，用妙密鉗錘以鈎錐之，料揀之，剗削之，而知見始消，情識始破，實法始忘矣。窮盡萬法，而不留一法，是真直捷。透盡諸門，而不滯一門，是真孤峻。徹盡大法小法，一切綱宗而罷除綱宗，是真獨脫。而豈守繫驢橛，倚斷貫索，弄無尾巴猢猻之謂哉？譬之行路者，歷九州四海，徧名山大川而仍歸本處，忘盡途中影子，是真到家矣。又譬之廣學者，窮盡二酉，蒐盡四庫，貫穿天祿石渠之藏，而胸不留一字，是謂博通矣。使足未離跬步，而眼空四海，毀天下之行遠者，目未涉經書，而空腹高心，呵天下之讀書者，雖三尺童子，亦知其背謬矣。但重根本而疑綱宗者，為葛藤，為知見，為實法者，何以異是哉！夫抹去綱宗者，不但自己宗眼不明，一當為人，動便犯鋒傷手。機境當前，而不知踞頭收尾。節角誵訛，而不知抽爻換象。掠虛弄滑，而不能勘辨。到對打還拳，而無法剪除。徒恃鑑覺，以為極則。法門窠臼，不可言矣。（《禪門鍛鍊說・第九》）

觀乎此，禪門之宗旨，與夫諸祖之所立綱宗者，如擊電吹毛，犯之即喪身失命。如漫天帝網，處處漏洞，處處條貫。若執一端實法以爲無意義，以爲是幽默，徒成其井蛙之見耳！禪宗爲佛法畫龍點睛心髓之學，而所謂宗旨者，猶爲畫龍而非點睛之事。如龍牙遯禪師頌曰：

學道無端學畫龍　元來未得筆頭蹤
一朝體得真龍後　方覺從前枉用功

有謂禪宗者，以「無念爲宗」。獨取六祖一語，標爲極則。誠哉！「一句合頭語，千古繫驢橛。」設以無念爲吾佛心法宗旨，直教大地平沉，活埋無數蒼生矣。石頭瓦塊，棺內眠屍，皆無念也。豈皆已明心見性而成佛耶？永嘉不云乎：「喚取機關木人問，求佛施功早晚成？」曰：非謂此也。謂此心寂靜，對境無心耳。然則，寂靜與無心者，唯以我對待外境而言，但使外不入內，心不外馳，固能若是，境仍自境，心仍自心，人法二執，依然如故，云何得謂無念哉？《楞嚴經》云：「內守幽閒，猶爲法塵分別影事。」此內守寂靜無心者，非即法塵緣影耶？昔在昆明，遇月溪僧，亦曰：「涅槃爲究竟，證得涅槃，即不再起生緣。」乃請問曰：《楞伽經》云：「無有佛涅槃，亦無涅槃佛。」古德復有言：「涅槃生死等空花。」乃至「不畏生死，不住涅槃」等法語，又何說耶？事隔十年，橛棒如故，自稱禪德，褒貶諸方，諍心未止，我見難除，抑何可嘆！此所謂涅槃，所謂無念，如出一轍。有曰：初祖云：「汝但外息諸緣，內心無喘，心如牆壁，可以入道。」此可證也。曰：初祖所謂，乃示神光入室之徑耳，非極則事也。依語論義，其末句曰：「可以入道。」謂苟能如此，可以入道矣。六祖亦自釋無念之意云：「無者，無妄想。念者，念眞如。」此解無念之說，爲合二義於一的，猶未可執名著相也。百尺竿頭，希更進步，一翳著目，終至失明。執無念，不起分別，無生之賢，尤當猛省。永嘉曰：「誰無念，誰無生，若實無生無不生。」然則，無念、無分別、無生者，皆非乎？曰：孰可云非，第未達耳。茲錄同安察禪師二偈，以備參考：

心印

問君心印作何顏　心印誰人敢授傳
歷劫坦然無異色　呼為心印早虛言
須知本自靈空性　將喻紅鑪焰裡蓮
莫謂無心便是道　無心猶隔一重關

祖意

祖意如空不是空　盡機爭墮有無功
三賢尚未明斯旨　十聖那能達此宗
透網金鱗猶滯水　回塗石馬出紗籠
殷懃為說西來意　莫問西來及與東

公案語錄

佛法東來，自禪宗興盛，語錄之作，於以大行。語錄者，乃往昔禪師，就其平生說法開示，門弟子記輯而成編者也。自六祖有《壇經》以後，諸方記錄，漸成鉅帙。五代宋元以後，禪宗叢林制度，已成習慣，凡知名禪師，大多出任方丈。爲方丈者，依諸禪制，必有書記一席之設。書記者，如古之記室文案，今之幕府祕書，而其責任，又如專制時代帝室之史官，若左史記言，右史記行，禪林書記，記述禪師之言行，併此記述，輯成語錄。宋元以後，語錄大行，並影響於儒家矣。後世法道衰敝，一般大德，或爲求譽，或門弟子爲光耀師名，雖了無見地，亦皆杜門編造語錄，或出資僱文人學士撰造，以事流布。凡此之徒，不知凡幾？甚矣！名聞恭敬利養心之難除也！或有謂儒家語錄，非自禪門偷襲，實早肇於先聖。主此說者，大有人在，孰是孰非，屬於考證學範圍，論之無益。總之，佛儒二家之有語錄，息息相關，暗通聲氣。亦猶如宋儒學禪，歸而言理，轉復誹謗佛說。明燒棧道，暗渡陳倉，入主出奴，古今一例耳。

古禪師語錄，遺留傳刻者，類皆精心之作。而有清高隱逸之流，畢生無語傳世，寂寞山林，默然緘口者，此尤爲語錄中之最高尚者。復有其人，聲名不彰，湮沒無聞，雖有述作，散佚未收者，當亦不少。而古禪德中，間有語錄傳世，雖其詞藻紛披，令人悅目，但其見地，確未透徹者，亦屬不鮮。此中揀擇，大須眼明。嘗謂讀古人書，須在頂門上另具隻眼，庶不致盡被雙睛瞞過。此則無論世間出世間，治學之道，皆同一揆焉。

例如洪覺範，以一代禪德，名垂千秋，著作甚多，有華嚴教乘等作行世，其文章都麗，眾所崇仰。孰知其見地猶滯化境，後之學者，從其說入，豈不永爲世誤！故知讀書實難，著書更難，誤人千古，罪過不淺。忝居淺學，不敢褒貶諸方，且引明時永覺和尚之評，以爲證明：

洪覺範書，有六種。達觀老人深喜而刻行之。余所喜者，文字禪而已。此老文字，的是名家，僧中希有。若論佛法，則醇疵相半。世人愛其文字，並重其佛法，非余所敢知也。

當其時，覺範才名大著，任意貶叱諸方。諸方多憚之。唯靈源深知其未悟，嘗有書誡之曰：聞在南中，時究《楞嚴》，特加箋釋，非不肖所望；蓋文字之學，不能洞當人之性源，徒為後學障先佛之智眼。病在依他作解，塞自悟門。資口舌則可勝淺聞，廓神機則難極妙證。故於行解，多致參差，而日用見聞，尤增隱昧也。余喜覺範慧識英利，足以鑑此，倘損之又損，他時相見，定別有妙處矣。靈源此書，大為覺範藥石，然其痼疾弗瘳，亦且奈之何哉！（永覺和尚《寱言》）

又何以見其未能徹悟，茲更錄《指月錄．靈源清案》如下：

洪覺範與師（靈源清），為法門昆仲。嘗聞靈源論曰：今之學者，未脫生死，病在什麼處？在偷心未死耳！然非其罪，為師者之罪耳！如漢高帝紿韓信而殺之，信雖曰死，其心果死乎？古之學者，言下脫生死，效在什麼處？在偷心已死。然非學者自能爾，實為師者，鉗錘妙密也。如梁武帝御大殿，見侯景，不動聲氣，而景之心已枯竭無餘矣。諸方所說，非不美麗。要之，如趙昌畫花逼真，非真花也。

又，《指月錄．洪覺範案》：

洪覺範曰：靈源禪師謂余曰：道人保養，如人病須服藥，藥之靈驗易見，要須忌口乃可。不然，服藥何益？生死是大病，佛祖言教是良藥。污染心是雜毒，不能忌之，生死之病無時而損也。余愛其言。

靈源叟與覺範二師，爲法門昆弟。觀靈師之屢挫覺範，其時其人，見處已可知矣。又，大慧杲未悟以前，亦以文字禪名震諸方，走見覺範，師驚爲奇特，自謂二十年用工，亦僅至此耳（事見〈機鋒轉語〉節）。故大慧在當時，疑禪宗之爲學，皆脫空妄語也。若非經圓悟勤之鍛鍊，幾失禪宗一碩果矣。

復如明末之漢月藏（三峰藏），未出家前，自謂已悟。披緇以後，從密雲悟處得法，未臻玄奧，即以文字禪名滿天下。於是漢月一支，就是這個○○之禪，流布極廣。密雲無奈，著《闢妄》一書以斥之。而漢月弟子，皆擅長翰墨，又著《闢妄救》一書以匡扶師說。密雲乃一篤行禪師，文字不勝，亦不欲多辯。迨雍正出而大闢漢月一系，屢下詔書，勅令漢月宗徒，改歸臨濟正統，否則，皆令還俗。並燒燬漢月著作（見〈雍正御製語錄序〉等），清理宗門，爲密雲悟吐氣不少。時至現代，學術之禁大開，漢月宗系，有湛愚老人所著之《心燈錄》者，流布刊行至廣，禪者亦多奉爲寶典。心燈闇淡，宗眼不明，誤己誤人，莫此爲甚！

名利二途，賢者難免，身居世間，孰能免此？如堅志逃名，必已遯跡無聞矣。如隱山和尚，偶被洞山與密師伯尋見，即燒庵避去。述偈曰：

三間茅屋從來住　一道神光萬境閑
莫把是非來辨我　浮生穿鑿不相關
一池荷葉衣無數　滿地松花食有餘
剛被世人知住處　又移茅屋入深居

又如南嶽懷志庵主，初預講席十二年，宿學爭下之。後得法於眞淨。淨曰：「子所造雖逸格，惜緣不勝耳！」師識其意，拜賜而行。諸方挽之出世，師不應。庵居於衡嶽石頭，二十年不與世接。有偈曰：

萬機休罷付癡憨　蹤跡時容野鹿參
不脫麻衣拳作枕　幾生夢在綠蘿庵

嘗謂富貴利祿，皆爲人爵，名乃天爵，妄求招禍。曾以身試，然後知後世禪者，有偶於工用見地上，稍得入處，或抄襲前賢遺著，或杜撰學名，或爲自作，或請人代爲著書名世，何其好名之甚耶！雖然，此事古已有之。如宋人鄭昂跋《景德傳燈錄》曰：

《景德傳燈錄》，本住湖州鐵觀音院僧拱辰所撰。書成，將游京師投進，途中與一僧同舟，因出示之。一夕，其僧負之而走。及至都，則道原者已進而被賞矣。此事與郭象竊向秀《莊子》註同。吾拱辰謂：吾之意，欲明佛祖之道耳。夫既已行矣，在彼在此同。吾其為名利乎？絕不復言。拱辰之用心如此，與吾孔子人亡弓，人得之之意同，其取與必無容私。

由獨家語錄而彙輯成爲公案之書者：如《正法眼藏》《景德傳燈錄》《人天眼目》（此書錯謬處甚多）《五燈會元》《指月錄》等。而尤以《指月錄》一書，成於明代，乃居士瞿汝稷所選輯。自後凡僧俗學禪者，莫不人手一編，侈談公案，以相敲擊。所謂：「斗大茅庵，亦皆供奉。腰包衲子，無不肩攜。」甚之，公案成爲講經說法者之點綴品，多志前言往行，穿插公案愈多者，即善講之名愈大。公案之用，末流至此，亦禪門不幸中之幸矣。瞿汝稷初成此書，僧眾中謂其不然者，大有人在。亦與時下所謂佛法，僅屬於出家人事，居士不當荷擔大法者正同。雲門僧宏禮爲瞿著之敘曰：

當時老宿有異議，謂俗漢之書，學者不當經目。先師哂之曰：

此殆如以峨嵋之月，祇落錦江，不經吳會也。

孰知法流勢末，禪門寥落，而世人尙知有禪宗者，端賴此書護法，其功非淺。康熙間，儒者聶先樂，復繼瞿汝稷之後，編《續指月錄》一書，雖較瞿著稍次，而其「竭三十年血力，手胼足胝，而爲此書。」且續瞿錄「南宋隆興以後三十八世之宗派，上下五百年之慧燈。」（見原書余懷序）其功豈淺鮮哉！聶著雖成，復受時賢儒士之非議。人我是非之諍，古今一轍，可嘆也已。

公案者，亦如儒家所稱學案。非徒爲講述典故記事之學，實爲前賢力學心得之敘述，使後世學者，得以觀摩奮發，印證心得也。然讀公案，亦如語錄，眞僞互雜，深淺難量，未可以刊在遺書，盡是大悟也。復以禪門古德言句，多用語體，與諸經教，不無出入。烏舄之言，馬焉之說，亦隨處可見。當抉擇互印，方可通會。否則，離經之誤，洵非允當。且諸師常用本鄉土音說法，讀其遺言，當先求瞭解其爲何處人？在何處說？取其方言之旨，則可通矣。凡此諸事，皆讀古德公案之先決條件也。茲試論之：

余懷在《續指月錄》序文中，稱公案爲如兵符，使後世學者，如用兵之徵於印符，誠爲善譬。今復節錄余懷之序《續指月錄》，以廣明其義：

魏公子無忌矯竊兵符，椎殺晉鄙，奪其兵救趙。李光弼為大將，御史崔眾犯軍法，勒兵欲斬之。適中丞之命至，光弼曰：為御史則斬御史，為中丞則斬中丞。竟斬之，而後以聞。有如此膽力，方可以辯綱宗之絕續也。韓信在漢，為治粟都尉。道亡，蕭何追之，言之漢王，拜為大將，一軍皆驚。韓琦駐延安，有刺客入帳行刺，琦起坐問曰：誰遣汝來，攜吾首去？有如此識度，方可定綱宗之品位也。苻堅率兵百萬，次於淮淝。謝玄入請，謝安了無懼容，曰：已別有旨。及玄破堅，安亦無喜色。曰：小兒輩遂已破賊。澶淵之役，寇準勸真宗渡河，真宗使人覘準何為，方閉門縱僮僕飲博歡呼。契丹懼而請盟。有如此襟器，方可分綱宗之語句也。嗚呼！豈不難哉！近世魔外盛行，宗風衰落，盲棒瞎喝，予聖自雄。究其所學，下者目不識丁，高者不過攜《指月錄》一部而已！以此誑人，實以自誑，以此欺人，實以自欺。惟誑與欺，不可以為人，而可以學道乎？不可以學道，而可以踞法王座，秉金剛劍，稱西來之嫡子，提如來之正印乎？故吾嘗以謂習儒者，不讀「四庫」、「七略」之書，不覩「經史典籍」之大全，止以「通鑑」、「集要」、「史斷」、「史鈔」為博古，遂自命曰通儒；猶之習禪者，不讀一大藏教契經，不覩經論撰述之大全，止以《指月錄》一部為談柄，遂自命曰善知識，皆自誑自欺者也。故使從上綱宗，源遠流長，如水歸壑者，固瞿子之功；使盲棒瞎喝，一知半解，如螢竊火者，亦瞿子之過也。……夫聶子固儒者也，乃不辭呵斥，不顧詬罵，犯眾怒，嬰大難，手胼足胝而為此書，譬程嬰公孫杵臼之立孤，南霽雲雷萬春之捍賊，但欲使隆興以後三十八世之宗派，上下五百年之慧燈，瞭然明白，即遭明眼之呵斥，諸方之詬厲，亦怡然受之矣。

清人金聖嘆鑽研佛學至深，常以易理詮釋佛法。且留心禪宗，曾批判古德公案，顏曰：《聖人千案》，載於《唱經堂彙稿》，稱爲「聖嘆內書」。見解尖新，出語奇特，而仍爲慧業文人之文字禪，可與其批諸才子書同觀，終未入流也。唯其序《聖人千案》之語，頗多慧解，節錄以供把玩。如云：

考死囚者，取官與囚一一往復語，備書而刀刻之曰案。治篤疾之醫，亦取病之第幾日，見何症，投何藥，備書之曰案。案只是人家几案之屬，特以死囚篤疾，其事重大，非可以一人之見為定，又不可以後之人，且有他議，于是先作為出入移換之地，故不得書之於楮。而必以案者，明一成而不可更動也。近世不知何賢，取歷代聖人垂機接物之云為，凡若干章，輯而成書，名曰公案，是甚得用案字之法。譬諸死囚，則聖人與學人，只是兩造對質，理長則聽，其詞具在。並無旁人上下一字，一聽後官依科判決。又譬諸篤疾，則學人是病，聖人是藥，如是病，如是藥，醫人胸中，本無奇特，病有千變，藥即隨之。因藥病愈，藥不任恩，執藥病增，藥亦非怨。縱彼服藥，遂反致死，是人自死，藥不死人。心不負人，面有何慚。其又冠以公云者，言此事大道為公，並非聖人之所獨得而私也。己丑夏日，日長心閒，與道樹坐四依樓下，啜茶喫飯，更無別事。忽念蟲飛草長，俱復勞勞，我不耽空，胡為兀坐？因據其書次第看之，看老吏手下，無得生之囚，不勝快活。看良醫手下，無誤用之藥，又不勝快活。同其事者，家兄長文友劉逸民，皆所謂不有博弈，賢於飽食群居者也。聖嘆書。

《續指月錄》記載頗雜，且宋元以後，禪門已臨衰途，可取者不甚多。若如《五燈會元》《指月錄》所載，古之禪師，未徹者，亦大有人在，未可概以已悟視之也。黃檗曰：「闍黎，不見馬大師下有八十四人坐道場，得馬祖正法眼者，止兩三人。………但知學言語，念向皮袋裡安著，到處稱我會禪，還替得生死麼？輕忽老宿，入地獄如箭！」茲特簡數則，以資鑑別。如：

靈默禪師初謁馬祖，次謁石頭，便問：一言相契即住，不契即去。石頭據坐，師便行。頭隨後召曰：闍黎。師回首。頭曰：從生至死，祇是這個，回頭轉腦作麼？師言下大悟。

按：若祇是認得這個就是，實不敢言已是徹悟。默禪師見處固大悟否？或是以後再臻玄奧，實不敢斷定。後世之誤於這個就是，所謂主公禪者多矣。

寶積禪師因於市肆行，見一客人買豬肉，語屠家曰：精底割一斤來。屠家放下刀，叉手曰：長史！那個不是精底？師於此有省。

按：此也是只認得這個。

又一日，出門，見人舁喪。歌郎振鈴云：紅輪決定沉西去，未審魂靈往那方？幕下孝子哭曰：哀！哀！師身心踴躍，歸舉似馬祖，祖印可之。住盤山寶積。

按：寶積到此方悟也。

趙州從諗禪師，參南泉，許其入室。他日，問泉曰：如何是道？泉曰：平常心是道。師曰：還可趣向也無？泉曰：擬向即乖。師曰：不擬爭知是道？泉曰：道不屬知，不屬不知，知是妄覺，不知是無記；若真達不疑之道，猶如太虛，廓然蕩豁，豈可強是非耶！師於言下悟理。

按：人但知趙州八十猶行腳，動輒爲參禪人做話柄。孰知趙州悟入，祇是理上得其知解，非頓悟證入之門也。「理雖頓悟，事資漸修。」行解相應，必須用數十年苦工方得實地。八十歲猶行腳，祇爲鍊此一著子耳。

溈山參百丈，侍立次，丈問：誰？師曰：某甲。丈曰：汝撥爐中有火否？師撥之，曰：無火。丈躬起，深撥得少火，舉以示之曰：汝道無，這個聻！師由是發悟，禮謝，陳其所解。丈曰：此乃暫時歧路耳，經云：欲識佛性義，當觀時節因緣，時節既至，如迷忽悟，如忘忽憶，方省己物，不從外得。故祖師云：悟了同未悟，無心亦無法。祇是無虛妄凡聖等心，本來心法，元自備足，汝今既爾，善自護持。次日，同百丈入山作務。丈曰：將得火來麼？師曰：將得來。丈曰：在甚麼處？師拈一枝柴，吹兩次，度與百丈。丈曰：如蟲禦木。

按：溈山初亦祇認得這個，以後漸入玄閫，方了大事。故百丈亦謂：如蟲禦木，偶爾成文。若是之類，不勝例舉，大須著眼，未可一味亂讀亂肯也。如：

靈雲因見桃花而悟道，有偈曰：三十年來尋劍客，幾回落葉又抽枝，自從一見桃花後，直至如今更不疑。溈山覽偈，詰其所悟，與之符契。囑曰：從緣悟達，永無退失，善自護持。

按：靈雲所悟，非爲解悟，實證悟也，然猶是前之一截耳。故潙山囑曰：善自護持，即保任長養之義也。

五臺山智通禪師，初在歸宗會下，忽一夜連叫曰：我大悟也！眾駭之。明日上堂，眾集，宗曰：昨大悟底僧出來！師出曰：某甲。宗曰：汝見甚麼道理，便言大悟？試說看？師曰：師姑原是女人做。宗異之。師便辭去。宗門送，與提笠子，師接得笠子戴頭上便行，更不回顧。後居臺山法華寺。臨終有偈曰：舉手攀南斗，回身倚北辰，出頭天外看，誰是我般人？

按：若斯大徹證悟者，往古及今，數不多見。然其大悟者何事，必須細揀，未可妄學也。

故知看讀公案，大須智力，未可徒記言行，以資談柄。《五燈》《指月》諸書，收集諸禪，終生未徹者，確亦不少。豈容妄竊兵符，亂殺晉鄙乎！縱饒坐脫立亡於指顧之間，亦祇許其修行得力；必論見地透徹，猶有事焉。即或舍利無數，肉身不壞，亦祇可稱法門式範，切莫被其瞞卻人天正眼也。今者，不惜眉毛拖地，略一檢點古人。雖是孟浪，實具深心，狂妄之過，果報自甘。觀今鑑古，希世之參禪者，勿以我狂而自落陷阱。衆生皆成佛，我願追隨地藏菩薩於後。若知見不正，妄自爲是，裝模作樣，以愛惡心爲褒貶者，輕人適爲自輕，何如努力修行，嚴守語戒之爲得乎！

機鋒轉語

禪宗之有機鋒轉語，爲宗門勘驗見地造詣，問答辯論之特別作風。雖有時引用俗語村言，或風馬牛不相及之語；乃至揚眉瞬目，行棒行喝，皆有深意存焉。且皆深合因明論理之學，非無根妄作。後世宗徒，見地未實，工用毫無，強學古人機鋒轉語，馳騁宗門，以爭勝負，直同畫虎類犬，嫫母效顰，名之曰口頭禪，尙爲雅號。實則狂妄亂統，自誤誤人，適自成爲禪魔耳！古德機用，亦有在同參道友相見，偶或遊戲三昧，言笑之餘，稍涉機趣，事同幽默，實出有因，此類事固堪供後人把玩，然不可以爲訓也。

機鋒者，乃具眼宗師，勘驗學者見地工用之造詣。如上陣交鋒，短兵相接，當機不讓，犀利無比。或面對來機，權試接引，如以鋒刃切器，當下斬斷其意識情根，令其透脫根塵，發明心地。或兩者相當，未探深淺，故設陷虎迷陣，卓竿探水，以勘其見地工用之深淺。一句轉語，撥盡疑雲，相與會心一笑。故機鋒非無意義，更非隨便作爲。禪門古德機用，大都出言雋永，不同凡響，而格調新奇，迥非習聞。後之言機鋒者，往往預先構思，編出奇特言句，以當機用者，斯則陋矣！古德云：「掣電之機，不勞佇思。」「言思即錯，擬議即乖。」「思而知，慮而得，乃鬼家活計。」應機接物，語語從自己心中實相天然流出，豈可妄加意識卜度之辭哉！如佛說一大藏教，皆爲應機而說，亦即爲佛之機鋒轉語也。禪門古德開示，語多平實，直顯明心，亦即機鋒轉語也。豈盡須奇言妙句，或作女人拜，或作鵓鴣鳴，或掀禪床，或畫圓相，方爲機鋒乎？此誠所謂三世佛冤，爲宗門流弊之大者焉！

茲揀機鋒作略，簡爲六類，姑爲論之。雖然，言詮實法，已是刻舟求劍，圖形妙用，事同吠影掠虛，若逢臨濟，必棒下無生矣。爲弊爲利，非關我事，見仁見智，惟有自知，「不惜師子絃，爲君千萬彈」也。

簡機鋒六類者：如「接引學人」、「勘驗見地」、「辨器搜括」、「鍛鍊盤桓」、「換互開眼」、「簡鍊操履」，試分述之。

接引學人如：

百丈參馬祖為侍者，經三年。一日，侍馬祖行次，見一群野鴨子飛過，祖曰：是甚麼？師曰：野鴨子。祖曰：甚處去也？師曰：飛過去也。祖遂把師鼻扭，負痛失聲，祖曰：又道飛過去也？師於言下有省。師再參，侍立次，祖目視繩牀角拂子，師曰：即此用，離此用。祖曰：汝向後開兩片皮，將何為人？師取拂子豎起。祖曰：即此用，離此用。師掛拂子於舊處。祖振威一喝，師直得三日耳聾。

按：此則公案，初即馬祖接引機用，次即機鋒轉語，但不可輕易讀過。試問：馬祖在三年中，何獨於野鴨子飛來，方接引百丈？又，何獨扭其鼻子，不用他法？百丈於負痛後，即有省，省的什麼？所得程度何如？百丈侍立，馬祖又何以目視拂子？師弟同言「即此用，離此用。」而馬祖何以不許可百丈？何以又振威一喝，曰：「即此用，離此用。」百丈又何以三日耳聾？

水潦和尚問馬祖，如何是西來的的意？祖乃當胸踏倒。師大悟。起來拊掌呵呵大笑云：也大奇，也大奇，百千三昧，無量妙義，只向一毛頭上，一時識得根源去。乃作禮而退。師後告眾云：自從一喫馬祖踏，直至如今笑不休。

按：水潦問法，馬祖何必用當胸踏倒而後悟去？悟者何事？所得程度如何？如何是直至如今笑不休？他如烏窠吹布毛，何其輕鬆。雲門損一足，何其刻毒。圓悟聞艷詩而悟，何其風趣。慈明以謾罵接引，何其鄙俚。諸師悟入因緣，各有不同，而莫不仗宗師之心狠手辣，於其病根深處，毒下一刀，令彼自明自肯方休。然此觀機應接，施設機鋒，誠如陷阱機關，觸著便喪身失命，非易事也。若無此通天手眼，自稱宗師，從學千人，百無一悟，機權接引，死守成規，豈但誤人，實亦自誤。寧不自念度眾生者，果爲何事？所度者，究爲如何？齋心自省，豈可護短。

勘驗見地如：

夾山上堂，僧問如何是法身？山曰：法身無相。曰：如何是法眼？山曰：法眼無瑕。道吾不覺失笑。山便下座，請問道吾：某甲適來祇對這僧話，必有不是，致令上座失笑，望上座不吝慈悲。

吾曰：和尚一等是出世，未有師在。山曰：某甲甚麼不是，望為指破？吾曰：某甲終不說，請和尚即往華亭船子處去。山曰：此人如何？吾曰：此人上無片瓦，下無卓錐，和尚若去，須易服而往。山乃散眾束裝，直造華亭。船子纔見，便問：大德住甚麼寺？山曰：寺即不住，住即不似。師曰：不似似個甚麼？山曰：不是目前法。師曰：甚處學得來？山曰：非耳目之所到。師曰：一句合頭語，千古繫驢橛。師又問：垂絲千尺，意在深潭，離鈎三寸，子何不道？山擬開口，被師一橈打落水中。山纔上船，師又曰：道！道！山擬開口，師又打。山豁然大悟，乃點頭三下。師曰：竿頭絲線從君弄，不犯清波意自殊。山遂問：抛綸擲釣，師意如何？師曰：絲懸綠水，浮定有無之意。山曰：語帶玄而無路，舌頭談而不談。師曰：如是，如是。遂囑曰：汝向去直須藏身處沒踪跡，沒踪跡處莫藏身，吾三十年在藥山，祇明斯事，汝今已得，他後莫住城隍聚落，但向深山裡，钁頭邊，覓取一個半個接續，無令斷絕。山乃辭行，頻頻回顧。師遂喚闍黎，山乃回首。師豎起橈子曰：汝將謂別有？乃覆船入水而逝。

按：夾山答僧問語，錯在何處？大悟以後，出世上堂，道吾再理此問，夾山仍如前答。道吾曰：這番徹也。同是此語，何以前後有別？此勘驗學人之顯微鏡法也。夾山不恥下問，求道心眞，大可效法。船子勘驗來學，接引機用，何其眼明手狠，其關鍵又何在？夾山以後上堂，仍說：「目前無法，非耳目之所到。」其故何在？復次：夾山未見船子以前，確已有得，唯無師在耳。其前所得到何程度？須師再煉，原因何在？

洛浦乃臨濟得意弟子，因臨濟謂其見地未徹，妄自尊大，負氣而走。濟明日陞堂曰：臨濟門下，有個赤梢鯉魚，搖頭擺尾向南方去，不知向誰家齏甕裡淹殺！師遊歷罷，直往夾山卓庵，經年不訪夾山。山乃修書，令僧馳往。師接得，便坐卻，再展手索。僧無對，師便打。曰：歸去舉似和尚。僧回舉似。山曰：這僧開書，三日內必來，若不開書，斯人救不得也！夾山卻令人伺師出庵，便與燒卻。越三日，師果出庵，人報曰：庵中火起！師亦不顧。直到夾山，不禮拜，乃當面叉手而立。山曰：雞栖鳳巢，非其同類，出去！師曰：自遠趨風，請師一接。山曰：目前無闍黎，此間無老僧。師便喝，山曰：住！住！且莫草草忽忽，雲月是同，溪山各異，截斷天下人舌頭，既不無闍黎，爭教無舌人解語？師佇思，山便打。因茲服膺。一日問山，佛魔不到處如何體會？山曰：燭明千里像，闇室老僧迷。又問：朝陽已昇，夜月不現時如何？山曰：龍銜海珠，遊魚不顧。師於言下大悟。山將示寂，垂語曰：石頭一枝，看看即滅矣！師曰：不然！山曰：何也？師曰：他家自有青山在。山曰：苟如是，即吾宗不墜矣。

按：洛浦得少爲足，妄自尊大，以臨濟之明，終難收拾，待至夾山，目視雲漢，高自位置，夾山故設迷陣，慈悲接引。及見面時，洛浦將在臨濟門下學得來之棒喝方便，大肆咆哮，夾山不動聲色，斯斯文文，輕輕阻止，直問得洛浦無言可答，無理可伸，仍然用棒打之。同爲用棒，何其不同如此？

洛浦因此得大悟去，終爲夾山法嗣。宗師用心度人之苦，勘驗接引悟緣之奇，究爲如何？

若斯勘驗來機，設施接引，宗門公案，比比皆是。莫不眼明手快，迅示旨歸，豈眞有法與人，終生自居師位，無此子接引方便者，所可妄冀。自稱宗師大德者，宜深自省鑑焉。

辨器搜括如：

雪峰與巖頭至澧州鼇山鎮，阻雪。頭每日祇是打睡，師一向坐禪。一日喚曰：師兄！師兄！且起來！頭曰：作甚麼？師曰：今生不著便，共文邃（雪峰名）個漢行脚，到處被他帶累，今日到此，又只管打睡。頭喝曰：噇！眠去！每日牀上坐，恰似七村裡土地，他時後日，魔魅人家男女去在。師自點胸曰：我這裡未穩在，不敢自謾。頭曰：我將謂你他日向孤峰頂上，盤結草庵，播揚大教，猶有這個語話？師曰：我實未穩在！頭曰：你若實如此，據你見處，一一道來，是處當為你證明，不是處為你剗卻。師曰：我初到鹽官，見上堂舉色空義，得個入處。頭曰：此去三十年，切忌舉著。又見洞山過水偈曰：「切忌從他覓，迢迢與我疏，渠今正是我，我今不是渠。」頭曰：若與麼，自救也未徹在！師又曰：後問德山，從上宗乘中事，學人還有分也無？德山打一棒，曰：道甚麼？我當時如桶底脫相似。頭喝曰：你不聞道：從門入者，不是家珍。師曰：他後如何即是？頭曰：他後若欲播揚大教，一一從自己胸襟流出，將來與我蓋天蓋地去！師於言下大悟，便作禮起，連聲叫曰：師兄！今日始是鼇山成道。

太原孚上座，初在揚州光孝寺講《涅槃經》。有禪者阻雪，因往聽講。至三因佛性、三德法身，廣談法身妙理。禪者失笑。師講罷，請禪者喫茶。白曰：某甲素志狹劣，依文解義，適蒙見笑，且望見教。禪者曰：實笑座主不識法身。師曰：如此解說，何處不是？曰：請座主更說一遍。師曰：法身之理，猶若太虛，豎窮三際，橫亙十方，彌綸八極，包括二儀，隨緣赴感，靡不周徧。曰：

不道座主說不是，祇是說得法身量邊事，實未識法身在！師曰：既然如是，禪德當為代說。曰：座主還信否？師曰：焉敢不信。曰：若如是，座主輟教旬日，於室內端坐靜慮，收心攝念，善惡諸緣，一時放卻。師一依所教，從初夜至五更，聞鼓角聲，忽然契悟，便去扣門。禪者曰：阿誰？師曰：某甲！禪者咄曰：教汝傳持大教，代佛說法，夜來為甚麼醉酒臥街？師曰：禪德，自來講經，將生身父母鼻孔扭捏，從今已去，更不敢如是。禪者曰：且去，來日相見。師遂罷教，徧歷諸方，名聞宇內。

按：上列二公案，爲辨器搜括之一端，其他類似者，尤多險峻，不盡歷舉。須知大匠爲人，處處設置方便，慈悲無盡，說法無方，非徒爲口頭語也。必視其人根器如何，當機接引，將其平生執處，盡量搜括無遺，方能自信自肯。經曰：「應以何身得度，即現何身而爲說法。」豈易事哉！

鍛鍊盤桓如：

慈明聞汾陽昭禪師，道望為天下第一，決志親依。時朝廷方問罪河東，潞澤皆屯重兵，多勸其無行，師不顧。渡大河，登太行，易衣類廝養，竄名火隊中，露眠草宿。至龍川，遂造汾陽。昭公壯之。經二年，未許入室。師詣昭，昭揣其志，必詬罵使令者，或毀詆諸方，及有所訓，皆流俗鄙事。一夕訴曰：自至法席，再夏，不蒙指示，但增世俗塵勞，念歲月飄忽，己事不明！夫出家之利……語未卒，昭公熟視罵曰：是鳥知識，敢稗販我？怒舉杖逐之。師擬伸救，昭公掩其口，師乃大悟。曰：乃知臨濟道出常情。服役七年，辭去。

太史山谷居士黃庭堅，既依晦堂，乞指徑捷處。堂曰：祇如仲尼道：二三子，以我為隱乎？吾無隱乎爾者！太史居常如何理論？公擬對，堂曰：不是！不是！公迷悶不已。一日，侍堂山行次。時岩桂盛開，堂曰：聞木樨花香麼？公曰：聞。堂曰：吾無隱乎爾！公釋然。即拜之曰：和尚得恁麼老婆心切？堂笑曰：祇要公到家耳。久之，謁死心新禪師，隨眾入室。心見，張目問曰：新長老死，學士死，燒作兩堆灰，向甚麼處相見？公無語。心約出曰：晦堂處參得底，使未著在！後貶官黔南，道力愈勝，於無思念中，頓明死心所問。報以書曰：往年嘗蒙苦苦提撕，長如醉夢，依稀在光影中。蓋疑情不盡，命根不斷，故望崖而退耳！謫官在黔南道中，晝臥覺來，忽爾尋思，被天下老和尚瞞了不少，惟有死心道人不肯，乃是第一相為也。

湛堂準禪師，初謁梁山乘禪師。乘曰：驅烏未受戒，敢學佛乘乎？師捧手曰：壇場是戒耶？三羯磨、梵行、阿闍黎，是戒耶？乘大驚！師笑曰：雖然，敢不受教。遂受具足戒於唐安律師。既謁真淨。淨問：近離何處？師曰：大仰。曰：夏住甚處？師曰：大溈。曰：甚麼人？曰：興元府。淨展手曰：我手何似佛手？師罔測。淨曰：適來祇對，一一天真，及乎道個我手何似佛手，便成窒礙，且道病在甚麼處？師曰：某甲不會。曰：一切現成，更教誰會？師服膺，就弟子之列。十餘年，所至必隨。紹聖三年，真淨移居石門，衲子益盛。凡入室扣問，必瞑目危坐，無所示。見來學，則令往治蔬圃，率以為常。師謂同行恭上座曰：老漢無意於法道乎？一日，舉杖決渠，水濺衣，忽大悟。走敘其事。淨詬曰：此乃敢爾藞苴耶？自此跡愈晦，名益著。

大慧杲，人嘗謂是雲峰悅後身，偏歷諸方，嘗參湛堂準。說亦說得，會亦會得。湛堂屢呵為杜撰禪和。其性俊逸不羈。湛堂一日視師指爪曰：想東司頭（廁所）籌子（大便時用），不是汝洗？師承訓，即代黃龍忠道者作淨頭（清掃廁所）。九月，湛堂疾亟，師問曰：倘和尚不復起，某甲依誰可了此大事？堂曰：有個勤巴子，我雖不識渠，然汝必依之，可了汝事。若見渠不了，便修行去，後世出來參禪。堂寂後，復謁靈源草堂諸大老，咸被賞識。與洪覺範遊，覺範嘗見其十智同真頌云：兔角龜毛眼裡栽，鐵山當面勢崔巍，東西南北無門入，曠劫無明當下灰。歎曰：作怪！我二十年做工夫，也只到得這裡！又過無盡（宋相張商英居士），無盡與論百丈再參馬祖因緣，無盡亟賞之，促師見圓悟。及悟住天寧，師往依之。自惟曰：當以九夏為期，其禪若不異諸方，妄以余為是，我則造無禪論去也。枉費精神，蹉跎歲月，不若宏一經一論，把本修行，使他生後世，不失為佛法中人。暨見悟，晨夕參請，悟舉雲門東山水上行語令參。師凡呈四十九轉語，悟不肯。悟一日陞座，舉雲門語曰：天寧即不然，若有人問：如何是諸佛出身處，但向他道：薰風自南來，殿角生微涼。師聞舉豁然，以白悟。悟察師雖得前後際斷，動相不生，卻坐淨躶躶處。語師曰：也不易，你到這個田地，可惜死了不能得活。不疑言句，是為大病，不見道：懸崖撒手，自肯承當，絕後再蘇，欺君不得，須知有這個道理。師言：某甲只據如今得處，已是快活，更不須理會得也。悟令居擇木堂，為不釐務侍者，日同士大夫閒話。入室日不下三四。每舉有句無句，如籐倚樹問之。師纔開口，悟便曰：不是！經半載，念念不忘於心。一日同諸客飯，師把箸在手，都忘下口。悟笑曰：這漢參黃楊木禪，卻倒縮去。師曰：這個道理，恰似狗看熱油鐺，欲舐舐不得，欲捨捨不得。悟曰：你喻得極好。這便是金剛圈，栗棘蓬也。一日問曰：聞和尚當時在五祖，曾問是話，不知五祖道甚麼？悟笑而不答。師曰：當時須對眾問，如今說亦何妨？悟曰：我問：有句無句，如籐倚樹意旨如何？祖曰：描也描不成，畫也畫不就。又問：樹倒籐枯時如何？祖曰：相隨來也！師當下釋然。曰：我會也。悟遂舉數誵訛因緣詰之，師酬對無滯。悟曰：始知我不汝欺。遂著臨濟正宗記付之。

若此種種，舉亦難盡，故雲居戒禪師曰：

不鍛鍊得法，雖龍象當前，盡成廢器，積數十年而不得一人省發也。即有一個半個，皆捏著嗑著，如蟲禦木，偶爾成文，而非鍛鍊之功也。苟明鍛鍊，雖中下資器，逼拶有方，如一期人廣，可以省發數十人也。妙喜（大慧杲）鍛五十三人而悟十三輩。圓悟金山一夕而省十八人。雖語驚時聽，而古今實有此事也。何地無水，不鑿則不溢。何木石無火，不鑽不擊則不發。……工夫未極頭，則千鎚而千鍊。偷心未死盡，則百縱而百擒。務將學人曠大劫來，識情影子，知見葛藤，摟其窟穴，斬其根株，使其無地躲根，漸至懸崖撒手，一錐一劄，機候到者，不難啐地斷，曝地折矣。……爐韝雄強，人材奮起，不惟師承之擔子得脫，而慧命有傳，法門光大。（〈禪門鍛鍊說垂手鍛鍊第五〉）

故知古德宗師，常時行棒行喝，大慧杲手提三尺竹篦，接打諸方，非爲故裝門面，實爲鍛鍊倚杖也。但後世禪林，改用香板，或在禪堂，或在打七，專用香板打人，稱爲鍛鍊，名曰消業。鉗鎚亂下。不知學人工用見地，病在何處，更不知機緣時節，應如何啐啄，一味亂爲，棒頭下活埋菩薩，不知凡幾？誠爲佛門罪人矣！

換互開眼如：

德山示眾，道得也三十棒，道不得也三十棒。臨濟聞得，謂洛浦曰：汝去問他，道得為什麼三十棒？待伊打汝，接住棒送一送，看伊作麼生？浦如教而問，師便打，浦接住送一送，師便歸方丈。浦回舉似臨濟。濟曰：我從來疑著這漢，雖然如是，你還識德山麼？浦擬議，濟便打。

雪峰在德山作飯頭，一日，飯遲，德山擎鉢下法堂。峰晒飯巾次，見德山。乃曰：鐘未鳴，鼓未響，托鉢向甚麼處去？德山便歸方丈。峰舉似巖頭。頭曰：大小德山，未會末後句在！山聞，令侍者喚師去問：汝不肯老僧耶？師密啟其意，山乃休。明日陞堂，果與尋常不同。頭至僧堂前拊掌大笑曰：且喜堂頭老漢會末後句，他後天下人不奈伊何，雖然，也祇得三年活！山果三年後示寂。

黃龍南初依泐潭，及至慈明，明呵責諸方，泐潭密付之旨，皆在斥中，師為之氣索。遂造其室。明曰：書記已領徒遊方，借使有疑，可坐而商略。師哀懇愈切。明曰：公學雲門禪，必善其旨，如云：放洞山三頓棒，是有喫棒分？無喫棒分？師曰：有喫棒分。明色莊曰：從朝至暮，鵲噪鴉鳴，皆應喫棒。明即端坐，受師炷香作禮。明復問：脫如會雲門意旨，則趙州道：臺山婆子，我已與汝勘破了也。且那裡是他勘破處？師汗下不能答。次日又詣，明詬罵不已。師曰：罵豈慈悲法施耶？明曰：你作罵會耶！師於言下大悟。

雲峰悅初謁大愚，值愚陞座，曰：大家相聚喫莖虀，若喚作一莖虀，入地獄如箭射。便下座。師大駭，夜造方丈。愚問：來何所求？曰：求心法。曰：法輪未轉，食輪先轉，後生趁色力健，何不為眾乞食？我忍飢不暇，何暇為汝說禪乎！師不敢違。未幾，愚移翠岩。師納疏罷，復過翠岩，求指示。岩曰：汝不念作住，屋壁疏漏，又寒雪，宜為眾乞炭。師亦奉命。事罷，復造丈室。岩曰：佛法不怕爛卻，堂司闕人，今以煩汝。師受之，頗不樂岩。一日地坐後架，桶箍忽散，自架墮落，師忽開悟，頓見岩用處。走搭伽黎，上寢堂，岩笑迎曰：維那，且喜大事了畢。師再拜，不及吐一辭而出，服勤八年。後出世翠岩，時首座領眾出迎。問曰：德山宗乘即不問，如何是臨濟大用？師曰：你甚麼去來？座擬議，師便掌，座

擬對，師喝曰：領眾歸去。一眾畏服。

略如上舉數則，換互開眼，祇在事上理上，輕輕點綴，即啓機括。己眼未明，何以開人之法眼？以盲引盲，闔中稱佛，至可慨矣！必也，氣宇如王，奪其人境，斬關開眼，使用頂上針錘。驊騮須調御於伯樂，豈可妄爲哉！

簡鍊操履如：

趙州自受南泉印可，乃歸曹州，省受業師。親屬聞師歸，咸欲來會。師聞曰：俗塵愛網，無有了期，已辭出家，不願再見。遂攜瓶錫，偏歷諸方。常謂：七歲兒童勝我者，我即問伊；百歲老翁不及我者，我即教他。及住趙州觀音院，燕趙二王同至院見師。師端坐不起。燕王問曰：人王尊耶？法王尊耶？師曰：若在人王，人王中尊。若在法王，法王中尊。二王聞之，歡然敬服，乃同供養。師志效古人，住持枯槁，僧堂無前後架。旋營齋食，繩床一角折，以繩繫殘薪支之。屢有願為製新者，師不許也。住持四十餘年，未曾以一書告檀越。

陳睦州尊宿，持戒精嚴，學通三藏，遊方契旨於黃檗。諸方歸慕，咸以尊宿稱。後居開元，恆織蒲鞋，資以養母，故復有陳蒲鞋之稱。巢寇入境，師標大草屨於城門。巢欲棄之，竭力不能舉，歎曰：睦州有大聖人。舍城而去。

汾陽昭得法首山後，遊湘衡間。長沙太守張公茂宗，以四名剎，請師擇之而居。師笑。一夕遯去。北抵襄沔，太守劉公昌言，憾見之晚。時，洞山谷隱皆虛席，太守敦請，辭之。前後八請，堅臥不答。淳化四年，首山歿，西河道俗千餘人，協心削牘，遣沙門契聰迎請，住持汾州太平寺太子院。師閉關高枕。聰排闥而入，讓之曰：佛法大事，靜退小節。風穴懼應讖，憂宗旨墜滅，幸而有先師；先師已棄世，汝有力荷擔如來大法者，今何時，而欲安眠哉？師矍起，握聰手曰：非公不聞此語！促辦嚴，吾行矣。既至，宴坐一榻，足不越閫者三十年，天下道俗仰慕，不敢名，同曰汾州。

黃龍南住歸宗時，一夕火起，大眾讙動山谷，而師安坐如平時。僧洪準欲掖之走，師叱之。準曰：和尚縱厭世相，慈明法道何所賴耶？因整衣起，而火已及榻。坐抵獄，為吏者拷掠百至，師怡然引咎，不以累人，惟不食而已。兩月而後得釋，鬚髮不剪，皮骨僅存。真點胸迎於中途，見之，不自知泣下。曰：師兄何至是也！師叱之曰：這俗漢！真不覺下拜。

太保劉秉忠居士，瑞州人，字仲晦，初名侃，法號子聰。年十七，為刑臺節度使府令史，以養其親。居常鬱鬱不樂，一日投筆歎曰：吾家累世衣冠，乃汩沒刀筆吏耶！即棄去，隱安武山中，投天寧照禪師為僧。力參有省，俾掌書記。元世祖征雲南，渡江攻鄂，每贊以不殺為德。凡克城擒敵，全活無算。雖位極人臣，而猶齋居蔬食，不改舊服。一時通稱為聰書記。至元十一年八月，索筆書偈曰：吾不負世，世不負我。吾之於世，如水中月，如空中花，花沉月落，是個甚麼？咄！擲筆趺坐而逝。

上列諸師，皆以自身爲機用，以鍊鍛學人操履。其爲身教，亦至嚴矣。

他若禪門大德居士等，操履精嚴，不盡舉及。至若楊岐油盞，保壽生薑，高峰妙破衲殘鐺，終生不履塵世。憨山清卻賜封金，逃名而行布施。皆夐絕千古，足爲世出世間風範。何能謂禪者皆狂，佛門無益世道哉！若丹霞燒佛，南泉斬貓，濟顛酒肉，大道疏狂，皆爲對機而發，並非偶然。且諸師皆果位中人，故敢如此。因果歷然，誰能撥置！今之耳聞禪者之名，概以狂論。或視其表行，目爲撥無因果。孰知愚夫心行，賢者不知，況妙密行化，誰能徹見。遽以誣人，何如自勉。苦心刻意，力踵前賢，不宜執是非以繩人也。此相不除，終爲自累。

世之論禪，常咎棒喝，孰知此弊，圓悟大慧師弟，已力闢之矣。今之禪者，誰在行棒行喝耶？不過徒有此名耳！棒喝交馳，正是宗門大匠無量慈悲作用，或以之接引後學，或故意撩撥無明根本，如楔出楔，方得解脫。古德有言：我有時是罰棒，有時是賞棒，有時一棒不作一棒用。臨濟有時奪人不奪境，有時奪境不奪人，有時人境俱奪，有時人境俱不奪。若斯深義，與夫大機大用，豈草草者所可妄學，所可妄誹耶！棒下無生忍，臨機不讓師。此中有深意，欲辯已忘言。究竟是我錯，你錯，他錯，留待明眼人仔細摩挲。

此外，古德作用，有僅爲一種機趣，未可一律視爲奇妙，如：

龐居士與女靈照賣竹漉籬。下橋喫撲。靈照見，亦去爺邊倒。士曰：你作甚麼？照曰：見爺倒地，某甲相扶。士曰：賴是無人見。

趙州與文遠論義。曰：鬬劣不鬬勝。勝者輸果子。遠曰：請和尚立義。師曰：我是一頭驢。遠曰：我是驢胃。師曰：我是驢糞。遠曰：我是糞中蟲。師曰：你在彼中作甚麼？遠曰：我在彼中過夏。師曰：把將果子來。又：師在東司上（廁所），見遠侍者過。驀召文遠。遠應諾。師曰：東司上不可與汝說佛法。

慈明謁神鼎諲禪師。鼎首山高弟，望尊一時。衲子非人類精奇，無敢登其門者。住山三十年，門弟子氣吞諸方。師髮長不剪，敝衣楚音，通謁請法侄，一眾大笑。鼎遣童子問：長老誰之嗣？師仰首視屋曰：親見汾陽來。鼎杖而出，顧見頎然。問曰：汾州有西河師子，是否？師指其後絕叫曰：屋倒矣！童子返走，鼎回顧相矍鑠，師地坐，脫隻履而示之。鼎老忘所問，又失師所在。師徐起整衣，且行且語，見面不如聞名！遂去。鼎遣人追之，不可。嘆曰：汾州乃有此兒耶！

按：慈明臨機不讓，機用超絕，蓋因神鼎選眾精奇，門下弟子，又氣吞諸方；善知識自落驕貴墮，輕慢病，故慈明遊戲而折之。救其弊也。如濟顛、泉大道，生當諸方嚴整，禪林皆入死寂境中，乃以遊戲三昧，解眾人之縛。若使處於法末世亂者，必精嚴持律，不作斯類舉動矣。又如：

慈明忽得風痺疾，視之，口吻已喎斜。侍者以足頓地曰：當奈何！平生呵佛罵祖，今乃爾！師曰：無憂，為汝正之。以手整之如故。曰：而今以後，不鈍置汝。又：師初在汾陽時，陽一日托以夢亡父母，命庫堂設酒肉為祀。祀畢，集僧眾令食，咸不聽。陽因獨自飲啖。眾曰：酒肉僧，豈堪師法，盡散去。惟師與大愚六七人存。陽翌日上堂云：許多閑神野鬼，衹消一盤酒肉，斷送去了也。

《法華經》云：「此眾無枝葉，惟有諸真實。」下座。

上舉略僅數則，比類猶多。凡此皆當簡爲機趣一流，或朋輩往還，或別有用意，以遊戲語句，幽默行爲出之，不可取爲師法也。他如與人問答，終以「休去」結束。「休去」者，有三義：一則爲不值申辯，置之不答。一則表示許可，無須再說。一則以來人不當機，徒勞開示，無理可喻耳。若此類「休去」機趣，不定屬於何者，但亦無須深求。如必欲知其徹底，須瞭解當時情況，人物環境，方可抉擇。而古人不來今，今人不及古，枯竭心思，徒勞無益，毋庸必窮其致也。故曰：「若向言中取則，句裡明機，也似迷頭戀影。」

證悟知解

祖師禪與如來禪——三關與頓漸——閉關與打七

凡言禪宗者，上焉者，即聯想及於開悟，下焉者，則聯想及於狂妄。禪宗與開悟，開悟與狂妄，一般習慣，殆成爲因明學上之三支論式。比類不倫，謬解殊甚，非但輕人，抑且自輕已。

首揀悟者，乃禪宗傳入吾國後，特有之一名辭。獨言悟之一名辭，通常習知，即爲有會於心，有所理解。例如：水有解渴之功。茶亦水賚，故能解渴。未飲茶者，因此而悟知。若此之悟，非禪宗所宗，但爲知解。禪所謂悟，乃屬證悟。證悟者，乃我患渴，取水而飲，飲畢渴解，所有水之與渴，理事全消。故曰：「亡言絕慮」。水渴全消之後，但自清涼，永不再起煩渴者，則禪之工用。故曰：「言語道斷，心行處滅。」水渴既消，起而研究水與渴之理與事，及乎事徹理圓，了了無滯。則悟後起用。如教所云：既得根本智，復須明諸差別智也。但終則仍歸於言語道斷，無去無來。全部佛法，乃超玄學哲學之一大實驗事也。非如世間淺知者，認佛法亦不過爲一種學術而已。然此實驗之方法雖多，惟以禪宗爲特勝耳！

禪宗所言證悟者，重事至理圓，以行修事至爲首。若先從窮理而終至於道者，乃自知解入門。如《楞嚴經》云：「理則頓悟，乘悟併銷。事非頓除，因次第盡。」蓋由理悟知解，然後求行解相應，而至於圓極也。《法華經》云：「大通智勝佛，十劫坐道場，佛法不現前，不得成佛道。」證悟者，重此現前之佛法也。有謂儒者所說體會，亦即證悟，此實不然！體會爲知行合一，即知而行，即行而知，如佛說行解相應，非證悟也。證悟乃頓超之大實驗事，不從漸入之行解而至。體會乃理通於事之學，與證悟頓超之說有異。然則孰爲優劣？曰：此非諍勝負者，但辨其所證悟者，意固何居耳！或曰：若此證悟頓超，誰能至哉！曰：能至與否在人，而證悟頓超，則確有其人其事在也。故祖師有言：「我所說法，爲度上上根人。汝師所說，爲度大乘人。」雖法與根器，固有差別，其得度而至彼岸則一也。

古德有言曰：「參要眞參，悟要實悟。」「大疑則大悟，小疑則小悟，不疑則不悟。」此皆教參禪人，要從眞實疑情著手，勿憑知解爲是。若知解得，理會得，有體會處，忽有會心，皆理邊之事，文人學士，善說文字禪者，亦皆此耳。如說食不飽，終是空言，乃至狂慧併發，說亦說得，明亦明得，祇是行不得，則理仍是理，事仍是事，有何益處？例如悟得就是這個，動也不離這個，靜也不離這個，生也是這個，死也是這個，善惡是非，一切不離這個，假定就算是悟了，何以他動時，自己要靜而不能？順流隨用容易，要止於至善，要常定現前，更所不能，則明得這個有何益處？縱饒動靜由我，自可做得主了，猶有大事在後，未可得少爲足。狂慧者，即教理所說之乾慧。慧而曰乾，如枯木無根，終爲廢物；故須藉定水滋潤。若定慧等持，則根深葉茂，果熟香濃。有曰：普庵主性空禪師曰：「十二時中莫住工，窮來窮去到無窮，直須洞徹無窮底，踏倒須彌第一峰。」此豈非教人窮理？曰：誠然！故其偈曰：「莫住工」，「到無窮」，「洞徹底」，「踏倒第一峰」，明白教人以證，但自窮理入手耳！不見其又有偈乎？曰：「心法雙忘猶隔妄，色空不二尚餘塵。百鳥不來春又過，不知誰是住庵人。」此是何等境界，豈靜坐窮理之事耶！

禪門重證悟，提持眞參實悟，必須當人於一切時，一切處，鍛鍊純熟，工夫深入，定力已穩，忽地「囮」的一聲，渙然冰釋。如仰首枝頭，頓見果熟，心月孤懸，光呑萬象。此頓者，頓此之一悟，是謂證悟。所謂「囮」的一聲，乃形容之辭，如「一聲霹靂頂門開」，俱爲表詮之言。若必執有「囮」的一聲，「頂上震開」，作爲實法會，則爲事象，此爲工夫過程中之境界；認斯爲實，又被境瞞矣。故所稱頓悟證得者，實自漸修而來，頓者，指漸修之最後一刹那也。若非此頓，而頓悟其理，或頓見空性，終須漸修而圓，所謂「萬古碧潭空界月，再三撈摝始應知。」古德禪師，雖有於言下頓悟者，但在未悟之前，固皆用功有年，或悟之後，又依止宗師，水邊林下，保任涵養多年，方能透徹。未可祇執彼當時一頓，置未頓以前，既頓以後，一概不言也。故曰：「不是一番寒徹骨，那得梅花撲鼻香。」今簡諸師所言，以爲參證。

達摩初祖曰：「至吾滅後二百年，衣止不傳，法周沙界，明道者多，行道者少，說理者多，通理者少，潛符密證，千萬有餘。」

南泉禪師曰：「心如枯木，始有少許相應。」

無業禪師曰：「學般若菩薩，不得自謾，如冰稜上行，似劍刃上走。臨終之時，一毫凡情聖量不盡，纖塵思慮未忘，隨念受生；輕重五陰，向驢胎馬腹裡託質，泥犂鑊湯裡煑煠一徧了，從前記持憶想，見解智慧，都盧一時失卻；依前再為螻蟻，從頭再做蚊虻，雖是善因，而遭惡果。且圖甚麼？」

裴休一日請黃檗禪師至郡，以所解一篇示師。師接置於座，略不披閱。良久，曰：會麼？裴曰：未測。師曰：若便恁麼會去，猶較些子，若也形於紙墨，何有吾宗！裴乃贈詩一章曰：「自從大士傳心印，額有圓珠七尺身。挂錫十年棲蜀水，浮盃今日渡江濱。一千龍眾隨高步，萬里香花結勝因。擬欲事師為弟子，不知將法付何人？」師亦無喜色。

按：裴休博綜教相，以弟子禮事師，以昆仲友圭峰。嘗親書《大藏經》

五百函，所製法苑文字，諸方重之，黃蘗不因其爲權貴，有所姑息，教令放下文字禪，要其當下會取也。

溈山曰：今時人，但直下體取不會的，正是汝心，正是汝佛。若向外得一知一解，將為禪道，且沒交涉，名運糞入，不名運糞出。污汝心田，所以道不是道。

洞山曰：末法時代，人多乾慧，若要辨驗真偽，有三種滲漏：一曰：見滲漏。機不離位，墮在毒海。二曰：情滲漏。滯在向背，見處偏枯。三曰語滲漏。究妙失宗，機昧終始，濁智流轉。於此三種，子宜知之。

首山念初在風穴會中，充知客。一日，侍立次，穴乃垂涕告之曰：不幸臨濟之道，至吾將墜於地矣！師曰：覾此一眾，豈無人耶？穴曰：聰明者多，見性者少。

黃龍新謁晦堂。堂擎拳問曰：喚作拳頭則觸，不喚作拳頭則背，汝喚作甚麼？師罔測。經二年，方領解（知解也）。然尚談辯，無所牴牾。堂患之，偶與語，至其銳；堂遽曰：住！說食豈能飽人？師窘，乃曰：某到此弓折箭盡，望和尚慈悲，指個安樂處。堂曰：一塵飛而翳天，一芥墮而覆地，安樂處正忌上座許多骨董。直須死卻無量劫來全心，乃可耳。師趨出。一日，聞知事搥行者，而迅雷忽驚，即大悟。趨見晦堂，忘納其履。即自譽曰：天下人總是參得底禪，某是悟得底！堂笑曰：選佛得科甲，何可當也！因號死心叟。

此類開示公案，古德語錄中至多，文繁不引。皆斥文字禪、知解禪、口頭禪，但於一文一言，一機一境上，偶有解會者之爲非也。「祇貴子眼正，不說子行履。」乃溈山對仰山一時權巧之名言，未可執爲實法。必須行履正，知見亦正，方是頓超證悟之極則。丹霞禪師云：「去聖時遙，人多懈怠！」時至今日，法門衰落，世智辯聰過人者甚多，寧可側重行履工用，不可取於狂知乾慧。否則，緊抱一句彌陀，猶可往生極樂，何必習禪而不成，飲露棲風，終與草木同腐，而徒成蟬蛻哉！

祖師禪與如來禪

有曰：或謂頓悟爲祖師禪，漸修爲如來禪，今言並重，究爲何宗？曰：若謂祖師禪乃頓悟，如來禪乃漸修者，相似而實非之言也。盡一大藏教，統諸修行法門，皆漸法耳。即禪宗祖師，於言下頓悟者，亦由薰修漸積而來。既或素未薰修，如石鞏禪師，原爲獵人，因見馬祖，言下頓悟；又如屠刀放下，立地成佛之諸師等，或爲往劫修持，至今緣會，或爲悟後起修，漸至成熟，安可認言下即悟之一著子，爲超前絕後哉！然則，祖師禪與如來禪，究有何別？曰：凡由博地凡夫起修，乃至漸入聖眾，皆如來禪也。縱饒人法兩空，而有一毫悟跡未掃，皆不能與入祖師禪之門。祖師禪者：衹是人人具足，個個圓成，大地山河，本無寸物，性相平等，物我一如，不待修證。自無始以來，本未曾迷，云何說悟。法見、佛見、眾生見、悟見、禪見，一時掃卻，原來還是舊時人；衹是饑來吃飯，困至即眠，蕩蕩無礙，做一無事閑人。淨法固是，染法亦不惡。雖然如此，爲此說者，早已白雲萬里矣！畢竟如何才是？曰：「二十四橋明月夜，玉人何處教吹簫！」茲簡二者之別語，如：

如來禪者，經論所說，秦羅什初傳之，至天臺而極詳盡。祖師禪者，經論之外，祖師以心印心，魏達摩初傳之。（佛學辭典）

有問黃檗，諸方宗師相承，參禪學道，如何？檗云：接引鈍根人語，未可依憑。……未審接上根人，復說何法？師云：若是上根人，何處更就人覓，他自己尚不可得，何況更有法當情。

慈明以拄杖擊禪牀一下云：大眾，還會麼？不見道，「一擊忘所知，更不假修持，諸方達道者，咸言上上機。」香嚴恁麼悟去，分明悟得如來禪，祖師禪猶未夢見在！且道祖師禪有甚長處？若向言中取則，誤賺後人，直饒棒下承當，辜負先聖。萬法本閑，惟人自鬧，所以山僧居福嚴，只見福嚴境界；宴起早眠，有時雲生碧嶂，有時月落寒潭。音聲鳥飛鳴般若臺前，娑羅花香散祝融峰畔。把瘦笻，坐盤陀石，與五湖衲子，時話玄微，灰頭土面。住興化，只見興化家風，迎來送去，門連城市，車馬駢闐，漁唱瀟湘，猿啼嶽麓，絲竹歌謠，時時入耳。復與四海高人，日談禪道，歲月都忘。且道居深山，住城郭，還有優劣也無？試道看！良久。云：是處是慈氏，無門無善財。

三關與頓漸

宗門之徒，約有三說：一謂先修後悟。二謂修悟同時。三謂悟後起修。爲第一說者：主不做工夫，不依教奉行，縱有所悟，皆是狂見，工夫到處，大悟自易。第二說者：主說得一尺，不如行得一寸，即行即悟，事至理圓，方爲穩當。第三說者：主《楞嚴》所謂：「生因識有，滅從色除。理則頓悟，乘悟併銷，事非頓除，因次第盡。」五祖所謂：「不悟本性，修法無益。」凡此三說，各主一理。如欲發心求悟，自然已入薰修之林，即入門矣，漸漸薰習，必有所益，漸至「開佛知見」，日久工深，一旦豁然，了了無物；然後不修而修，修而不修，乃「入佛知見」。到得此時，若欲不修，自不能已也。故曰：「不異舊時人，祇異舊時行履處。」當人到此自知，必於其平常心行習氣上，痛下針砭，自知轉處。從朝到暮，自夜達旦，「宴坐水月道場，修習空花萬行。降伏鏡裡魔軍，大作夢中佛事。」三說雖異，通途是一，根器各異，自知適應，何有立說差途，反生諍論哉！或謂此即三關之旨耶？曰：未敢妄下斷語也！

三關之說，起於何時何人，未經考定。百丈諸師各有三句，反覆盤詰學人，難過其關也。然猶未如後世立工用見地之合一，定爲三關者。又黃龍南禪師，室中常問僧曰：人人盡有生緣，上座生緣在何處？正當問答交鋒，卻復伸手曰：我手何似佛手？又問：諸方參請宗師所得，卻復垂腳曰：我腳何似驢腳？三十餘年，示此三問，學者莫能契旨，天下叢林，目爲三關。脫有酬者，師無可否，斂目危坐，人莫測其意。南州潘興嗣，嘗問其故？師曰：已過關者，掉臂逕去，安知有關吏，從關吏問可否，此未透關者也。師自頌曰：「生緣有語人皆識，水母何嘗離得蝦。但見日頭東邊上，誰能更喫趙州茶。我手佛手兼舉，禪人直下薦取。不動干戈道出，當處超佛越祖。我腳驢腳並行，步步踏著無生，直待雲開日現，方知此道縱橫。」總頌曰：「生緣斷處伸驢腳，驢腳伸時佛手開，爲報五湖參學者，三關一一透將來。」高峰妙禪師室中垂問學人，常設六則，人稱爲高峰六關。中峰亦有三關之說。此皆祖師方便權巧，設置機關也。

後世之言三關者，立「破參」爲初關，復有「重關」，及末後「牢關」之次序。等而下之，杜撰禪和，卻立「山海關」、「雁門關」等巧名。禪門倒卻，糞著佛頭，直笑脫明眼人牙臼矣！有曰：山海雁門等關名，乃祖源禪師所立，豈有錯謬？嗚呼！是何言哉！人情通病有三：重難而輕易，重死而輕生，重遠而輕近。故於古德一言，不問精粗，一味呑嚥。祖源禪師，既爲古德，錯訛處亦是妙法乎？源師乃鼓山禪德，著作刻板在閩中者有之。如《萬法歸心錄》，確亦善品。度師見處，不至有此種謬誤也。若謂此乃孤本，流傳日本，輾轉由高麗取還，安知非人僞託哉！日人善於僞託，況又經翻版，鈍刀割錦，指鹿爲馬，誠爲不經之誤，無稽之談。以此論正法眼藏，信有未可也！

三關之名雖立，而三關之實，各無定論。有曰：未得破參，確信有此一事，或先能認得這個，所謂主人公禪者，曰：「知有」，或曰：「有省」。破本參後，見得空性，意識不起，分別不行，「見山不是山，見水不是水」，是謂「初關」。由空性起用，識得妙有，「見山還是山，見水還是水」，是謂「重關」。人法皆空，頓超佛地，是名末後「牢關」。又曰：「初關」乃破第六意識。「重關」乃破第七末那識（我執），人空之境也。末後「牢關」方破第八阿賴耶識，人法雙空矣。又曰：破「初關」乃菩薩登初地（歡喜地）。破「重關」，乃至八地（不動地）。破末後「牢關」，方超十地（法雲地）。是則不諳教理，未悉菩薩道福智二嚴之理也。雍正於三關之說，自立一格，然非的論。有例於天臺宗之三止三觀，以有、空、中爲三關之別，誤矣。蓋證得中觀正見時，以禪宗觀之，適破本參耳。向後大有事在。古德有言：「向上一路，密不通風。」又曰：「末後一句，始到牢關，把斷要津，不通凡聖。」不知後賢之步步破關者，從何著力也！豈不聞「一簇破三關，猶是箭後路」乎？始作此說者，或有功於修行，或有過於宗門，誠難衡論。依三關之說，定宗門階梯，則禪宗自稱爲直指人心，見性成佛，圓頓之教者，又何所據？由破「初參」而至末後「牢關」，方是見性，則爲有定則之漸法耳，何有於頓哉！

閉關與打七

閉關之事，不知所始，意謂杜門謝事，勵志專修也。閉關一名辭，遠見於吾國之《易經》復卦象辭，曰：「先王以至日閉關，商旅不行，后不省方。」乃齋戒安身靜養之義。後世言此者，皆引釋迦掩室於摩竭。維摩緘口於毘耶等事爲說。禪宗之徒，盛行此風。及至後世，無論何宗，動輒閉關者，比比皆是。其名曰：「拜經關」、「念佛關」，種種名目，事同號召矣。宗門相傳曰：「不破本參不入山，不到重關不閉關。」其言閉關之事，抑何其嚴！此意不知始於何時？唯永嘉禪師勸阻左溪朗法師書，極言未明心地，切勿入山，若泉石奔騰，奇岩怪壑，皆爲引生煩惱之境。境雖清，心不淨，終無益也。設自心清淨，雖處闤闠之中，喧闐賵鬧，亦如山林，何必入山覓道哉！後世言到得「重關」方閉關者，其師此意歟？迨金元時，高峰中峰師弟，皆入山不出，尤以高峰妙縛柴爲龕，風穿日炙，冬夏一衲，不扇不爐，日搗松和糜延息而已，標示死關，以終其生。雖曰佛法孤峻清絕之風，殆亦遭逢世變，遵養時晦之道耶！

禪者閉關，不同常格，即「榔標橫擔不見人，直入千峰萬峰去。」此須初得門戶，入關大休大歇去。了此一段大事因緣之舉，未可草草。否則，勞人歲月，無故虛度，人間世事，亟待人爲，自利利他之業，處處皆有，何必從事於此哉！若心地未明，掩室禁語，浮游妄想，極力壓持，淺則成病成狂，深則自戕性命，此皆隨時可見也。至於耽關中樂，別有所取，豐衣美食，借此高枕棲身，則又當別論矣。

唯西藏密宗，與道家閉關，則不同禪關之簡易。密宗有「黑關」、「白關」之別，關中修持者，皆須供養豐足，使無慮累，俾其一志專修。道家則名曰「入圜辦道」，須具備法、財、侶、地四種條件，方法各異，皆爲別格，並錄以爲參考。

無論閉關之方式爲何，要當皆爲苦行難行之事。至若關中行「般舟三味」，或「長坐不臥」，統爲苦行功勳德業，苟不明心地，事此無益。然亦難能可貴矣！但須知苦行非道，唯爲助道之一端耳。舉古德行跡，如：

僧那禪師，姓馬氏，少而神儁，年二十一，講禮易於東海，聽者如市。一遇二祖，遂投出家。自是手不執筆，盡棄世典，惟一衣一鉢，一坐一食，奉頭陀行。後謂門人慧滿曰：祖師心印，非專苦行，但助道耳。若契本心，發隨意真光之用，則苦行如握土成金。若惟務苦行，而不明本心，為憎愛所縛，則苦行如黑月夜，履於險道。……滿後亦奉頭陀行，惟蓄二鍼，冬則乞補，夏則捨之，心無怖畏，睡而不夢。常行乞食，所至伽藍，則破柴做履，住無再宿。貞觀十六年，於洛陽善會寺側，宿古墓中，遇大雪，旦入寺見曇曠法師，曠怪所從來？滿曰：法有來去耶！曠遣尋來處，四邊雪積五尺許。曠曰：不可測也！

他如向居士幽栖林野，木食澗飲。北齊天保初，聞二祖盛化，乃致書乞證。密承印記。牛頭融未見四祖時，幽棲岩之石室，有百鳥啣花之異。及乎得法以後，法席之盛，擬於黃梅。唐永徽中，徒眾乏糧，師往丹陽緣化。去山八十里，躬負一石八斗，朝往暮返，供僧三百，二時不闕。若融禪師者，初栖岩穴，後而負米供眾！負米與穴居，皆爲苦行，何前後判若兩人耶？菩薩度人，自捐頭目，難行苦行，密跡不同，但隨各人發心願力之如何耳！

次言打七，亦不知始於何時？後世天下叢席，常行靜七，有至七期，或九期者，比比皆是。影響所及，各宗亦有打七之舉。如淨土之「念佛七」，乃至「觀音七」等等，名目繁多，爲佛門大用矣。打七乃俗名也。七而曰打，隨口語之便耳！吾佛以菩提樹下，七日證道，其爲打七之濫觴乎？或曰：打七者，打破七識之謂也。然何不名打八？打七爲破七識，打八可破八識，豈不更有進乎？須知七之數，義蘊深奧，《彌陀經》念佛法門，一心不亂，以七日爲期。嬰孩處胎，以七日一變。中陰之身，亦以七日而轉。其他宗教，如定星期之以七日爲期。此類深義，易數可通，今不具論。唯禪宗古德，創靜七之舉，則爲用工積力有年，未開悟者，開此一方便法門，標曰：「尅期取證」。然尅期七日之中，固能取證乎？曰：斯則立願之通稱也，此須仗古德宗師，禪門大匠，具有通天手眼，殺活手段，棒喝交馳，心光普照，透脫學者情根識鎖，撥出靈明，或有少分相應。時至於今，宗門龍象寥落，恐徒有形式耳！否則，天下叢席，陶冶出格禪師者，不知凡幾矣！此事初創始於佛燈珣、破山明二師，茲錄其事，以爲考焉。

守珣禪師，參佛鑑，隨眾咨請，退無所入。乃封其衾曰：此生若不徹，誓不展此。於是晝坐宵立，如喪考妣。逾七七日，忽佛鑑上堂曰：森羅及萬象，一法之所印。師聞頓悟，往見鑑。鑑曰：可惜一顆明珠，被這風顛漢拾得。乃詰之曰：靈雲道：自從一見桃花後，直至如今更不疑。如何是他不疑之處？師曰：莫道靈雲不疑。只今覓個疑處，了不可得！鑑曰：玄沙道：諦當甚諦當，敢保老兄未徹在。那裡是他未徹處？師曰：深知和尚老婆心切。鑑然之。師拜起。呈偈曰：終日看天不舉頭，桃花爛漫始擡眸，饒君更有遮天網，透得牢關即便休。鑑囑令護持。是夕厲聲謂眾曰：這回珣上座穩睡去也。圓悟聞得，疑其未然。乃曰：我須勘過始得。遂令人召至。因與遊山，偶到一水潭，悟推師入水。遽問曰：牛頭未見四祖時如何？師曰：潭深魚聚。悟曰：見後如何？師曰：樹高招風。悟曰：見與未見時如何？師曰：伸腳在縮腳裡。悟大稱之。

破山海明禪師，號旭東。因聽慧然禪師講《楞嚴經》至「一切眾生，皆由不知常住真心，性淨明體，用諸妄想，此想不真，故有輪轉。」終日疑悶。每閱古人公案，如銀山鐵壁。遂出蜀，見數耆宿，罔決其疑。住楚之破頭山，「尅期取證」，以七日為限。至第五日，發急，到萬丈懸崖，誓曰：悟不悟，性命在今日了。將及未時之際，人境雙忘，眼前惟見一平世界，舉足經行，不覺墮於崖下，跌損左足，頓覺從前礙膺之物，泮然冰釋。遂高聲曰：屈！屈！自此南行，偏參尊宿。

宗門打七，如置洪爐大冶，欲於短期間鍛鍊人物，繼續佛祖慧命，非泛泛事也。學者是否其人，主七者是否能有此權衡，皆須自審。好高自慢者，烏乎可！嘗頌其事曰：

繁華叢裡一閒身　卻向他途別覓春

千丈懸崖能撒手　不知誰是個中人

宗師授受

宗門相傳有云：「威音王以前，無師自通則可；威音王後，無師自通，即名天然外道。」故宗門特重師承印證，亦如密宗至重傳法師承，同出一轍。何以「威音王」以前，無師自通則可？蓋「威音」者，宗門立為空劫以前第一佛也。於經無據。既屬空劫以前，本無眾生，云何有佛？無佛無眾生，誰求解脫證覺哉！故曰：無師自通則可，蓋密意之言也。密宗之於師承，師弟之間，咸有戒律，弟子擇師，不可妄從；妄依邪見，學者墮戒。而為師者，或妄傳非器，或得人而不傳，亦為犯戒。禪宗傳承，雖不如密乘之見諸明文，而其授受之際，綦嚴尤著，雖曰：門庭施設，別具深心，而師道以尊，付授嚴謹，非妄為也。父母生身，恩逾山嶽，法身自佛師口生，永劫長存，尤勝數十年生命之形軀。故宗門師弟之間，雖無禮法規定，而自心肯服，逾於常情。永嘉云：「粉骨碎身未足酬，一句了然超百億。」至性流露，有不能已於言者。故古德禪師參學之師雖多，而得法師，終承一緒，以發明心地，印取見地者爲宗，或有昧己變心，背師承受者，終遭果報。此皆見於宗門語錄公案者，歷然可考。

首言指授宗徒，事非草草，歷觀諸祖付授，雖門下眾多，而命其荷擔大法，繼續慧命者，必擇其福智二嚴，堪爲龍象，有如王氣宇，曠遠襟懷，方堪受授。且復鄭重其事，臂香咐囑，其所望於繼往開來，承先啓後之人者，何其慇懃，故離師自立以後，猶不免舐犢情深，常復令人探視指授，如馬祖之於百丈等。至於通常及門聞道者，皆所不及焉。百丈禪師曰：「見與師齊，減師半德，見過於師，方堪傳授。」歷來禪門大德，既得法後，皆復依止其師，或數年，或十數年，執侍作役，日臻玄奧。足見非一悟之後，別無餘事。依止之間，晝夜搜括，指析精微。宗門所謂印證者，以心印心也。以心印心者，非知解理會邊事。必其師爲過來人，手眼通明，見行皆圓，凡學人之機用、境界、見地，如何湊泊，如何進步，一望而知，不待言喻。然後以師之心，印證其心，如印印泥，印去影存，文彩畢露，亦無印泥之跡，故日印證。若驢前馬後，不能鑒器識別，尋思知解，徒亂心意，自救不暇，安可爲人！若斯之類，癡迷師心，誠如孟子所謂：「人之患在好爲人師！」久據此座，漸陷泥淖，終至不可自拔，殊可愍也！嘗見此輩至眾，深引爲戒，願畢生長居學人位，不串演斯劇，免自陷墮。苟平實商量，當知無不言，言無不盡，方不違於行願矣。

然則，宗門既以一師承爲可，稱楊稱鄭，閉戶自尊，不知天地間何者爲學術耶！曰：惡！是何言！學通五明，知周沙界，吾佛所遺教誡具在。既明斯旨，正好偏求差別智。華嚴標善財烟水南巡，五十三參，所見一百八員大善知識，或爲外道，或爲妓女，或爲童子，或爲沙門，皆已發菩提之心，成就無邊智願，乃以菩薩身示現，徧於眾類；終入彌勒樓閣，方知法界重重，頭頭是道。若斯之學，皆爲參學師，多而無礙，適成其賢，根本深恩，不昧得法。唯具大願大智大度者，能爲是行。若得少爲足，我慢先立，何有於入道哉！初祖誡神光曰：「勿輕未悟。」輕人者，適亦自慢耳。慢爲道障，未能除斯，云何得度，愼之！戒之！

懷璉禪師，持律嚴甚，仁廟嘗賜以龍腦鉢盂，師對使者焚之。曰：吾法以壞色衣，以瓦鉢食，此鉢非法。仁廟益嘉嘆。舜老夫為郡吏橫，民其衣，走依師。師館之正寢，自處偏堂，執弟子禮甚恭。貴人過師，見咸怪之！師曰：吾少嘗問道焉，其可以像服二吾心哉？仁廟聞之，賜舜再落髮，居棲賢。

按：若此事跡，儒家甚多，事師如父，盛德事也。今者，師道不尊，無與倫比！嘗觀歐美學者，於師承祇敬亦重，安可謂此乃時代新風尚哉！雖然，師資足範，道可印心者，亦不易見。爲人師表，但勵自行，可以律己者，不必盡以律人，言雖不出，教已大彰。若求人尊之，洵爲未可。摩頂放踵，以利天下，自不求尊，實至名歸，尚自戒惕，安可有事於求哉！

兜率悅禪師，初謁真淨，後出世鹿苑。有清素者，久參慈明，寓居一室，未始與人交。師因食蜜漬荔枝，偶素過門，師呼曰：此老人鄉果也，可同食之。素曰：自先師亡後，不得此食久矣！師曰：先師為誰？素曰：慈明也。某忝執事十三年耳！師乃疑駭。

曰：十三年堪忍執事，非得其道而何？遂饋以遺果，稍稍親之。素問：師所見者何人？曰：洞山文。素曰：文見何人？師曰：黃龍南。素曰：南匾頭見先師不久，道法大振如此！師益疑駭。遂袖香詣素作禮。素起避之。曰：吾以福薄，先師授記，不許為人，師益恭。素乃曰：憐子之誠，違先師之記，子平生所得，試語我。師具通所見。素曰：可以入佛，而不能入魔！師曰：何謂也？素曰：豈不見古人道：末後一句，始到牢關。如是累日，素乃印可。仍戒之曰：文示子者，皆正知正見，然子離師太早，不能盡其妙，吾今為子點破，使子受用，得大自在，他日勿嗣吾也。師後嗣真淨，如素所戒。

開聖覺，初修長蘆夫鐵腳，久無所得。聞五祖演法道，徑造席下。一日，室中問云：釋迦彌勒，猶是他奴，且道他是阿誰？覺云：胡張三，黑李四。師然其語。時圓悟和尚為座元，師舉此語似之。悟云：好則好，恐未實，不可放過，更於言下搜看。次日入室，垂問如前。覺云：昨日向和尚道了。師云：道甚麼？覺云：髯張三，黑李四。師云：不是！不是！覺云：和尚為甚昨日道是？師云：昨日是，今日不是。覺於言下大悟。覺後出世，住開聖。見長蘆法席大盛，乃嗣夫，不原所得。拈香時，忽覺胸前如擣，遂於痛處發癰成竅，以乳香作餅塞之，久而不癒，竟卒。

按：有儒者曰：大悟後，猶犯此病，可見私欲淨盡之難！曰：理則頓悟，事資漸修。此乃冰稜上走，劍刃上行事也，孰謂一悟便休，孰謂無因果哉！曰：涅槃當無因果矣！曰：唯唯，否否，不然！不然！正覺是因，涅槃是果。涅槃是因，無爲是果。因果歷然，誰曰不是。斯之二則，足爲人師及弟子者鑒矣。

香嚴出世，疎山仁不爽前約，遂往訪之。嚴上堂，僧問：不求諸聖，不重己靈時如何？嚴曰：萬機休罷，千聖不攜。疎山在眾作嘔聲，曰：是何言歟！嚴聞便下座。曰：適來對此僧語，必有不是，致招師叔如是，未審過在甚麼處？師曰：萬機休罷，猶有物在，千聖不攜，亦從人得，如何無過？嚴曰：卻請師叔道。疎山曰：若教某甲道，須還師資禮始得。嚴乃禮拜，躡前問。疎山曰：何不道肯諾不得全。嚴曰：肯又肯個甚麼？諾又諾於阿誰？疎山曰：肯即肯他諸聖，諾即諾於己靈。嚴曰：師叔恁麼道，向去倒屙三十年在！疎山住後，果病吐二十七年而癒。卻每於食後抉口令吐曰：香嚴師兄記我三十年倒屙，尚欠三年在！

按：此則公案，示貢高我慢，好爲人師之失，豈可遊戲哉！

古靈神贊禪師，遇百丈開悟，卻回。受業本師問曰：汝離吾在外，得何事業？曰：並無事業。遂遣執役。一日，因澡身，命師去垢。師乃拊背曰：好所佛堂，而佛不聖。本師回首視之。師曰：佛雖不聖，且能放光。本師又一日在窗下看經，蜂子投窗紙求出，師覩之。曰：世界如許廣闊，不肯出，鑽他故紙驢年去？遂有偈曰：空門不肯出，投窗也大癡，百年鑽故紙，何日出頭時？本師置經問曰：汝行腳遇何人？吾前後見汝，發言異常！師曰：某蒙百丈和尚，指個歇處，今欲報慈德耳！本師於是告眾致齋，請師說法。師乃登座，舉唱百丈門風曰：靈光獨耀，迥脫根塵。體露真常，不拘文字。心性無染，本自圓成。但離妄緣，即如如佛。本師於言下感悟。曰：何期垂老，得聞極則事！師後住古靈，聚徒數載。臨遷化，剃浴聲鐘告眾曰：汝等諸人，還識無聲三昧否？眾曰：不識。師曰：汝等諸人靜聽，莫別思惟。眾皆側聽，師儼然順寂。

按：此則所舉，古靈本師，誠爲出格丈夫，學佛出家，爲了本分事，未可以跡拘也。如能若此，師仍不失於師，惟益見其達耳！不恥下問，聖賢所重。若師見橫心，先塞聰戶，何得垂暮之年，聞此極則事耶！

然則：孰爲眞善知識，孰非善知識，亦難辨矣。曰：此誠難言，但在當人發眞道心，修諸法行，勤行福德，專志菩提，但能自成法器，因地既眞，果自調直，願力積至，因緣可湊。如己非法器，縱饒遇得善知識，如一滴獅乳，可迸散驢乳數斛，反引爲過失矣。異道有言曰：「弟子覓師難，師覓弟子更不易！」誠哉斯言！

復次：宗師者，何謂耶？曰：宗師者，乃禪宗門下，足堪依止之大德，堪爲人善知識者之稱謂，非取於莊子所謂大宗師之義也。禪門具足爲宗師之條件者，殊非易事，必也氣呑寰宇，胸羅百代，胡來胡現，漢來漢現，望之儼然，即之也溫，如寒潭秋月，無物可方者，庶幾近之。

臨濟祖師曰：「有時奪人不奪境，有時奪境不奪人，有時人境兩俱奪，有時人境俱不奪。」又嘗示眾曰：「如諸方學人來，山僧此間作三種根器斷。如中下根器來，我便奪其境而不除其法。或中上根器來，我便境法俱奪。如上上根器來，我便境法人俱奪。如有出格見解人來，山僧此間，便全體作用，不歷根器。大德！到這裡，學人著力處不通風，石火電光，即過了也！學人若眼定動，即沒交涉，擬心即差，動念即乖，有人解者，不離目前。」

宗慧禪師曰：舉唱宗乘，闡揚大教，須法眼精明，方能鑒別緇素。切忌真妄同源，水乳同器，到此難分。洞山尋常以心中眼，觀身外相，觀之又觀，乃辨真偽。若不如是，何名善知識。夫善知識者，驅耕夫之牛，奪飢人之食，方名善知識。即今天下，那個是真善知識！諸德，參得幾個善知識來也？不是等閒，直須參教徹，覷教透，千聖莫能證明，方顯大丈夫兒。

故黃檗禪師曰：「大唐國裡無禪師！時有僧問：諸方尊宿，盡聚眾開化，爲甚麼卻道無禪師？師曰：不道無禪，祇是無師！」時在宗門鼎盛之時，馬祖門下，出八十四員善知識，而黃檗猶興此嘆，蓋亦覷之機先，惜師資之難，爲宗門之師資更難也！明雲居戒禪師有鑒於此，著《禪門鍛鍊說》十三篇，仿《孫子兵法》而作。意謂禪門宗師者，若用兵之神妙難測，非具奇才，曷克當此。禪客張無諍嘗謂：天下有三事，皆妙入精微，而其道相當。三者謂何？曰：禪師妙用，兵家奇計，詩人靈感也。此語頗當。戒禪師立十三篇之目。曰：「堅誓忍苦。辨器授話。入室搜括。落堂開導。垂手鍛鍊。機權策發。奇巧換回。斬關開眼。研究綱宗。精嚴操履。磨治學業。簡鍊才能。謹嚴付授。」其立意專爲宗師者之典範也。雖然，此須天縱之資，多生累劫，勤修德行，乘願所至，非勉學可及也。戒師之作，徒爲狡者自飾，增其行業，愚者卻步，望涯興嘆，功過之間，允爲難言矣。但賴有斯存，方識宗門之所爲者爲何，要非儱侗眞如，顢頇佛性者，所可比也。茲錄雲居戒禪師鍛鍊說十三篇自序及跋，爲禪門宗師之鑑焉。

禪門鍛鍊說十三篇自序

鍛鍊說而擬之孫武子，何也？以正治國，以奇用兵，柱下之言確矣。佛法中據位者，治叢林如治國，用機法以鍛鍊衆如用兵，奇正相因，不易之道也。拈華一著，兵法之祖。西天四七，東土二三，雖顯理教，暗會孫吳。至馬駒蹴踏，如光弼軍壁壘一變。嗣後黃檗、臨濟、睦州、雲門、汾陽、慈明、東山、圓悟諸老，虛實殺活，純用兵機。逮乎妙喜，專握竹篦，大肆奇兵，得人最盛。五家建法，各立綱宗，韜略精嚴，堅不可破，而兵法全矣。自元及明中葉，鍛鍊法廢，寒灰枯木，坑陷殺人。幸天童悟老人，提三尺法劍，開宗門疆土，三峰藏老人繼之，恢復綱宗，重拈竹篦而鍛鍊復行。陷陣衝鋒，出眾龍象。靈隱本師，復加變通，啐啄多方，五花八門，奇計錯出，兵書益大備矣。余昔居板首，頗悟其法。卜靜匡山，逼住歐阜，空拳赤手，卒伍全無；乃不辭杜撰，創為隨眾經行，敲擊移換，擒啄斬劈之法，一時大驗。雖當場苦戰，而奏凱多俘，用兵離奇，毒辣蓋至盡矣！因思根無利鈍，苟得鍛法，皆可省悟。以人多執死法，不垂手險崖，雖有人材，多悲鈍置。遂不敢祕，著為鍛鍊之說，流布宗門。老師宿衲，雖得此說，未必能行矣！豈惟不行，或反嗤議。初居曲盠者，其身英強，其氣猛利，依此兵符，勤加操練，必然省悟多人，出大法將。所願三玄戈甲，永見雄強，五位旌旗，不致偃息，知我罪我，所弗惜焉！則雖謂之禪門孫武子可也。

禪門鍛鍊說跋

余實見晚近禪門，死守成規，不諳烹鍛；每致真宗寂寥，法流斷絕，萬不獲已，立為新法，且作死馬醫。若論本分一著，言前薦得，猶為滯殼迷封，句下精通，已是觸途狂見。悟即不無，爭奈落在第二頭。汲汲乎講鉗鎚，論鍛鍊，豈非頭上安頭，夢中說夢。弄泥團漢，將來認為實法，不知變通，帶累山僧，生陷鐵圍矣！耽源圓相，倘遇仰山，一火焚之。僧合掌云：作家！作家！是真能善用孫武子而不為趙括談兵矣。果有此人，殆斫額望之也。

參話頭

今之言禪宗者，動輒便言參話頭，大有禪宗即是參話頭，參話頭即是禪宗之概。古德有言：「正法眼藏，向這瞎驢邊滅卻！」禪門宗旨衰弱，莫此爲甚，可勝慨嘆！

唐宋諸師，指示法要，莫不別具手眼。單傳直指，如空手奪刃，於言語動作間，立斷學者情根意識，開示旨歸。所謂有殺人劍，還須有活人刀。既或未通，令彼自參。此所謂參者，要人在事上、理上，足踏實地去證。即如教下所說思惟修，而又非純爲思惟。蓋思惟者，猶可用意識尋伺覺察。參者，非思量意識之可及。所謂「離心意識參去」。若能離了心意識之作用，了了無事存心，無境當前，無物礙膺，到得此時，正好一參。故所謂參者，不專指話頭而言。及乎宋元之間，禪門已見衰落。中峰以後，參話頭之學，於是大行。初則救諸狂禪之弊，繼則立橛實地，千古難拔。直至於今，老死話下，永無出期者，不知凡幾矣！

話頭者，後世解說爲一句話之頭。即一句未起時，著力一覷，即看此話頭也。如此參話頭，實爲看話頭之方法，非參宗之學，乃觀心之法門也。話頭者，其原意即謂「話題」也，即此一話，何以如此？爲何如此？禪門話頭約分二種：一爲有義味語，一爲無義味語。如問：「如何是祖師西來意？」答曰：「鎭州大蘿蔔頭」、「青州布衫重七斤」、「麻三斤」、「乾矢橛」、「庭前柏樹子」等等，皆無義味語也。如「僧問趙州：狗子還有佛性也無？州曰：無！」「無夢無想時，主人公何在？」「萬法歸一，一歸何處？」「誰教你拖這死屍來？」「念佛是誰？」等等，皆有義味語也。或有不用一句話頭，唯單參一則古人可疑公案，如蚊子咬鐵牛，死死啃去，此則名爲參公案。亦與參有義味話頭相類矣。往昔禪門古德，於參究之事，簡其扼要中肯者，摘之如次。而以大慧杲之開示，爲尤親切。

黃龍示草堂清語曰：「要如靈貓捕鼠，目睛不瞬，四足據地，諸根順向，首尾一直，擬無不中。子誠能如是，心無異緣，六根自靜，默然而究，萬無一失也。」

大慧杲語：

常以生不知來處，死不知去處二事，貼在鼻孔尖上。茶裡、飯裡、靜處、鬧處，念念孜孜，常似欠人百萬貫錢，無所從出。心胸煩悶，迴避無門，求生不得，求死不得，當恁麼時，善惡路頭，相次絕也。覺得如此時，正好著力，只就這裡看個話頭。僧問趙州：狗子還有佛性也無？州曰：無！看時不用博量，不用註解，不用要得分曉，不用向開口處承當，不用向舉起處作道理，不用墮在空寂處，不用將心等悟，不用向宗師說處領略，不用掉在無事甲裡。但行住坐臥，時時提撕，狗子還有佛性也無？無！提撕得熟，口議心思不及，方寸裡七上八下，如咬生鐵橛，沒滋味時，切莫退志。得如此時，正是好底消息。（示呂舜元）

僧問趙州：狗子還有佛性也無？州云：無！此一字，便是個破生死疑心底刀子也。這刀子把柄，只在當人手中，教別人下手不得。須是自家下手始得。若捨得性命，方肯自下手。若捨性命不得，且只管在疑不破處捱將去。驀然自得，捨命一下便了。那時方信靜時便是鬧時底，鬧時便是靜時底，語時便是默時底，默時便是語時底。不著問人，亦自然不受邪師胡說亂道也。又云：日用二六時中，不得執生死佛道是有，不得撥生死佛道是無。但只看個狗子有佛性也無？趙州曰：無！（答陳季任）

士大夫學道，與我出家大不同。出家兒，父母不供甘旨，六親固已棄離，一瓶一鉢，日用應緣處，無許多障道的冤家，一心一意，體究此事而已。士大夫開眼合眼處，無非障道的冤魂。若是個有智慧者，只就裡許做工夫。淨名所謂：「塵勞之儔，為如來種。」怕人壞世間相而求實相。又設個喻云：「譬如高原陸地，不生蓮花，卑濕污泥，乃生此花。」若就裡許，如楊文公（大年）、李文和、張無盡（商英）三大老，打得透，其力勝我出家兒二十倍。何以故？我出家兒在外打入，士大夫在內打出。在外打入者其力弱，在內打出者，其力強；強者謂所乖處重，而轉處有力。弱者，謂所乖處輕，而轉處少力。雖力有強弱，而所乖則一也。

萬峰蔚禪師語：

大凡參禪做工夫者，不得安然靜坐，忘形死心，沉空守寂，昏沉散亂。須是抖擻精神，猛著精彩，急下手腳，剔起眉毛，咬定牙關，提起話頭，立地要知。分曉不得，今日也恁麼，明日也恁麼，便就萬法歸一，一歸何處上大起疑情，疑個一歸何處。即將此一則公案，盡平生氣力，提在手中，如一柄鐵掃帚相似；佛來也掃，魔來也掃，邪來也掃，正來也掃，是也掃，非也掃，有也掃，無也掃，掃來掃去，掃到無下手處，無著力處，正好著力，無掃蕩處，正好掃蕩；忽然掃破虛空，突出一個掃帚柄來，囫！元來卻在這裡；在這裡，依然是個張上座。一翻翻轉，山河大地，明暗色空，盡是自家珍寶。草木砂礫，盡是自己法身。到這裡，說甚麼一歸何處。只這一柄鐵掃帚，亦乃和身放下。坐斷常寂光，超出無生界，喚作無為無事人也。若是打不徹，透不過，切莫忽忽草草，道我會禪會道，不用參疑。問你臘月三十日到來，從前會得的道禪，用得著麼？所以參須真參，悟須實悟。不可弄虛頭，認光影，不求正悟。須向這裡將本參公案，三百六十骨節，八萬四千毫竅，併作一個疑團，頓在眉毛眼睫上，看定通身是個萬法歸一，一歸何處？行也如是參，坐也如是參，靜也如是參，動也如是參，參來參去，通身是個話頭，物我俱忘，心識路絕，澄澄湛湛，寂靜無為；驀然疑團子，爆地一聲，直得須彌粉碎，大地平沉，迸出一輪杲日，照耀山川，遮藏不得。那時卻來嵩山門下，喫痛棒。（《續指月錄・卷九之五》）

觀此數則話，則知宋元以來，參禪方法之漸變，終至成參話頭一途。參話頭之學興，禪宗眞面目滅矣！宗門與禪定已不可分。大慧杲衹教人參話頭，如何用工，無別指示。萬峰蔚之說，則有參禪做工夫，並發疑情之事。自是以後，參話頭，做工夫，疑情之說，常混爲一談。歷傳至今，偏據叢席。試略論之。

一、參話頭，約分二類：（一）單提一念，看個話頭，於此念未起時，內觀返究，看從何處來？滅向何處去？（此法亦可謂看話尾。）或看其是有是無（空），如此用工，實爲觀心別法，乃參話頭之變相耳。但能用志不紛，收拾六根，歸此一念，久而久之，偶或見得前念已滅，後念未生，當體一念，了無一物。此心此身，忽焉皆寂。心光透發，三際空懸。到了此時，外對六塵情境，如鏡裡夢中，一切是幻非實，妄想亦起不來；即或有起，亦如游絲易斷，無礙此心寂止。學人到此，往往自以爲悟，已明得此心。倘一著此境，慧力勃發，所謂自心常生智慧。或有平素不善文字，亦能吟詩作偈，心身輕快，無與倫比。甚之，或踴躍歡喜，不知所以。或涕淚悲泣，不知何由。更有甚者，眼通迸發，徹見山河大地，如琉璃，如水月，如觀掌中果。乃至耳聞蟲鳴，如聽雷震，徹聞千里，不隔毫端。凡此等等，一有執著，即入魔境，此所謂禪病也。此時若無明師，往往不堪救藥，但熟睡可治。須知此乃用心致力既久，念體忽空，光影煥發，孤光偶露也。到得此時，應覿面不覷，更令放下，不必再起觀心看念頭作用。若有光明影像，乃至喜笑悲啼，吟詩作偈等，皆為妄念所生，唯微細難察耳。苟無妄念，誰起覺受見聞耶？毫釐之差，千里之失，不可不審。（二）提起一句話頭，拚發疑情（所謂疑情者，心思不可解，疑問究竟其事，並非揣摩猜度也。）初則話頭時斷時續，妄想紛飛，疑情亦似有似無，不生緊切關係。漸漸久之，話頭得力，疑情發起，心胸悶作一團，如有物礙膺，欲吐不出，欲罷不能，茶裡飯裡，行時坐時，終如有事不了，對境無心，如癡如憨。若在此時，身有不適，面帶病容，切忌著力，應須放鬆此念，調攝此身，教令自在，亦可稍放此心，不再參究。否則，易得禪病，或至嘔血，或至發狂。必使身安神爽，直參疑下去，忽然話頭提亦提不起，疑情說有似無，說無似有，身止不動，六根無用，祇有一些子管帶。參如不參，放亦放不下，忽爾心身如忘，久坐不知時間。到得此時，有謂正是工夫落堂，是疑情的好時節。一般說法，要人於此時努力提起話頭再參。有則要人就此放下去。後者，往往掉在無事甲裡。前者，往往箭過西天，又復十萬八千里也。若有明眼宗師，當時一展手眼，即可令其自明自肯。或有大根器者，忽然觸物遇緣，打開漆桶，認得從前。但今時禪人，陷於此中者，確實不少。莫說不能悟，即此打翻漆桶，縱饒悟去，亦祇是澄澄湛湛，靈明自在。認得這個而已。要說明心見性，透頂透底，前途九九八十一難，大有事在。不可儱侗顢頇，妄自肯許，欺人固非，自欺何苦！

二、做工夫。本爲修定修觀之俗語別名也。今與參禪合一而言，頗有說焉。工夫一途，在禪門即謂行履，或稱工用，亦稱日用事；若在未明心地以前，皆屬於參話頭之事，已簡如上述。今言其已明心者，初見之時，心身空寂，了無一物，山河大地，人我眾生，皆成一片，如在大圓鏡中。雖不起分別念慮，而於見聞覺知，了了分明，如飛鳥行空，清風疏竹，了無罣礙。心明境寂，如萬里晴空，身輕愉快，如春風吹絮。此時須保任（保任者，保護任運自在之意。）有者，即於山邊林下，涵養騰騰。或有掩空入關，杜絕外緣。凡此皆爲順緣直道，尚易著力。若處塵世中，行平常事，於熱鬧場中，燈紅酒綠處，著力保任，事實爲難。稍有不慎，反爲境牽。一回放將去，再轉殊不易。然道力堅固，智慧極頂者，覿面相逢，隨時認得。雖然，到得此時，直須如喪考妣，潛符密行，只許自行將養，緘默自修，久而久之，忽焉有一日，或一時，此境放去，心身頓寂，兀爾若忘，人我天地，皆已拋向那邊，更無一法存在。如冰消於水，踪跡全無。所謂「羚羊掛角無踪跡，一任東風滿太虛。」此時住定，或經短時，或經數日，乃至更久。忽復覺來，如雨過天青，昔之擾擾者，皆如昨夢，此心此身，語默動靜，皆如在夢中鏡裡。「我自無心於萬物，何妨萬物常圍繞。」但初則於不知不覺間，偶然碰到，自己無能作主。偶或一次，或時常碰到，皆是幸值。譬如瞎貓撞著死老鼠，一點無自力可用處。久久工深，捉住關捩子，隨時隨地，要拋向那邊，即離此界。要翻身入此，即出彼中。到此可見來去空有之實義，佛法現前矣。雖然，猶未也，直待脈解心開，六般神用，無不自在。凡悟性之人，自解作活計，更不須乎顯說。此正三昧耶所戒處也。至此即可謂悟乎？曰：非關悟與不悟，仍所謂工夫邊事耳！溈山云：「祇貴子眼正，不說子行履。」上根利器者，凡此種種，皆是膾語，一堆老爛葛藤，何須把捉。須頂天立地，本來平常，一個大丈夫，何有於此哉！然「高高山頂立，深深海底行。」花樣翻新，無妨舊版。但切記取，最初的，即是最後的，最後的，即是最初的。佛法之基礎處，爲小乘說處，盡是上上大乘妙密之行，並無奇特玄妙存在。如執此等工夫爲實者，法執未脫，癡狂正甚。以禪門正眼觀來，終是鈍根小智耳！固眞是過來人，具眼宗匠，不待學人開口問答，一望而知，已識其住在何境。學人命根，咸在自手，巧施鍛鍊，無不相應。倘爲知解宗徒，祇知說道理，如能言鸚鵡，中心無物，學人已到前站，請教指示，往往又作馬後語，誤人子弟，過不自知，滔滔者大多如此。殊可嘆矣！眞爲善知識，逢學人入室請示，必須審愼觀察，在定當機，視其根器差別，然後授以何種話頭，方能相應。譬如學者病在大寒，應投以熱藥。病在大熱，應施涼劑。若一味儱侗，無論其相應不相應，只教人參一話頭，此如萬病一方，必至誤人性命不少矣！

復如古德有言：「三條篾箍住肚皮，香爐古廟，冷湫湫底去，寒灰枯木，一念萬年去，一條白練去。」「欲明此事，必須大死一番始得。」「此事如枯木生花，如冷灰爆豆。」「懸崖撒手，自肯承當。絕後再蘇，欺君不得。」等等言語，皆禪師當機之開示。以實地工用與見悟同超，並非泛泛口頭之事。但須視學人已到何種程度，因病施藥，未可草草忽忽，拾古人牙慧而冒充善知識，如陳列古董死語，一味鋪排，概無用也。若然，上來諸說，皆爲寐語，亦切莫作爲實法會。然則，又何須作此說耶？譬若有人於用鐵板銅琶，高唱「大江東去」之餘，不妨再取紅牙檀板，低唱「楊柳岸，曉風殘月」也。何以如此？曰：「縱然一夜風吹去，祇在蘆花淺水邊」故耳！

神通妙用

一般學佛習道者，最初或存有一神祕觀念，亦可由此爲入道之動機焉。常人對此問題，或爲不信，或爲存疑；無論信之與疑，而神祕心理之存在，乃隨之俱來。蓋宇宙間有若干事理與智識，終難憑見、聞、覺、知可思量而盡知者。此不可知者，即爲神祕之泉源也。佛法原尚平實，極言心性之理，空有之義，爲學爲道，皆至矣盡矣！唯佛經記述，大部分摻雜神通之說，而烘托之，言之鑿鑿，直同演義小說中之神話然。衛教者力持其說爲實，譭之者力闢其說爲誕。不獨佛經若此，凡宗教之學，莫不皆有其神祕性。佛法之言神通與鬼神者，皆有權實兩種涵義，其中抉擇，爲說不一。禪宗在吾國，爲佛法之中堅宗乘，曰心佛眾生，三無差別，似已完全擺脫神祕色彩，崇尚眞理之學。但言心法者，皆以悟心即佛；而佛具足神通，禪者固具足此乎？且往昔禪門大德，神通自在者，亦頗有人，今有能之者乎？復以佛法爲學術思想者，則認神通，爲另一種權說法門，不足論也。且佛戒神通甚力，律有明文，苟言神通者，不爲病態，即爲魔外之見，群以白眼加之矣。近有某大德，闢禪宗甚力。唱言：孰能見性？如有眞見性者，請其一試神通，曾不見其頂有圓光，身長丈六，具足六通，及人與言學，則力斥神通之謬。若此之說，極盡模稜。若有神通，即爲荒誕，若無神通，即爲未悟。大德之言，固如是乎？此如戲言者，若日出，則曰：慧日增輝，若陰雨，則曰：慈雲法雨。兩可之辭，佛法固若此乎？恰如顧亭林《日知錄》中有言：佛說如有兩桶，一則盛水，一則中空，彼此互注，總是此一桶水耳。彼大德之言，實乃以好惡心詆學禪人，我見橫胸，言下辭誤，闢禪人而誤詆禪宗，不足辯矣。

如習密宗及道家者，雖曰：及其至也，唯道而不言通。然莫不以神通之有無，斷其人道之成就。知見傳習，謬實千里。密宗謂禪宗及顯教諸宗，不修氣脈，終不能「即身成就」，故神通功德不能發生。道家則言：佛法祇知修性，不知修命，故不能「形神俱妙，與道合眞」，是以無通。二說如出一轍。甚矣！窮理而證如來藏性之難也！近年歐美學者，重視印度瑜伽學術

（常見於各報紙及刊物），並催眠術等。因疑神通固有，學佛者特未能耳。凡此諸說，益滋群疑，姑妄言之：

神通云者，先須顧名而思義，佛法術語，含義皆有定則，非可妄擬。神通又別曰神通力，神爲妙用不測之義，通爲通融自在之義，力爲力用之義；全之，即謂有不測妙力能變融通自在也。是乃定慧之所生。《法華經》序品偈曰：「諸佛神通，智慧希有。」佛經說神通者，有謂十種神通，有謂六種神通（簡曰六通），皆此名數也。今但言六通，即概餘矣（天眼通、天耳通、他心通、宿命通、神足通、漏盡通。）《法華文句》三之一，言神變曰：「神變者，神，內也。變，外也。神名天心，即是天然內慧。變名變動，即是六瑞外彰。」《法華義疏》三曰：「神變者，陰陽不測爲神，改常之事曰變。」《法華玄贊》二曰：「妙用無方曰神。神通變易曰變。」此所言神言變，言陰陽不測，皆取義於《易經》也明甚。天心之說，乃道家語。孟子曰：「大而化之之謂聖，聖而不可知之之謂神。」若神而通之，則可以明陰陽之變，參贊天地之化育矣。以上諸說，簡納其意，爲神通之定義。

曰：使神能通達無礙，善通諸變化者，則爲神通。佛法言神通，有二種事理：一、爲法身神通。二、爲報應身神通。何謂法身？即佛之法性身也。何者爲法性身？佛與眾生宇宙萬有同一之如來藏性（即本體）。然則法身神通，不但佛爲具足，一切眾生心物之現，皆具神通神變者也。何以故？本體爲空寂不可見，不可知，不可思議（即不可以用心思想，不可以言語彰之之謂。）及其發而爲用，則能生萬物，變易莫測，豈非神而通之神變乎？故曰：一切眾生，本皆具足，何待外求。若人之見、聞、覺、知，能役使身心外物，而終不知其主此者爲何？豈非神通變化之不可測者乎？故經言：佛菩薩之神通不可思議，其爲法身神通者若此。佛之神通誠不可思議，孰知眾生之業力，亦不可思議。眾生若能轉業力而證入自性法身，即爲法身之神通矣。故古德曰：「青青翠竹，悉是法身。鬱鬱黃花，無非般若。」龐居士曰：「神通與妙用，運水及搬柴。」此誠實語者、如語者、不妄語者也。然又何謂報身神通耶？人之有生，即有身心，此身即報得也。此身此心之用，五官百骸之所能及，爲有限也。人即爲宇宙萬有本體而同一體性功能，何以徒限於形軀？心欲飛騰，足不能離於跬步，思可入於風雲，身終陷於咫尺。不能返與本體合一而起諸妙用者，果何故耶？臨濟祖師曰：「人人赤肉團上，有一無位眞人，常從汝等面門出入，未證據者看看？」雲門禪師曰：「乾坤之內，宇宙之間，中有一寶，祕在形山。」又自代云：「逐物意移，雲起雷興。」皆言其局限於形質也。道家有言，陷於五行中者，當亦同此意。若欲破此形質之限，而返同於本體自然功能之妙用者，須得其天心靈明之神，以內慧而照大千，以定力充其用。故佛示爲通從定發，無定慧之力，不能神通於萬變。爲此身心，作定慧之主者，即法身也。性也。亦本體法爾之功能也。

報身神通，何以能發起？佛說有五。曰：修通、報通、依通、妖通、鬼通。報通者：自然而有，天神所能。人亦有之，中陰身即具五通。或多生修定修通，功德莊嚴之所生也。依通者：如用符咒法術之所起，依仗他力而起用也。妖通者：因魔附身所得也。鬼通者：因鬼附身而起，其力有限。修通者：乃定慧薰修之力所生，可以力學而得。但皆限於五通而言。第六漏盡通者：即證正覺之道也。如羅漢或有神通，而不能圓滿具足如佛也。須知神通乃幻法耳，妄意之所生，終非究竟道。故佛具足神通，而復力闢神通，以其虛妄不可執耳！如佛弟子目犍連尊者，神通第一，及無常到來，避入天堂地獄，乃至入二鐵圍山中，盡其神力，不可避免。佛乃告曰：神通不足恃也。幻法耳！唯法身寂滅，性空緣起爲眞實法耳！此又何故耶？若以法性本體而言，一切宇宙萬有，人物眾生，皆變化之偶存耳！偶存終壞，假借而有一期之形質，終歸於空，豈非幻乎？心力形器，尚不可能長存而終幻滅，況神通之變現，豈可爲實而足恃哉！此理也，須參明之。然後知神通非無，乃幻變而有。今論定慧所生修得神通之概：

欲明此理此事，須知心物本爲一元。心爲其主，通靈明妙性之功能。物爲其用，依附妙性之形質。然實二即一，一即二也。《楞嚴經》云：「不知色身，外泊山河虛空大地，咸是妙明眞心中物。」故知山河大地（物質）與此身心（身亦物質），同爲一體之所生。唯識之理，亦同此說，謂皆爲第八阿賴耶識所變生者。姑置宇宙萬有山河大地而不言，此之心身，實爲心物一元體性之二用也。今修定者，不徒以治心得定爲可；若身不調，心何能定？換言之，若心不定，身豈能調哉！故修定慧者，首當調此心身，心身初既得調，定力已生，工力日久，此心此身，打成一片，與虛空相同，進而返合於本體，起而用之，與本體功能相應，既感而通，即可得神而通之之妙用矣。

幻境相似神通之錯誤

舉凡學佛參禪，或其他宗教，乃至各類外道，原其用工之基，無不從事禪定。但此所謂禪定，即通常所謂靜也。如練習打坐者，乃禪定工用之一種姿勢，非打坐即禪定也。即事禪定矣，初則不易寧靜，及其稍得靜相，有二種現象，最易發生。

一、感覺身體起變化，如氣血流通，丹田發暖，或一身發冷發熱，發癢發汗，或不知不覺中，自起動搖，或感輕鬆愉快，或如有物流動，如此狀態，不定何種，或有規律，或無定則，隨時發生。身體勝常，似感健康增進，頭腦清利，耳目聰明，色氣光潤。凡此種種，皆靜中發生之必然現象。

何以有此狀態之發現？須知吾人身體，潛在功能，有一種生機不絕之力量，在生理學上，稱之曰本能活動。此本能活動，通常人於不知不覺間，皆起作用。試舉二例：如人睡眠，右側臥久，不待知覺另起作用，自然向左翻臥睡。當左右調換時，意識不知也。如人驟然跌倒，兩手兩足，於剎那緊急之頃，自然據地支身。此即本能活動之顯著現狀也。此種本能，即爲身體新生力量之生機，不待意識作用而起。如以意識作用，反而障礙此本能之活動矣。故思慮勞動過多，則損傷健康而感疲勞。故病人須休息，以恢復健康，休息與睡眠，醫稱爲不要錢之多種維他命。因人在休息睡眠之時意識潛伏，可使生理本能活動，自然起作用，故健康可復，精神驟長。人在習靜禪定中，自然走入寧靜狀態，故本能活動作用，漸感恢復。因靜中意識之感覺未盡滅也，故本能之種種現象，發生知覺。一般人以爲吾有工夫，有道行，自己不同於常人，即生勝解，自以爲通矣。執著此事，即生種種幻覺境界，即佛所說之魔境，當知此乃自然靜相中之自然、必然、當然現象，不足爲奇。

二、靜中忽感光明顯現，或眼閉時，感覺頭上，或目前，或全身，或內部發光。甚之：暗室見物，夜視如晝。如貪著其事，漸於此光中，顯現許多幻境。初則如雲霧，如夢影，乃至一切人物鮮明，隨心可現。念見菩薩，菩薩即至。念見上帝，上帝即現。念見鬼神，鬼神即出。不但見之，且可聞其聲，日久工深，乃至可見人事上之種種事實，試之亦驗。於是自謂得道得通，位入仙佛，不同凡人。甚之，如另有一身，完全同我，可自由出入於此身之外，神遊遠近，一切如意，稱為出神。若此等等，乃靜境中偶與本體功能宇宙之光與電磁，驟起一種變幻相似之通。貪著其事，即入魔境。何以靜中有此現象發生耶？此乃心理與生理自然功能之一種變幻現象也。靜中之時，心理上明了意識，漸漸沉寂不起，思慮作用，陷入昏迷狀態，其潛意識（唯識學稱獨頭意識，亦名獨影意識。）忽起作用，可發生以上種種現象。然不盡為心理作用，人之生理，純為物質。此物質與宇宙間之聲光電化等功能，同一活動，互相感通。故道家稱人身乃一小天地，蓋謂人之身體，為一具體而微之大宇宙也。平常吾人，都在運動中，與萬物相同，皆在放射，皆在消散。忽在靜中，生理之自然功能，偶感外光外力之交互作用，由動至靜，如兩力摩擦，忽然發聲、發熱、發光，於是引起心理上之幻覺。漸至心理久習於變態幻覺，生理亦入於變態幻覺。自以爲道爲通，不智孰甚！凡此之類，上者終日在幻覺幻想中過其生活，下者因習此而使生理上之消耗過甚，終至夭折而亡。若發狂，或至腦充血，皆當然現象，必然結果也。以前香港有一小僧，在打坐時，用小電泡安放手中，可使發光，眾以爲神，常作表演，一二年後，即告夭折，其愚可愍！凡靜中感種種魔境事，《楞嚴經》言之極詳，不待贅說。佛經初期翻譯，魔之一字，譯爲磨，磨者，有磨鍊磨折之義。後譯佛經，改爲魔字，乃與魔鬼妖精發生聯想，走入神祕範圍矣。學者當以智勘慧察，不可妄從，否則，即爲精神症，或精神分裂症，實非得道，切勿自誤。

凡習禪定靜行者，發生第二類光幻現象，以女性較多，幼童亦易。此外，以生理有病態，心理多幻想，或智慮闇昧者，最易發生。何以如此？皆與生理心理有關，剖析至繁，姑不具論。唯女性與幼童，定力易至，慧力稍差，男性以慧力易得，定力難堅，此二種不能調和，亦心理與生理上天然之等差，非修持有素，殊不易得定慧等持之正三昧也。禪定習靜者，發生以上光影幻覺作用，大抵皆在昏沉（迷惘）狀態，猶如催眠時之昏迷情狀，自不覺察，潛意識發起作用，習此用力既久，貪著其事，心理意識，完全趨入幻覺、錯覺之中，即爲魔事矣。若能當此現狀發生時，智照瞭然，不隨任感覺、幻覺、錯覺之轉移，於一切光色音聲幻境而不著，終至滅盡感覺，不落昏沉，亦不散亂，靈明無物，方可得正定也。《金剛經》云：「凡所有相，皆是虛妄。若見諸相非相，即見如來。」又云：「若以色見我，以音聲求我，是人行邪道，不能見如來。」故知一切幻境，既皆是虛妄，不可取著。不但幻境不可取，即定相現前，亦不可取。如有定相，亦在一切凡所有相，即皆虛妄之中。世之習佛道者，閉目藏睛，貪看光景，爲人判斷禍福，自以爲得道，其愼戒哉！

若能不取著此種現象，於靜中生理上起任何變相，了知其不過是心意識所起之感覺，即猛自檢查，使心念不動，自然如雨過天青，終歸平靜寧謐之境矣。

正定所發之通明

經謂「通自定發」。此所謂定，乃正三昧，非相似靜境。若至九次第定之第四禪定，久住功深，然後起用，依諸教授方法修持，漸使色身氣脈一一轉變，終使心身融合無間，心息自由控制，迅即入定，覺受盡滅，如欲出定，隨意發用，常光現前，與本體合其功能，然後通明之力，可隨意發起。《楞嚴經》云：「隨拔一根，脫黏內伏。伏歸元眞，發本明耀。耀性發明，諸餘五黏，應拔圓脫，不由前塵所起知見；明不循根，寄根明發，由是六根互相爲用。」此所謂伏歸元眞者，即心身寂定，返伏體性。住此定久，體性功能，自在發耀光明。此中事相理趣，未可盡以言語文字傳之，恐落筌蹄。要之，能了一心，不再隨妄流轉，仍是一色邊事，必再能轉得此身（物），則心物同返於法爾本性，體用皆可自由矣。習密宗者謂：顯教與禪宗，不修氣脈，終不能即身成就，故神通不得發起。孰知禪宗法門，以直見本性爲學，若果能徹見本性，則神通妙用，自然具足。豈不見《楞嚴經》云：「性火眞空，性空眞火。」地、水、風等，亦復如是。得見本性者，自然應用無礙，自家故物，不待外求。苟有未能，以其功未齊於諸聖，力不充也。唯神通雖是妙用，終爲幻妄；未得漏盡通者，如偶發神通（五通），必至隨妄流轉，墮於魔外數中。佛法以正知正見教導世間，使一切眾生，皆得般若度爲究竟，若以神通設教，反使眾生易著幻祕，難入正覺之途。故吾佛遺教，制戒神通，經謂大阿羅漢，亦有神通，亦無神通，而其得漏盡通者一也（義見《大智度論》）。禪宗正見，尤不重此，叢林規範，以神通惑眾者，遷單（放逐）。佛之正法眼藏，不至入於外道之流，端賴有此戒制。故禪門宗師，或有以神通示跡者，必故示狂顛，不提持正印。荷擔慧命者，則不言神通，以平實爲人，作人天表率。今錄禪門古德行跡，有關於神通者數則附後，以見禪宗非不能即身成佛，形神俱妙，第所不取耳。

隱峰禪師……冬居衡嶽，夏止清涼。唐元和中，薦登五臺。路出淮泗，屬吳元濟阻兵，違拒王命。官軍與賊交鋒，未決勝負。師曰：吾當去解其患。乃擲錫空中，飛身而過。兩軍將士仰視，事符預夢，鬪心頓息。師既顯神異，慮成惑眾，遂入五臺示滅。

普化禪師。臨濟初開堂，師首往贊佐。唐咸通初，將示滅，乃入市謂人曰：乞我一個直裰！人或與披襖，或為布裘，皆不受，振鐸而去。臨濟令人送與一棺。師笑曰：臨濟廝兒饒舌，便受之。乃辭眾曰：普化明日去東門死也。郡人相率送出城。師厲聲曰：今日葬不合青烏。乃曰：明日南門遷化。人亦隨之。又曰：明日出西門方吉。人出漸稀。出已復還，人意稍怠。第四日，自擎棺出北門外，振鐸入棺而逝。郡人奔走出城，揭棺視之，已不見。惟聞空中鐸聲漸遠，莫測其由。

瑞巖彥禪師。嘗有三僧，胡形清峭，目若流電，差肩並足致禮。師問曰：子從何來？曰：天竺。曰：何時發？曰：朝行適至。曰：得無勞乎？曰：為法忘勞。諦視之，足皆不踏地。師令入堂，上位安置。明旦，忽焉不見。又嘗有村媼來禮，師曰：汝莫拜，急歸救取數百物命。媼歸，見其婦方拾田螺歸，媼因亟投水中。又數家召齋，一一同時見師來赴。生平神異之蹟，不可勝述云。

大道谷泉禪師，性耐垢污，撥置戒律，眼蓋衲子；所至叢林輒刪去，師不以介意。得法於汾陽昭禪師。……山有湫，毒龍所蟄；墮葉觸波，必雷雨連日，過者不敢喘。師與慈明暮歸；時，秋暑。捉明衣曰：可同浴。明掣肘逕去。於是師解衣躍入，霹靂隨至，腥風吹雨，林木振搖。明蹲草中，意師死矣！須臾，晴霽，忽引頸出波間曰：囦！明嘗遣南公謁師，師與語，驚曰：五州管內，乃有此南匾頭道人耶！及南公住法輪，師復以偈招之。南公以師坦蕩忽繩墨，戲酬以偈曰：飲光論劫坐禪，布袋經年落魄，疥狗不願生天，卻笑雲中白鶴。後住保真庵，蓋衡湘最險絕處。夜地坐祝融峰下，有大蟒盤繞之。師解衣帶縛其腰，中夜不見。明日，策杖徧山尋之，衣帶纏枯松上，蓋松妖也。……嘗過衡山縣，見屠者斫肉，立其旁，作可憐態，指其肉，又指其口。屠問曰：汝啞耶？即首肯。屠憐之，割巨臠置鉢中，師喜出望外，發謝而去；一市大笑，而師自若。以杖荷大酒瓢，往來山中，人問瓢中何物？曰：大道漿也。……嘉祐中，男子冷清，妖言誅。師坐清曾經由庵中，決杖配郴州牢城。盛暑負土經衢，弛擔作偈曰：今朝六月六，谷泉被氣𡎺，不是上天堂，便是入地獄。言訖，微笑，泊然如委蛻。闍維，舍利不可勝數，郴人塔之，至今祠焉。

雲居膺禪師，結庵於三峰，經旬不赴堂。洞山問：子近日何不赴齋？師曰：每日自有天神送食。山曰：我將謂汝是個人，猶作這個見解在！汝晚間來。師晚至，山召膺庵主？師應諾。山曰：不思善，不思惡，是甚麼？師回庵，寂然宴坐，天神自此覓尋不見。如是三日乃絕。

仰山禪師。有梵僧從空而至。師曰：近離甚處？曰：西天。師曰：幾時離彼？曰：今早。師曰：何太遲？曰：遊山玩水。師曰：神通遊戲則不無闍黎，佛法須還老僧始得！曰：特來東土禮文殊，卻遇小釋迦。遂出梵書貝多葉與師，作禮乘空而去。自此號小釋迦。

黃檗禪師，閩人也。幼於本州黃檗山出家。額間隆起如珠，音辭朗潤，志意冲澹。後遊天臺，逢一僧，與之言笑，如舊相識。熟視之，目光射人，乃偕行。屬澗水暴漲，捐笠植杖而止。其僧率師同渡。師曰：兄要渡自渡。彼即褰衣躡波，若履平地。回顧曰：渡來！渡來！師曰：咄！這自了漢，吾早知，當斫汝脛。其僧嘆曰：真大乘法器，我所不及！言訖不見。

生死之間

凡諸哲學，皆以探討宇宙萬有之眞理爲極則。凡諸宗教，皆以可作生死依歸相號召。人孰惡生而祈死，求不死者，皆有望於永生，故曰死生亦大矣！世之學佛者，尤其禪宗，咸曰：爲「了生脫死」。綜諸哲學與宗教之言死生者，約有三說：

一、謂死後即滅，與草木同腐，持唯物論者，大抵主此。此在佛法，目爲斷見。

二、謂死乃形器消滅，精神長存。此復有二說：一則精神長存，存而不論。二則精神隨善惡等差別，或升天堂，或入地獄。前者爲通常之見，後者爲宗教之言，此在佛法，目爲常見。

三、謂死後生前，渺不可知，但重現實人生，盡其人生本位之分；或主追求人世幸福，或主順其自然。故莊子有目生死於一條之說。

獨佛教於生死理趣，迴異如上諸說，佛言宇宙萬有之本體爲一元，以空爲體（空非虛空之義），以一切用爲用，以一切相爲相，心物二者，爲其二有之用。人有生命存在，乃本體之一環耳。故常以海水喻其體，以水泡喻生命之存在。生命有變遷，如輪之迴轉不停（簡曰輪迴），不見其端。而此輪轉變易生命，此死彼生，大體分爲六類（六道）。生死之間，歸納則曰三世。三世者，過去、現在、未來之三時也。言時間則無始無終，言空間則無量無邊。生死如輪之旋轉於時空之間，生之與死，爲生命之一變遷耳。言其整體，則與天地同根，萬物一體。生命變遷，如波分水合。故稱生死者，爲分段式之變遷也。然當此生命旋轉不停於輪迴之間，誰爲之主宰歟？曰：無主宰，非自然，乃因緣之所生。因緣者，由各種條件與因素，彼此如鈎鎖連環，相排相吸，而互發爲矛盾之結合也。生命之存在，以自己心識爲「親因緣」（種子）。以依憑物質形器爲「增上緣」（父精母血），聚合而成。以生命之有存在，而繼續不斷者爲「所緣之緣」（所緣緣）。以生生不已爲「等徧無間」之緣（等無間緣）。故非自然而有。未見天地間生物之無因而來者，因皆乃自有與依他共同存在，非另有不可知之神，或同人格之命運可自由製造者。若果如此，主宰者何以不能不藉各種因素之結合，而獨立創出另一生命之存在乎？故佛謂生命存在，爲一種「力」之表現，此力者，由心識所成，名曰「業力」。業者如作用運動之意。凡有作用運動，必起力之存在，其間力有強弱之不同，有時間久暫之區別，有相排（如離心力），有相吸（如向心力）之矛盾。基於心與力言，比類可明，心力相盪，物質以生，其間微妙甚深（參看〈心物一元〉篇）。而心理有善惡念力之不同，因此不同之力，發生同類易感之用。故有天堂地獄六道異生之分途。聚其因緣之總和，得其果報之應得。故忠臣孝子，義士仁人，寧捨非理性之生，而趨理性之死。使此另一存在之生命，遷住於勝善之理性境域，此一切聖賢立足之點也。佛法尙了生脫死者，使能外其形器，超脫分段生命之變遷，永返於寂然不動，常寂光明之本性，與本體合一，處於無爲之域。如波返於水，力止不流。然此猶爲小乘之造詣。大乘者，了知全波是水，全水是波。波水之成壞，雖曰藉因緣之所生，而緣生終滅，滅返於空。故曰：既非因緣，又非自然。此乃法爾（天然）之運動。隨此運動而輪轉無窮者，即眾庶之徇生趣也。止此運動之流，而歸還寂然，空無一物一法之本體者，二乘之極果。而沉空住寂，非究竟也。何以非究竟？蓋本體常有而常空，雖生而無生，有成者如水之波，乃一期之幻質，動態也。空之寂者，如還波之全水，靜態也。動、靜、空、有，皆爲本體法爾天然之用相，如陰陽翕闢之交互往來。當其運動之時，靜止之體已在動中，動極則終於靜。當其靜止之時，動向之用，已在靜止之中，靜極則必動。本體之於動靜，均爲體相之二用。故大乘菩薩道中，曠觀生死與涅槃，皆如夢幻之不可住，不可得，不可把握。唯眾生癡迷，智慧闇鈍，不能了知此理，不能證入此事，乃興同體之悲，無緣之慈，往來於生死輪轉之流，犧牲自我，救度群迷。雖曰住於有生，而實無生，雖曰入滅，而實無滅。故曰：涅槃與生死，如夢幻空花，兩不可執，執則終爲病態耳。知此病態，見及本體，證入不生不滅。往來自由，去住由我，則非唯理可了，須理事雙致，此吾佛之教也。

此土聖人孔子之教，則曰：「未知生，焉知死？」釋其義者眾矣，若以上述理觀，孔子之意，亦謂生與死乃一事。換言之，即爲若知生從何處來，即知死向何處去矣！孔子又曰：「逝者如斯乎，不捨晝夜！」若以此觀，皆比類可明。道家以「生者寄也，死者歸也。」道家所謂：「即生即死，即死即生。」則皆於生死之道，別有會心之見也。是同是別，在仁智所見各異，留爲參詳。至若詩人所謂：「悟到往來唯一氣，不妨吳越與同丘。」則文人學士，曠達之辭，筆墨遊戲，偶合於道耳。若文天祥之〈正氣歌〉，則極盡死生之義，非平常學養有得於心，曷能致此哉！其從容就義，炳耀千秋者，豈偶然乎！

佛說生死，極盡精詳，如《佛爲阿難所說入胎經》等，剖析人之入胎，七日一變化，十月而胎全，方得其生。遠在二千餘年前，絕無現代科學智識，而其精闢獨到，超乎新說，非今日生理學所可幾及，豈不奇哉！由生而至死，由死而至生，則有「唯識」、「瑜伽師地」諸論，闡說其理。密宗之《中陰身救度密法》，六成就之「頗哇」法等，顯說其事。集生死學說之大成者，莫勝於此矣。以理事過繁，茲不具說。

佛法之言人生者，則以現實人生爲本位。我爲正業之存在。形器與人間世，乃我相依之存在。物我同體，如儒家所謂「民胞物與」同一觀念，且皆具仁慈之大悲。既有生矣，則如《法華經》所云：「是法住法位，世間相常住。」又云：「一切治生產業，皆與實相不相違背。」六祖所謂：「佛法在世間，不離世間覺。出世覓菩提，猶如求兔角。」近如太虛法師有言：「仰止唯佛陀，完成在人格。人成即佛成，是名眞現實。」故佛說人生階段，則以針對現實，犧牲自我，救度大我中之衆生。說大乘六度萬行，乃充倫理之極致，使行爲人格，完成至眞至善至美之大成。說「緣生性空，性空緣生」之理性，使精神超拔於現實形器之世間，昇華於眞善美光明之域。而入世較之出世，猶爲難甚！乃教誡行於菩薩道者，須具大慈、大悲、大願、大行之精神，難行能行，難忍能忍，若地藏菩薩之願，度盡地獄衆生，我方成佛。南泉禪師曰：「所以那邊會了，卻來這邊行履，始得自由分。今時學人，多分出家，好處即認，惡處即不認，爭得！所以菩薩行於非道，是爲通達佛道。」其意亦極言入世之難。藥山禪師所謂：「高高山頂立，深深海底行。」豈非皆教人要「極高明而道中庸」乎？宗門古德，無論在家出家，觀其臨生死患難之際，類皆從容不迫。至若坐脫立亡於指顧之間，尤難枚舉。平生行跡，取義成仁，尤爲至夥。苟或事不得已，寧以身殉道，高山景仰，殊增企慕之思。如古德臨危之際，有偈曰：「四大原無我，五蘊本來空。將頭臨白刃，猶似斬春風。」寥寥二十字，足與〈正氣歌〉互相媲美。他如高僧大德，談笑脫去，指不勝屈。永覺和尚有言：「歐陽修作五代史，謂五代無人物。余謂非無人物，乃厄於時也。至若隱於山林，如五宗諸哲，則耀古騰今，後世鮮能及者。余故曰：非無人物，乃厄於時也。」此論極是。凡禪門大德，足爲宗師者，類皆氣宇如王，見識學問，人品修養，皆足彪炳千秋。以無意用世，恬退山林，苟時會所際，欲其捨出世之業，入世而成人成物者，必能臨危授命，而爲忠貞偉烈人物矣。今簡禪宗居士中，死生之際，足爲道範者，略舉數人，以爲景行之資。

都尉李遵勗居士，謁谷隱，問出家事。隱以崔趙公問徑山公案答之。公於言下大悟。作偈曰：學道須是鐵漢，著手心頭便判。

直趨無上菩提，一切是非莫管。寶元戊寅，遣使邀慈明曰：海內法友，惟師與楊大年耳。大年棄我而先，僕年來頓覺衰落，忍死以一見公。乃書以抵潭帥邀之。慈明惻然！與侍者舟而東下，舟中作偈曰：長江行不盡，帝里到何時？既得涼風便，休將櫓棹施。至京師與李公會。月餘而李公果歿。臨終畫一圓相。又作偈獻師：世界無依，山河匪礙，大海微塵，須彌納芥，拈起幞頭，解下腰帶，欲覓生死，問取皮袋？慈明曰：如何是本來佛性？公曰：今日熱如昨日。即隨聲便問臨行一句作麼生？慈曰：本來無罣礙，隨處任方圓。公曰：晚來倦甚。更不答話。慈曰：無佛處作佛。公於是泊然而逝。仁宗皇帝，尤留心空宗，聞李公之化，與慈明問答，嘉嘆久之。師哭之慟，臨壙而別，有旨賜官舟南歸。

文公楊億居士，字大年。於廣慧禪師處得法。有偈曰：八角磨盤空裡走，金毛獅子變作狗，擬欲將身北斗藏，須應合掌南辰後。臨終書偈遺李都尉曰：漚生與漚滅，二法本來齊，欲識真歸處，趙州東院西。尉見遂曰：泰山廟裡賣紙錢。尉既至，公已逝矣。

丞相張商英居士，字天覺，號無盡。得法於雲峰悅（事具詳《指月錄》）。公嘗云：先佛所說：於一毛端現寶王剎，坐微塵裡轉大法輪，是真實義。法華會上，多寶如來，在寶塔中，分半座與釋迦文佛，過去佛，與現在佛，同坐一處，實有如是事，非謂表法。公於宣和四年十一月黎明，口占遺表，命子弟書之。俄取枕擲門窗上，聲如雷震，眾視之，已薨矣。（以上皆載《指月錄》）

參政李邴居士，字漢老。參大慧杲得悟。疾革，以偈寄教忠晦菴禪師，偈和畢，怡然而寂。

參政錢端禮居士，字處和，號松窗，從此庵淨發明己事。丁酉秋示疾，修書延簡堂機，及國清瑞巖主僧，有訣別之語。機與二禪師詣榻次，公起趺坐，言笑移時而書曰：浮世虛幻，本無去來。四大五蘊，必歸終盡。雖佛祖具大威力，亦不能免這一著子。天下老和尚，一切善知識，還有跳得過者無？蓋為地、水、火、風，因緣和合，暫時湊泊，不可錯認為己。有大丈夫磊磊落落，當用處把定，如順風使帆，上下水皆可。今吾如是，豈不快哉！塵勞外緣，一時掃盡。荷諸山垂顧，咸賜證明，伏維珍重。置筆顧機曰：某坐去好？臥去好？堂曰：相公去便了，理會甚坐與臥耶！公笑曰：法兄當為祖道自愛。遂斂目而逝。

知府葛郯居士，字謙問，號信齋。得法於靈隱遠。宋孝宗淳熙六年，守臨川，有仁政。至八年，感疾。一日忽索筆書偈曰：大洋海裡打鼓，須彌山上聞鐘。業鏡忽然撲破，翻身透出虛空。召僚屬示之曰：生之與死，如晝與夜，無足怪者。若以道論，安得生死！若作生死會，則去道遠矣。語畢，端坐而化。

揚州素庵田居士。世為江都名族。以弟子員屢試不第，遂一意空宗，猛力參究。時何密庵太守，唱道東南，士為入室高弟。鉗鎚久之，頓付心印。士乃手握竹篾，勘驗僧徒。四方來學，無不仰其為現在古佛，通國稱田大士而不名。士居城之田家巷，以宅為庵，四方參叩之士，日擁座下。一日與眾禪人茶話，忽然擲杯合掌，別眾而逝。（聶先樂按語，謂嘉隆以前，臨濟有揚州田大士一宗，盛行大江南北云。）

江陰黃毓祺介子居士，久依密雲悟和尚，大有入處。悟化後，同門法嗣諸士，結集悟和尚語錄，書問行世。後鼎遷（滿清入關），士被執石頭城獄，越三日，將決矣，作絕命詩曰：劍樹刀山掉臂過，長伸兩腳自為摩，三千善逝原非佛，百萬波旬豈是魔？潦倒不妨天外醉，掀翻一任水生波！夜來夢作修羅手，其奈雙丸忽跳何！以破箑書寄牧雲門禪師，然後坐脫圜中（即獄中也）。

太史蔣超虎臣居士，悟緣於金山鐵舟海禪師。後入都，寄書於孝則居士曰：此行良苦，幸早為我賦招魂也！孝復曰：安得便心動，北風有何惡？士請告歸，道經高郵，乃別孝曰：予將浪蕩了此一生！孝曰：何處去？士曰：過得廬山，又峨嶺矣！後果終於峨眉伏虎寺。臨寂留詩一律云：悠然猿鶴自相親，老衲無端墮業塵，直向鑊湯求避熱，又從大海去翻身。功名傀儡場中物，妻子骷髏隊裡人。只有君親無報答，生生一念祝能仁。題畢，趺坐擲筆而逝。（以上皆載《續指月錄》）

張鈺居士，字鳳篪，廣西人（待考）。因父母皆參學禪宗，八歲即有入處。前清時，隨父宦游，後為某縣令主幕。有寡婦受欺於族，訟涉冤誣，某令因受賂，擬曲斷。鞫審次：士坐內室，憤然不平，以手擊桌厲聲曰：天下有此等冤曲事，豈神明所許哉！言甫畢，天際忽起霹靂，擊斷公堂樑木。令驚悸木然，冤賴以白。從此終生無疾言怒色。常云：學般若菩薩，不可妄動嗔心。旋出任川南某縣令（待考），有仁政。一日坐堂審案，吏報夷人反，兵已臨南門，士曰：無恐，我已有卻敵策矣。即親出率勇卒與夷人戰，敗之，追逐數十里。眾返城，而士猶坐堂問案未輟，人驚為神。自顯神通後，不肯留任，即辭官遯去。晚年，隱於蜀之新都桂湖畔，茅屋三椽，破釜啜粥，優游卒歲。新都距成都四十里，常徒步晉省，訪諸禪人。一日暮歸，出成都北門，過毘河；河闊甚，誤墮水中。及旦，有舟過，見河中有人，頂出水面，從容而動。亟拯之。見是居士。手持念珠，口喃喃宣佛號不輟。詢之何以在水中？曰：不知也！我惟覺仍在坦途中行耳！有法國神父某，慕名訪之，與論義，折服甚。一日，某神父攜西藥「殺蟲劑」一瓶過士。曰：服之必戕命。士曰：有是哉？我願嘗之。堅阻不顧。飲盡一瓶，談笑自若，唯略感倦容，移時如故。神父驚異讚嘆久之。民國肇建，士喜甚，趨成都，行市中，左右顧盼，中途即洒淚而返。曰：今後世將大變，蒼生苦甚！我必再來也！不一月果歿。其著作，成都志古堂有刻板。抗戰初，其長公子任成都高等法院首席檢察官。嘗訪問士之遺事，曰：家父在日，視一切眾生如子女，唯視我輩子女如一切眾生，他不悉也。又聞士於其長子，不惟鍾愛，且常敬之如對大賓。人詢其故，曰：其為我祖再來身也，不敢以異世易之。（士之事蹟，常聞吾師鹽亭袁公，及成都謝子厚老居士，言之極詳。蓋皆親沐法化者。今以時變，士之遺書散佚殆盡，附志之，以備他日參考。）

上舉諸公案，皆爲禪門之居士兼宰官身，其生死之際事跡之大略也。《易經》示人生責任，爲「裁成輔相」，「參贊天地之化育」。其意蓋謂此娑婆世界（娑婆有堪忍缺陷意），人之爲人，應盡人事以救此本然之缺憾耳。故無論出世入世，出家在家，各須盡一己之分，以求利他者。況幸而學佛，更幸而參禪，參禪而有成者，安可自遯以求適了乎！唯在家入世，較出家出世尤難。因緣時節，步步維艱。福德資糧，積修不易。妻兒賓客，晉接周旋，處處動心拂志，開眼閉眼，盡是障道冤魂。能於此中行得過，打得透，其力大難。永嘉曰：「在欲行禪知見力，火中生蓮終不壞。」夫在欲行禪，如火裡栽蓮，豈易事哉！當此國家多難，修羅攘據大地，時會邅屯，莫此爲甚。望諸學者，進德修業，以待天心之轉換。此處所謂在家尤難者，非指在家學佛，勝於出家。但謂在家修行爲更難耳！何則？既已出家，身爲人天師表，一意專修，堅心向道，時時處處念念皆在定慧中，迨其生死之際，悠然脫去，已於平素積力有成矣。較之在家之眾，工深力銳，必當有進焉。例如：

隱峰禪師，鄧氏子，相傳皆呼為鄧隱峰。臨化時，先問眾曰：諸方遷化，坐去臥去，吾嘗見之，還有立化也無？曰：有。師曰：還有倒立者否？曰：未嘗見有！師乃倒立而化。亭亭然其衣順體。時眾議舁就茶毘（火化），屹然不動，遠近瞻視，驚嘆無已。師有妹為尼，時亦在彼。乃拊而咄曰：老兄疇昔不循法律，死更熒惑於人。於是以手推之，僨然而踣。遂就闍維（火化），收舍利建塔。

華亭性空妙普庵主，得法於死心新禪師。嘗有偈警眾曰：學道猶如守禁城，朝防六賊夜惺惺，中軍主將能行令，不動干戈致太平。紹興甲子冬，造大盆，穴而塞之，修書寄雪竇持禪師曰：吾將水葬矣。壬戌歲，持至，見其尚存，作偈嘲之曰：咄哉老性空，剛要餵魚鼈。去不索性去，祇管向人說。師閱偈笑曰：待兄來證明耳。令徧告四眾，眾集，師為說法要，乃說偈曰：坐脫立亡，不若水葬，一省燒柴，二省開壙，撒手便行，不妨快暢，誰是知音，船子和尚。高風難繼百千年，一曲漁歌少人唱。遂盤坐盆中，順流而下。眾皆隨至海濱，望欲斷目，師取塞戽水而回。眾擁視，水無所入。復乘流而往。唱曰：船子當年返故鄉，沒踪跡處妙難量，真風徧寄知音者，鐵笛橫吹作散場。其笛聲嗚咽。頃於蒼茫間，見以笛擲空而沒。眾號慕，圖像事之。後三日，於沙上趺坐，顏色如生，道俗爭往迎歸。留五日，闍維，舍利大如菽者莫計。二鶴徘徊空中，火盡始去。塔於青龍。

上舉兩則，爲諸禪德坐脫立亡之尤具奇特風趣者，餘多未引。雖然，禪宗尚正知正見，不斤斤於生死間以坐脫立亡爲極則也。若預知時至，悠然坐化，不唯專事參禪者始能之。通常修行念佛之人，臨終若此者眾矣。其故何在？此但能一心不亂，專志在定，用工既久，自可達矣。但問耕耘，莫問收穫。此乃工用，於見地不盡攸關。惟見行俱圓，尤爲殊勝。有醫者曰：此類人臨歿，殆皆爲腦溢血耳！曰：不盡然也，凡溢血症亡者，必皆昏迷。臨歿前，談笑自若，從容而去，豈病態乎？至已神遷形遺，事後驗之，皆有溢血症狀，蓋亦形軀委蛻後之當然事耳！況復有不盡如此者。夫死亡於頃刻之間，毫無疾苦，即為溢血症，亦人生最後階段之得大自在者，勝於通常之呻吟迷亂者多矣，庸何傷哉！

復次，深於禪定工夫者，有時偶入空定，或忽氣住脈停，如大死者，實非死亡，乃定相耳。旁人不知，往往認為已死，即為之火化或埋葬者，此大誤也。凡此之類，不知埋沒幾多道人，深可太息！當視其平生定力行徑，仔細判斷，且須常備擊子（俗名引磬），平常囑咐道侶，於入定時，向其耳邊敲擊，徐徐輕呼之，即可出定。倘仍不出，久而發生異相，則為眞寂矣。此事極須注意也。

或問：通常言生死之間，皆為鬼神之說，繫合為一，意謂如何？曰：佛法言鬼神者，乃天道，或修羅，或鬼道所攝，非如俗所言人死即為鬼。人死之靈魂，在佛法曰中陰身，或稱中有身。中有者，由捨此而未取彼，中間所有之存在也。俗稱為鬼，習慣之觀念耳。佛法至極處，實為破除迷信之至理。雖設六道輪迴，有天堂、地獄之說，而皆剖明爲三界萬有之本體所變化。此本體之功能，在人含義於心性中，故曰「三界唯心，一切唯識。」《華嚴經》曰：「若人欲了知，三世一切佛。應觀法界性，一切唯心造。」三塗六趣，九幽十二有之分析，總歸納於自他同體之心性所變化耳！明乎此，則知生死之說，鬼神之情狀。如《易經・繫辭》所謂：「仰以觀於天文，俯以察於地理，是故知幽明之故。原始反終，故知生死之說。精氣爲物，游魂爲變，是故知鬼神之情狀。」然則，既皆唯心所造，所謂鬼神六道之說，皆虛妄耳！曰：是又不然！此理至繁，且錄智藏禪師之言以明之：

有一士人，問智藏禪師曰：有天堂地獄否？師曰：有。曰：有佛、法、僧三寶否？曰：有。更有多問，盡答：有。曰：和尚恁麼道，莫錯否？師曰：汝曾見尊宿來耶？曰：某甲嘗參徑山和尚來！師曰：徑山向汝作麼生道？曰：他道一切總無。師曰：汝有妻否？曰：有。師曰：徑山和尚有妻否？曰：無。師曰：徑山和尚道無即得。俗士禮謝而去。此則問答雖簡，理實至邃。

復曰：既有此說，則一切迷信者，求神拜佛，祈禱冥佑者，皆爲合理乎？曰：此有說也。所謂迷信，以迷其眞理所在而即妄信者，斯爲迷信。豈但諸宗教之說，凡事之未至，理之未明，遽加相信，皆迷信也。例如曰：前途有梅可止渴，衆信其說，而實不知前途有梅否？類此之信，世間事例多矣，皆迷信也。故佛法尚理明事圓，有隱而不明示者，爲愚昧衆生，入此一信之途。若精神信仰有託，則漸可離非向善矣，不盡求必知可矣。況知亦不能盡者，莊子有言曰：「生也有涯，知也無涯。以有涯之生，窮無涯之知。殆矣！」誠哉言乎！培養功德，敬事鬼神之說，以人間世本位而言，即「居敬存誠」勵德之階也。及其至也，當不可自我執著此事。若有一毫染著，何得自在無爲哉！爲道爲學者，既不能染著，則於功名富貴等諸行業，皆一視爲幻境，但爲成德權宜之用耳！即功滿人寰，德徧沙界，亦當空其所有。名立而退，功成不居，方得至乎靈光獨耀，迥脫根塵。若心繫此事物之中，侒於功德而爲道者，適爲害道種子。故於立德、立功、立言，三不朽之業，功參造化，德配天地者，亦祇爲仁心仁行之當然事。夫然後可以親民，可以入道，外王而內聖矣。須知以道體而言，功德原爲外事，非關本分，但堪爲盡性至命之基，作後世之楷模也。而道體亦非德行無以明，德業非體道而成滯，取捨之間，智者方達。鬼神無親，唯德是輔。德業既至，諸爲順緣矣。儒家「慎獨」，不欺暗室，懍十手十目之指視者，恰如禪門古德所謂「無邊剎境，自他不隔於毫端」也。十方聖者，同此明示，無可疑矣。「居敬存誠」者，亦即爲禪定之一端。積久工深，自通於神明，其於生死之間洒然矣，何獨有於鬼神哉！曰：吾已明矣！故達摩祖師對梁武帝論功德之事曰：此乃「人天小果，有漏之因」耳！曰：此又不然！人天小果，尚未能至，更何能透脫而入於大道哉！故由人天乘至二乘，以及大乘佛果，步步上進，未可遺前而失後。祖師之答，爲對一時之機耳，不可刻豆腐爲寶印也。

中陰身略述

三世因果——六道輪迴——了生脫死之簡說

佛法基本，在說明三世因果，六道輪迴之可畏，故所期在了生脫死，而修解脫道。三世者，指過去、現在、未來之時間言。六道者，指分段生死之種類言。而空間則無量無邊，涵在其中矣。今論死生之際，爲便於說明，使易於瞭解，順現實人生由生而至於老死，首先說明死之現狀與過程。夫人之由生而至於死，古人謂之大事。致死之由，約爲二類：一、順天年而老死。二、遭意外而暴亡。前者謂之善終，後者謂之横折。玆分述其情狀。

臨命終時

臨命終時，經謂先由地大分離，所謂地大，即筋、骨、肢體等生理固體之機能。此時臨終之人，必感覺身體之骨節四肢，初如重物下壓，痛楚難言，或痲木不仁，漸失其知覺運用之功能。眼之瞳孔放大，耳之聽覺漸失，視目前物，或分裂爲二爲多，或大而爲小，小而爲大，漸離漸遠。耳邊之聲，雖近如遠，或驟聞崩裂之巨聲，極爲驚怖，此即地大分離現狀。然如業命未斷，猶可爲醫藥所強支，如業命臨斷，則非醫藥所能爲力矣。次則水大分離，所謂水大者，即血、汗、涕、唾、便、溺等。此時身發冷汗，或任意便溺，一切知覺已漸喪失；或聞波濤巨浪洶湧之聲。再次，乃火大與風大分離。所謂火者，即身中暖熱。風者，即呼吸氣息。此之二者，相依爲命。息之所在，熱亦隨之，氣息一斷，暖熱頓消，發生冷覺，或感風驟寒生，異常懍悸。火大分離時，與氣息同時消失。常言所謂人在命終時，嘆出最後一口氣，全身之熱力亦失。死之情狀，約略如此。

中陰身緣起

唯死者，神識至臨死一刹那間，其與軀體之關係，有如遺蛻者然。覺一切痛苦消失，輕快安樂無比。但如石火電光，刹那即逝，完全入於不知不覺死寂之境。忽爾如夢初覺，如醉方醒，有如夢中身之存在。一切見、聞、覺、知，皆歷歷如故。聞人之哭泣呼號，或自發回憶感覺，乃知吾身已死。雖亦如人之有聲音笑貌，但非生人所可感知，此即所謂中陰身，亦有稱爲中有身者，即俗所謂人死爲鬼之鬼身也。所謂中有者，即捨此而未入彼，中間存在之身，乃意識所生也。經云：由死寂境而至中陰身之生起，約人間時計一晝夜。有云：約人世三日又半，或四日。此中時間之長短，殆無一定之計數。而由臨終死寂境至中陰身生起階段，其中有幾種現象：當此之時，忽有一道強烈之光明現前，其光非如世間日月電燈等可比，其強度甚大，晃耀至烈。當此光明現前時，必生起一極度恐怖之感覺，由此感覺，復入於一昏迷狀態，經時不久。如素習佛法，或平生修持於戒定慧之力有成就者，認知一切色象之光明現前，皆如定中所習見之自性所生幻想光明。一念靈明照了，迅斷念力之流，寂然入此光明本體之無相定中，即可頓斷生死。然去究竟菩提，無上之果，尚不可以道里計。但常人之中陰身，未有不隨此強烈之光明而旋轉者。或有於此種光明照耀之中，回憶生前或往世所爲善惡等事，一如世間之影戲然，則於此中自起理性之審判，隨業轉身矣。然此所述，猶爲平生修善道，或稍具定力現象。如爲通常之人，當臨終各種痛苦恐怖之現象發生時，意識完全慌亂，或奔馳逃逸，即受他道之輪轉。如遇險峻之峭壁，或見各種顏色之境象，俯視莫窮其底，偶一不愼，即墜於中，即入三惡道之輪迴中矣。墮白色峭壁者：生於天趣。紅色者：生於餓鬼趣。黑色者：生於地獄趣。或謂此之三色道，即由於貪、嗔、癡三業力之所感。又或現五種光明徑道，如平生修習有素者，此時現前，即知了別。如白色光徑，乃導入天道者。如烟霧光徑，乃導入地獄道者。黃色光徑，乃導入人道者。紅色光徑，乃導入餓鬼道者。綠色光徑，乃導入阿修羅（魔）道者。此外，尙有其他種種現象，亦常發生，如見強烈之巨光，夾雜無邊之火燄，噴射熾烈。或見聞中有極可怖之狂風暴雨，交迫而至。或出現猙獰醜惡之鬼物，來相攫啖。或見地獄境相中，閻羅惡鬼，慘刑迫害。或見種種極可怖惡之地獄現相，一生恐懼，避免之情，即不期然而隨業往生。如墮湖中，水面有雁類遊行者，即生「東勝神洲」。若湖岸有牛囓草而食者，即生「西牛賀洲」。若岸際有馬嚙草者，即生「北俱盧洲」。若見有房舍，其中有男女正行房事者，即生「南贍部洲」。若見天宮輝煌莊嚴，喜愛而入者，即得生天趣矣。凡此之類，皆根於自心三世業力所現，隨因緣業力而生。（具如經說）

中陰至此時期，求生之趣，極爲熾盛。若獨簡人中趣生者，則於此時，隨其光象因緣業力之所牽引，見有男女房事，如磁電吸力，驟爾親近，不見男女之相，唯見二根。於男生貪，即自感爲女身。反之，即爲男身。以此中陰凝合男女精血，三緣和合，即爾入胎。初入胎時，又入極昏迷狀態。將滿十月而出產門，又經一極大痛苦。且住胎期間，七日一變，種種現象，具如《佛爲阿難所說入胎經》所述。唯人中趣生，或不定現此種景象。如忽於中陰境時，感狂風暴雨而避，或見天日晴和而遊林園等境，亦即可託生。或當生畜生道者，見彼慾事，亦同人間，隨業感召，即入斯類；種種現象，不一而足。窮通富貴，隨業而轉。既無主宰之者，又非自然之力，乃因緣力之所生。業由心造，心赅時間之三世，空間之無邊，六道生趣，皆自心體性之所變現。隨累積之業力而自個別於果報之不同。業力爲因，趣生爲果也。

善根至熟，當生天道。惡業至深，當入地獄。皆無中陰身階段。當此命終，即往生彼。如修淨土法門，或專志往生他方佛土者，臨終即應念而生。中陰身者，乃意識所生之身。經七日一生死，至多爲七個七日，未有不轉生者。若生於鬼趣，或屬修羅道中所攝，或屬餓鬼道中所攝，則於多生之事，仍可記憶。故俗稱鬼神者，能記前生，非無因也。中陰身不若吾人爲色身業力所囿，一得其身，即具五通之力。唯力有強弱，獨無漏盡通耳。故曰：中陰身可自在至一切處，唯有二處不能入，一者菩提道中，一者產門。蓋中陰若入菩提道中，即正覺無漏。若入產門，即生他趣矣。中陰之神識力量，自由自在，山河金石，所不能阻礙。倘一時尚未能轉胎，往來一大千世界，隨其念力，隨想即能。且在中陰境中，彼此之因緣業力相同者，亦可相見，如人間世之對晤然。若生天趣，自然報得神通，於其宿命，更所知曉。唯是有限神通，非爲無限。中陰境中，唯以香嗅爲食，界中日月不見，故無晝夜，常處於似明似暗中，如天之將曙，或黃昏時之景象。

人當臨命終時，乃至中陰將生未生時期，依諸經教，其所趣生，可以驗知。如由下部漸冷至頭面，或眼部熱力最後滅者，即生天道。或阿修羅道。唯此中有別，生於天道者，死狀吉祥，臨終潔淨，或無疾而終。若入修羅道者，則臨終有起嗔恚忿怒之容。如心胸部分，熱力最後滅者，即生人中。且現象亦佳，於人世間事，大多有留戀意者。如腹部熱力後滅者，則生餓鬼。膝部如此，則至旁生（畜生）。足心如此，即入地獄。而下三道現象，極爲醜惡，或昏迷狂號，屎溺滿身。至若暴橫夭折，雖急驟無此現象，趣生與中陰之理，應無異也。故佛誡在臨命終時，切勿驟爲沐浴移動。因其餘命未斷，知覺尚未全失，一遇動觸，痛苦難言，必使其起嗔恨之念。復誡人對於死者，不可悲號。蓋生死乃必然之事，悲泣何益。但在耳邊或頂上，爲說法要，最好囑其提起正念，念佛求生西方。因此時悲號，中陰之見、聞、覺、知依然，徒增其意念之亂。若平時於佛法薰修有素，或念佛志專者，臨終由頂超出，即隨念往生佛國，不在此例矣。凡此生死之間，與中陰現狀，可參究「唯識」諸論，及藏密中之《中陰身救度密法》，及《六成就法》（此二種皆有美國伊文思溫慈博士纂集，張妙定居士譯本。）《佛爲阿難所說入胎經》等。

生死決疑

俗謂人死如燈滅，他生來世，因果業報之說，皆誕言也。佛稱此為斷見。今世迷信唯物論者，率皆類此。或有問曰：果有三世輪迴之說，人何不自知耶？曰：轉世不迷，世間此類事實亦隨在而有。唯言之者，人非目為誕而不言，即一人一時一地見之聞之，亦無法使千萬人同時得見得聞。茲依理而言，科學猶稱質量互變。唯今日科學尚在進步，未可遽以為確定之眞理；況現代學者，亦有靈魂不滅之說。欲明乎此，首當瞭解佛法所稱業力之究為何物？佛說業而曰力，亦曰念力。所謂業者，若善若惡，或非善非惡，凡有意識思惟之言行動作，皆謂之業。業者，事也。由心意識之所生。西洋哲學家笛卡兒見僅及此，故曰：「吾思則吾存」。此吾思吾存者，業力也，念力也。吾人與宇宙萬有同體，此之謂體，即心物一元本體之體性也。在人具於一心，身者，心之附庸。佛說為依報，物也。體性能生萬法，具足一切。故心身亦具足一切，亦能生萬法。人之所不能者，心意識之念力，如輪之旋轉，無時或已，牽染於外境他物之力而囿於物矣。故此心念之業力，即同電磁之力。唯電磁爲物質，異性相吸，同性相排，人之於男女亦然。人之於事物，有同具電磁爲力之用，其現象不僅止於同異性之相吸排。或有心念業力之強者，排時同異性俱排，吸時同異性俱吸。世間事物之例如此者固多。凡此業力，亦如電磁之在空間，雖不見其形，實能起用，不受時空所限。當因緣遇會之時，即隨業生矣。中陰之存在，如強以科學名辭解釋，殆如純爲陰性磁電乎？唯昔時英倫有菩提學會，有根據佛法所說，研究中陰問題者，名曰：「死的科學之研究」。終經證明中陰存在之有。且謂男女精血若無中陰神識之加入，不能受胎云云。唯彼另取以名曰：此非物質，亦非精神，姑名之曰：「超等的電磁波」。今於此學，當尚在繼續研究之中，姑俟其新說。然則人之生死，何以不能自知耶？曰：吾人昨日所爲之事，今日尚忘。不但經晝夜而忘，且時刻而忘。人於過去之事，能歷歷分明，如對當前之境者，能有幾耶？且人受刺激，或遭外境之大變故者，往往變易心理，如癡如獃。

現代心理學所謂之人格變換者，其故又安在？故佛說善惡二性外，尚有無記性也。神識於生死間，中陰幾度昏迷，入胎長住十月，出胎又經劇烈之痛苦，皆能使記憶喪失，人於無記，庸有何疑！故經稱羅漢有隔陰之迷，聖者如斯，其他何論。欲其轉生而不迷，非仗戒、定、慧薰修之力，終不可得。此中禪定法門，猶須依特別教授，非淺見所知也。又曰：依諸科學，人從物種嬗變而生，遺傳所稟，今乃云有中陰神識之加入，殊難置信。曰：若純爲遺傳，則堯之子何以有丹朱，舜之何以有父瞽瞍。諺云：「一娘生九子，九子各不同。」此又何故耶？何其遺傳之各別如此。曰：此視受胎時之環境思想等等，以爲區別也。曰：理雖近似，終非究竟之旨。佛說入胎時，即第八阿賴耶識（種子識）和合男女精血而成。如無此神識持種住胎，胎必死墜。嬰兒初生，唯有賴耶與第七末那識（俱生我執）。色身日長，六根之用日具，方漸有意識及前五識分別起用。故曰：賴耶種子本識，爲「親因緣」。男女精血合成形身，爲「所緣緣」。遺傳影響等爲「增上緣」。生生不已，爲「等無間斷之緣」。萬事萬物，相資爲生者，因緣互爲因果，統名之曰因緣所生。故極稱無主宰，非自然。人也，物也，固皆如此。唯其體性功能，如來藏性之本然，則非自然，非因緣之所及，強名之曰眞如。順世俗之見而謂其爲宇宙萬有之主者。理析玄微，事通幽奧，寧非至理乎？又曰：道家所謂，人在母胎，猶爲一囫圇先天之太極全體。一出娘胎，臍帶剪斷，一點靈光，方入其竅，豈不近於科學耶？曰：科學之爲學，今尙在未定之天，何必以近似科學爲眞耶？其迷也孰甚！即依此論，先天之性與後天之性，寧非一體乎？若爲二者，各不相干。若爲一者，分而爲二之階段，體寧非同？其說含糊，不値一辯。此皆後世方士之託言，非至論也。

了生脫死

如來藏性，常寂光住。耀明力久，動而暗生。靈知之性，本發明耀。一念之動，變易而爲無明。無明爲用，不知返於本然體性，隨念力而行，故曰無明緣行。行者，念也。亦名爲識，故曰行緣識。心識遇緣，即住生趣。生之爲用，依附於物體而得。即依附於物體，有其名，即有色。色者，物之總稱也。故曰識緣名色。名色既得，六根以生。故曰名色緣六入。六入所用，即發感觸，故曰六入緣觸。觸之感者，必有受，故曰觸緣受。受之貪者，必有愛，故曰受緣愛。愛難以捨，數取不失，故曰愛緣取。有取因有物，故曰取緣有。有則方生，故曰有緣生。有生則有老死，故曰生緣老死。此佛說十二因緣。凡人與物之生住異滅，皆可循此因緣旋轉不息之定律以說明之。老死而又緣無明而至生，故見人世之生生不已。今欲脫此生之力，必須了其死之階段。故曰了生脫死。若得不生，何死之有？如前述生死中陰之義，例彼可知。故謂無明緣行爲過去階段之（因）。識至受爲現階段之（果）。愛至有爲現階段之因。生緣老死爲未來世之果。故云：「欲知前世因，今生受者是，欲知來世果，今生作者是。」不但三世因緣，生死之間若此，即吾人日常之間，念念遷流，皆可以例此而觀。若依佛所教，奉行修習，即此之生，漸薄生緣，斷念力之流，住於寂滅之定，則現前即得不生。現前念力不生，寂滅現前。依此定力薰習既久，業力習氣，漸可自在控制。待報盡身離，現前寂然，即入不生之常住定矣。縱有如中陰光色發現，概知爲體性自心所變化，性光寂現，不循無明業力，頓斷念流，則不循業以生，頓時近其寂滅矣。故曰：「諸行無常，爲生滅法，生滅滅已，寂滅現前。」此即二乘極果之工用見地。然猶非究竟也。若大乘道者，證知本自無生，雖生而常寂。本自無滅，雖滅而猶生，生滅之間，了無一法可得。萬象森羅，既不可捨，又不可取。不屬死生涅槃之羈鎖，故能不畏生死，不入涅槃。行於夢幻生死之道，隨流不止，而常流歸性海。廣度眾生，作彼佛事。固已自證自知其生死涅槃皆如昨夢矣！雖然，此豈思議中事，稍有未實，是謂自欺。若爲出格超人，冷暖自知，則虛空有盡，我願無窮。大地眾生，亟待援手，此之所云，皆如囈語耳！

醒與夢

昔人云：「浮生若夢」。然則人生而有夢，殆乃夢中說夢耳。佛法常引夢以爲喻，古今論此者，多矣。《禮記》列夢爲數十種，《列子》亦爲夢作分類。《黃帝內經》亦有夢與病之分類，現代心理學，謂夢乃潛意識之作用。亦有謂乃心理病態之現象。如「夢遊症」、「離魂症」等，皆屬夢之所攝。

《容齋洪氏隨筆》曰：「漢《藝文志・七略》雜占十八家，以黃帝甘德占夢二書為首。其說曰：雜占者，紀百家之象，候善惡之證，眾占非一，而夢為大，故周有其官。《周禮》太卜掌三夢之法：一曰：致夢。二曰：觭夢。三曰：咸陟。鄭氏以為致夢『夏后氏』所作，觭夢『商』人所作，咸陟者，言夢之皆得，『周』人作焉。而占夢專為一官，以日月星辰占六夢之吉凶，其別曰：正。

曰：噩。曰：思。曰：寤。曰：喜。曰：懼。季冬聘王夢獻吉夢於王，王拜而受之，乃舍萌於四方，以贈惡夢。舍萌者，猶釋菜也。贈者，送之也。詩、書、禮、經所載，高宗夢得說。周武王夢帝與九齡，伐紂夢叶朕卜宣王考牧，牧人有熊羆虺蛇之夢，召彼故老，訊之占夢。《左傳》所書尤多。孔子夢坐奠於兩楹。然則古之聖賢未嘗不以夢為大，是以見於《七略》者如此。魏晉方技，猶時時或有之，今人不復留意，此卜雖市井妄術，所在如林，亦無以占夢自名者，其學殆絕矣。」

佛法論夢之起緣，約分爲五。一想。二憶。三病。四曾更（經驗影像）。五引起（未來事實）。夢之起作用者，乃獨頭意識，亦稱獨影意識。相當於心理學上之潛意識。意識具分別明了功能，獨頭意識乃意識之影子。獨於睡眠昏迷，乃至靜定境中，自起作用。茲分論五種夢緣。

一、想夢者：如思想專精，意思膠著於人事物欲等，於睡眠時即現夢境。但祇能影射事物，或夢境獨影中，聯合生理病態，以及過去經驗等，支離破碎之殘存記憶，而構成夢境。其最明顯之例，如男女相思，易形夢寐。此皆想之成夢也。

二、憶夢者：亦近於想，而憶之與想，功能不同。想者，意識起思想作用。憶者，於人事物欲，或見、聞、覺、知之事，習慣已深，無須意識運思，不期然如有事存心。例如陸放翁詩云：「老去原知萬事空，但悲不見九州同。王師北定中原日，家祭無忘告乃翁。」唐人詩云：「行過疏籬到小橋，綠楊陰裡有紅嬌。分明眼界無分別，安置心頭未肯消。」此等所謂心頭未肯消者，即憶念現象也；復如李後主詞云：「剪不斷，理還亂，是離愁。別是一般滋味在心頭。」皆憶念至深之現象也，凡此形之夢寐者，憶夢也。

三、病夢者：如飲食停滯，生理障礙而夢重魘，或被人追逐而足步艱難。又如血液不清，濕盛者，則夢水。生理發炎，火盛者，則夢火。血液循環太速，風氣盛者則夢飛翔。如血壓高而夢沖舉。血壓低而夢下墮。肝病夢色青藍。心病夢色紅紫。脾病夢色黃。肺病夢色白。腎病夢色黑。乃至恐怖驚悸而夢惡。喜悅歡欣而夢祥。皆可統攝於病。亦可通於前之二者。

四、曾更夢者：即於前三種夢象，或牽聯過去經驗而成夢，或前塵影事，於夢中重溫，故夢中之見、聞、覺、知，絕少有超過平常知識經驗之印象者。有之，則非夢所詮矣。

五、引起夢者：非常情所可測，如夢入素未歷之境，素不相識之人，素無經驗之事等，但經若干時日，身之所接，悉與夢符，此即夢有引起之作用也。此種夢理，須研究佛法，知夫「三界唯心，一切唯識。」「十世古今，始終不離於當念，無邊刹境，自他不隔於毫端。」究明此理，方知心意識與如來藏性之用，具足一切，徧含三際，含裹十方矣。

知夢之成因若此，然後可知吉祥善夢與驚怖惡夢，皆屬意識之變現，來因去果，自有蛛絲馬跡可尋，實無奇特之處。觀乎世人常有因吉夢而欣悅，或凶夢而憂懼，其實同一顚倒也。莊子不云乎？「吾固不知蝶之夢周？抑周之夢蝶？」豈非一大癡事乎！既知爲夢，早成過去之幻影，執此以求驗，其與刻舟求劍，事將毋同。藏密中有修夢成就之法，以夢爲入道之門。又如判刑待決之囚，一切希望已絕，當亦無夢。佛道中人，知見工用有得者，夜眠往往無夢；或雖在夢中，仍歷歷耳，蓋已達醒夢一如之境地矣。有謂莊子曰：「至人無夢」，即誤謂聖人皆無夢；實則，非無夢也，醒夢一如耳！苟絕無夢，何以釋迦猶夢金鼓，宣尼猶夢周公、奠兩楹。莊周夢蝴蝶，此豈非至人之夢歟！其義可深長思也。尋常所謂夢者，皆在睡眠昏迷狀態中。夢境所起作用，現代生理學者，謂乃腦神經尚未全部休息所致。唯心唯物，姑置勿辯。其所謂夢者，乃人於醒後，五官感覺依然起用，意識分明時，能記昨夢。凡夢中一切，不可捉摸，不可控制，故稱之曰夢。孰知我人日常生活，六根運用，遷流不停；例如眼之視色，一轉動間，剎那即逝，與夢無別也；耳之聞聲，鼻之辨氣，舌之嘗味，身之運動，意之思惟，皆無常存之可把捉，其與夢也何別？一日作爲既畢，雙眼閉而入睡，一切了不可得，則日間之所爲，非即所謂夢乎！已去者不復來，未來者尚未至，年之與月，日之與時，分之與秒，剎那變易，安有一事一法之可得；所謂現實者，不過一剎那間之緣會，緣滅即散矣！若能仔細觀察，晝之與夜，夢固無別也。

人如能常空其意念，如龐居士所云：「但願空諸所有，愼勿實諸所無。」念念之間，於過去不留，未來不逆，現在不住，忽然三際托空，意識不行，則於應緣動作間，但前五識（即五官直接感覺，不再緣意識分別之知覺），對境起用，則此心如無，此身如一眞空之球或瓶等。即唯識學所謂之現量境，小乘之人空境，可得現前。此時對緣外境，一切皆如夢中。視山河大地人物動作聲音等，皆如活動影象。不但對外境他物覺其如夢、如幻、如影，即我此身心亦同於諸夢。動靜行爲，皆能行所無事，如永嘉云：「恰恰用心時，恰恰無心用。無心恰恰用，常用恰恰無。」豈不樂哉！雖然，此猶夢語。必曰「百尺竿頭須進步，空花鏡裡莫藏身。」迨至遠離顚倒夢想，得究竟涅槃，方可出世入世，一切自在矣。但於聖凡情斷，超佛越祖之地，尚須痛喫辣棒。雲門云：「此即爲慈悲之故，有落草之談。」若欲究明斯事，當復觀雲門語：「扇子𨁝跳上三十三天，觸著帝釋鼻孔。東海鯉魚打一棒，雨如傾盆。」畢竟如何？曰：參！

禪宗與教理

佛法之在吾國，大致有十宗之分途，禪宗以外各宗皆依教理經、律、論學而言修證，獨禪宗標旨爲佛之心宗，「不立文字，直指人心，見性成佛。」似與教下諸宗，了不相關。禪宗之徒，並有斥究心教理者爲非，豈知佛心者，寧獨能自外於文字，教下經藏之學，果非佛說耶？若爲佛說，說豈非心，心生萬法，文字豈非萬法所涵耶？若不依文字，則凡人之言語及動作表示，乃至默默無語等，皆爲未成文之文字也；記之則爲文字，棄之皆無所立。縱禪宗僅以動作（如吹布毛、瞬目揚眉等）示法，亦仍未離文字窠臼也。況宗者，乃教理之綱宗；教者，乃宗旨之闡演，離宗旨以何爲教，離教理安可標宗。初祖達摩付法，亦授《楞伽》以印心，五祖六祖傳心之際，以《金剛經》爲依據，永嘉禪師云：「宗亦通，說亦通，定慧圓明不滯空。」宗門古德言：「依文解義，三世佛冤，離經一字，允爲魔說。」若六祖之不識文字而解詮義理，靡不深入經藏。禪宗之徒，排棄教理，視爲不屑爲者，唯恐其儱侗眞如，顢頇佛性，又如此郎當去也！故曰：「通宗不通教，開口便亂道。通教不通宗，好比獨眼龍。」豈止教理而已，若果明心，一通百通，五明（內明、因明、聲明、醫方明、工巧明）之學，凡外諸說，無不通達。何則？明心同佛，森羅萬法，豈非一法之所印，如其未能，切勿空疏狂妄，以自罔也。

由教入禪

從上宗門古德，雖非盡皆先由學習教理而入禪，大抵皆於悟前或悟後通曉義理，融會心宗。凡著名宗匠，靡不貫通宗教，豈局守偏隅，閉戶稱尊者可比。然則，既悟之後，何不起而講教，而獨唱宗旨耶？宗門鼎盛時期，在唐宋之際，義學座主（如今稱講經法師），如麻如粟，佛法宣明，普及社會，修持行人，亦復不少，故悟後宗師，單提向上一著，不預講座，亦足多矣。若際末法，明心宗師，必肩此責任，寧有別於他途乎！如藥山禪師曰：「經有經師，律有律師，爭怪得老僧！」茲略舉古德之由教入禪者，以資省發。

藥山惟儼禪師，絳州韓氏子。年十七出家，納戒衡嶽，博通經論，嚴持戒律。一日嘆曰：大丈夫當離法自淨，誰能屑屑事細行於布巾耶！後見馬祖而悟。

德山宣鑒禪師，簡州周氏子，早歲出家，依年受具，精究律藏，於性相諸經，貫通旨趣，常講《金剛般若經》，時謂之周金剛，後於龍潭得悟。

洛浦山元安禪師，早歲出家，通經論。具戒，為臨濟侍者，濟嘗稱之曰：此臨濟門下一隻箭，誰敢當鋒。

疏山匡仁禪師，吉州新淦人，投本州元證禪師出家。一日告其師，往東都聽習，未經歲月，忽曰：尋行數墨，語不如默，捨己求人，假不如真，遂造洞山。

風穴延沼禪師，餘杭劉氏子，少魁磊，有英氣，於書無所不觀，然無經世意。父兄強之仕，一應舉，至京師，即東歸，從開元寺智恭律師剃髮受具。遊講肆，玩《法華玄義》，修止觀定慧，宿師爭下之，棄去。

投子義青禪師，青社李氏子，七齡，穎異非常，往妙相寺出家，試經得度，習百法論。未幾，嘆曰：三祇途遠，自困何益！乃入洛聽《華嚴》，五年，反觀文字，一切如肉受串，處處同其義味；嘗講至諸林菩薩偈曰：即心自性；忽猛省曰：法離文字，寧可講乎？即棄去遊方，後於浮山遠禪師處得法。

五祖法演禪師，綿州鄧氏子，年三十五，始棄家祝髮受具，往成都習唯識百法論。因聞菩薩入見道時，智與理冥，境與神會，不分能證所證。西天外道，嘗難比丘曰：既不分能證所證，卻以何為證？無能對者，外道貶之，令不鳴鐘鼓，反披袈裟。三藏玄奘法師至彼，救此義曰：如人飲水，冷暖自知。乃通其難。師曰：冷暖則可知矣，如何是自知底事？遂往質本講曰：不知自知之理如何？講莫疏其問，但誘曰：汝欲明此，當往南方扣傳佛心宗者，師即負笈出關。

凡此諸師，皆棄教入禪，得乎心法。往昔居士之參禪者，多皆宿學俊彥，不待記摘。然則，習教者，終不得悟佛之心要耶？豈宗門既悟之後，法竟超於教理耶？如作此見，允爲魔說。須知悟者，益見其深入經藏，其所得法，固未離於教理之外也。且由經教而悟入心法，而後闡宏教理者，亦大有人。略舉如：

玄沙師備宗一禪師，福州閩縣謝氏子，少漁於南臺江上，及壯，忽棄舟從芙蓉山靈訓禪師斷髮，詣南昌開元通玄律師所受具足戒，芒鞋布衲，食纔接氣，宴坐終日，眾異之。初，兄事雪峰，既而師承之，峰以其苦行，呼為備頭陀。一日，峰問：阿！那個是備頭陀。師曰：終不敢誑於人。異日，峰召曰：備頭陀，何不徧參去？師曰：達摩不來東土，二祖不往西天。峰然之，暨登象骨山，乃與師同力締構，玄徒臻萃，師入室咨決，罔替晨昏。又閱《楞嚴》，發明心地，由是應機敏捷，與修多羅（經藏）冥契，諸方玄學，有所未決，必從之請益。至與雪峰徵詰，亦當仁不讓，峰曰：備頭陀再來人也。

圓通居訥禪師，生而英特，讀書過目成誦，初以義學冠兩川，耆年多下之。會有禪者自南方來，以祖道相策發，因出蜀，放浪荊楚，久之無所得。復西至襄州洞山，留止十年，讀《華嚴論》至「須彌在大海中，高八萬四千由旬，非手足攀攬可及，以明八萬四千塵勞山，住煩惱大海。衆生有能於一切法無思無為，即煩惱自然枯竭，塵勞成一切智之山，煩惱成一切智之海。若更起心思慮，即有攀緣，即塵勞愈高，煩惱愈深，不能以至諸佛智頂也。」三復嘆曰：石鞏云：無下手處，而馬祖曰：這漢曠劫無明，今日一切消滅，非虛語也。

溫州瑞鹿寺上方遇安禪師，師事天臺，閱《首楞嚴經》到「知見立知，即無明本，知見無見，斯即涅槃。」師乃破句讀曰：知見立，知即無明本，知見無，見斯即涅槃。於此有省。有人語師曰：

破句了也！師曰：此是我悟處。畢生不易，時謂之安楞嚴。

西蜀鑾法師，通大小乘。佛照謝事，居景德，師問照曰：禪家言多不根何也？照曰：汝習何經論？曰：諸經粗知，頗通百法。照曰：祇如昨日雨，今日晴，是甚麼法中收？師懵然，照據癢和子擊曰：莫道禪家所言不根好！師憤曰：昨日雨，今日晴，畢竟是甚麼法中收？照曰：第二十四時分不相應法中收。師怳悟，即禮謝。後歸蜀，居講會，以直道示徒，不泥名相。

建康府華藏安民禪師，初講《楞嚴》有聲，謁圓悟，聞舉國師三喚侍者因緣，趙州拈云：如人暗中書字，字雖不成，文彩已彰，那裡是文彩已彰處？師心疑之，告香入室。悟問座主講何經？師曰：《楞嚴》。悟曰：《楞嚴經》有七處徵心，八還辨見，畢竟心在什麼處？師多呈解。悟皆不肯。師復請益，悟令一切處作文彩已彰會。偶僧請益〈十玄談〉，方舉「問君心印作何顏？」悟厲聲曰：文彩已彰！師聞而有省，遂求印證，悟示以本色鉗鎚，師則罔測。一日，白悟曰：和尚休舉話，待某說看，悟諾。師曰：尋常拈槌豎拂，豈不是經中道：一切世界，諸所有相，皆即菩提妙明真心？悟笑曰：你原來在這裡作活計？師又曰：喝敲床時，豈不是返聞聞自性，性成無上道？悟曰：你豈不見經中道：妙性圓明，離諸名相，師於言下大釋然。

嘉興府報恩法常首座，於《楞嚴經》深入義海，謁雪巢，機契，命掌牋翰，首眾報恩室中；惟有矮榻，餘無長物。宣和庚子九月中，語寺僧曰：一月後不復留此。十月二十一，往方丈謁飯，將曉，書〈漁父詞〉於室門，就榻收足而逝。詞曰：此事《楞嚴》曾露布，梅花雪月交光處，一笑寥寥空萬古。風甌語，迥然銀漢橫天宇，蝶夢南華方栩栩，斑斑誰誇豐干虎？而今忘卻來時路。江山暮，天涯目送鴻飛去。

除上述諸師外，若行思、圭峰、永嘉、本淨、子璿，皆研習教理，契證行果，而復闡揚教乘者，多不備載。禪宗之所以呵斥研習教理者，乃以其尋行數墨，浮於義海而忘返歸航，則於行證之事，終不相應；致使青春數典，白首空勞！禪宗之徒，首重事入，如空手奪刃，直探驪珠，及其事至，則理自圓通，此誠佛所教誡，以修證爲上也。故德山悟後，舉其平生疏鈔，投之一火，且復歎曰：「窮諸玄辯，似一毫置於太虛。徹世機樞，如一滴投於巨壑。」世之知解宗徒，不尚行證，徒於隻字片語，文字理趣中，偶有會心，自誇爲得；終日緣心不息，稱謂思惟之修，視人皆狂，不知自狂之甚也，殊爲可嘆！若能息心澄慮，照見眞頭，則當下理事圓融，不落筌象矣。如淨因禪師論宗與教云：

東京淨因繼成禪師，同圓悟、法真、慈受，并十大法師，禪講千僧，赴大尉陳公良弼府齋。時徽宗私幸觀之。有善華嚴者，賢首宗之義虎也。對眾問曰：吾佛設教，自小乘至圓頓，掃除空有，獨證真常，然後萬德莊嚴，方名為佛。常聞禪宗一喝能轉凡成聖，與諸經論，似相違背。今一喝若能入吾宗五教，是為正說，若不能入，是為邪說！諸禪視師，師曰：如法師所問，不足三大禪師之酬，淨因小長老，可以使法師無惑也。師召善，善方應諾，師曰：法師所謂愚法小乘教者，乃有義也。大乘始教者，乃空義也。大乘終教者，乃不有不空義也。大乘頓教者，乃即有即空義也。一乘圓教者，乃不有而有，不空而空義也。如我一喝，非唯能入五教，至於工巧技藝，諸子百家，悉皆能入。師震聲喝一喝，問善曰：聞麼？曰：聞！師曰：汝既聞此一喝，是有，能入小乘教。須臾又問善曰：聞麼？曰：不聞。師曰：汝既不聞，適來一喝，是無，能入始教。遂顧善曰：我初一喝，汝既道有，喝久聲消，汝既道無，道無，則原初實有，道有，則而今實無，不有不無，能入終教。我有一喝之時，有非是有，因無故有，無一喝之時，無非是無，因有故無，即有即無，能入頓教。須知我此一喝，不作一喝用，有無不及，情解俱忘，道有之時，纖塵不立，道無之時，橫徧虛空，即此一喝，入百千萬億喝，百千萬億喝，入此一喝，是故能入圓教。善乃起再拜。師復謂曰：非唯一喝為然，乃至一語一默，一動一靜，從古至今，十方虛空，萬象森羅，六趣四生，三世諸佛，一切聖賢，八萬四千法門，百千三昧，無量妙義，契理契機，與天地萬物一體，謂之法身。三界唯心，萬法唯識，四時八節，陰陽一致，謂之法性。是故《華嚴經》云：「法性徧在一切處。」有相無相，一聲一色，全在一塵中含四義，事理無邊，周徧無餘，參而不雜，混而不一，於此一喝中，皆悉具足，猶是建化門庭，隨機方便，謂之小歇場，未至寶所。殊不知吾祖師門下，以心傳心，以法印法，不立文字，見性成佛，有千聖不傳底向上一路在！善又問曰：如何是向上一路？師曰：汝且向下會取。善曰：如何是寶所？師曰：非汝境界。善曰：望禪師慈悲！師曰：任從滄海變，終不為君通！善膠口而出，聞者靡不嘆仰。

此則因緣，必有人謂禪師太不慈悲，吝於說法，否則，何以說「任從滄海變，終不爲君通。」殊不知此正爲宗門機用，早已於此言句下通了矣。奈迷悟由人，不識其旨。有曰：通即不通，不通即通，此即禪宗之意。苟作此解，則止能瞞盡無識蒼生，若以宗門正眼觀之，不值嗤之以鼻也！何則？且觀洌潭英禪師與南昌潘居士同宿雙嶺講論之言，可通其解矣。

居士曰：龍潭見天皇時節，冥合孔子。師驚問：何以驗之？孔子曰：「二三子以吾為隱乎？吾無隱乎爾！吾無行而不與二三子者，是丘也！」師以為如何？師笑曰：楚人以山雞為鳳，世傳以為笑。不意居士此言相類，「汝擎茶來，我為汝接，汝行香來，我為汝受，汝問訊，我起手。」若言是說，說個甚麼？若言不說，龍潭何以便悟？此所謂無法可說，是名說法。以世尊之辯，亦不能如此兩句耳。學者但求解會，譬如以五色圖畫虛空。鳥巢無佛法可傳授，不可默坐，閑拈布毛吹之，侍者便悟。學者乃曰：拈起布毛，全體發露，似此見解，未出教乘，其可稱祖師門下客哉！九峰被人問深山裡有佛法也無？不得已曰：有。及被窮詰無可有，乃曰：石頭大者大，小者小，學者卜度曰：「剎說眾生說，三世熾然說。」審如是，何必更問祖師意旨耶？要得脫體明去，譬如眼病人，求醫治之，醫者但能去翳膜，不會以光明與之。居士推牀驚曰：吾憂積翠法道未有繼者，今知盡在子躬，厚自愛！

禪須通教

參禪之輩，甚有篾視教理，視三藏十二分教，皆爲臢語，摭拾諺語村言，巧立名目，如以三關稱之曰：「雁門關、山海關」等類，驚世駭俗，藉以鳴高。若斯之徒，落知見愚，殊足嘆惜！後世宗門競相傳習曰：《法華》《楞嚴》，把本參禪，以此二經，爲禪宗所據寶典，與初祖之授《楞伽》，六祖之受《金剛經》，尤有進焉。既或熟習之矣，而與三論、成實之言，唯識華嚴天臺之學，諸多未解。然則縱悟此心，便同於佛，而三祇劫論，菩薩五十三位，天臺之三止三觀，華嚴十重玄義，唯識家五法三自性，八識二無我，其中如帝網重重，如何同異？如何相印？皆當一一透過，一有滯礙，何得云然。如儱侗顢頇，自招罪過，反不如依教奉行，踏實修行爲是，何事參禪。尤其當今之世，百家學說爭鳴，甚於印度佛在世時，與吾國春秋戰國時代。不能溫故知新，融通諸說，徒知「乾矢橛」、「麻三斤」、「雲門餅」、「趙州茶」，老死語下，稱佛山中，則吾佛之所寄望於荷擔大法，囑咐正法眼藏者，又何益於眾生耶！多聞慧解，固為所知障，但根本智易得，差別智難求，文字因緣，雖曰習氣，而亦通於般若，彰明文彩，捨此誰寄！

例如六祖云：「不是風動，不是幡動，乃仁者心動。」宗門風行此語，傳誦千古。今試思六祖所謂心動，為指此意識之心，抑另有其義？如指此心，禪宗之徒，用功得至身定心空，萬緣都寂，其他外境之風動也好，幡動也好，與我了不相關，即自肯曰：我已明得六祖之意，已明此心矣。苟如此，禪宗之所謂心，只為第六意識之識心耳。縱饒此心無念無動，而外境外物之風幡，依然在動，與我又有何涉？如曰：本不相涉，則萬物一體之說，山河大地，宇宙萬法皆為阿賴耶識所變。《楞嚴經》云：「不知色身，外泊山河虛空大地，咸是妙明眞心中物。」又是何解？風幡既未外於宇宙，此心縱然不動，風幡仍在飛揚，如認到此為是，則禪宗之所謂心法者，止屬現代心理學之一部分，又何得為超三界外之無上妙法耶！此時風幡與心，與華嚴法界、涅槃妙心、唯識法性等學，又如何溝通？即使理無礙矣，又須事理無礙，證此風幡心動之極，又復如何？若此類課題，宗門中公案，比比皆是，一有未透，且莫妄說明心。

佛語心者，有時指宇宙萬法本體，稱謂心名。有時指此妄念，亦名爲心。此因翻譯名言，偶有疏忽。且文字語言，往往不能表達深意，故貽誵訛之誤。例如馬祖有時云：「即心即佛。」有時云：「非心非佛。」或云：「不是心，不是佛，亦不是物。」復云：「心佛眾生，三無差別。」凡此等等，如以知解詮通，則可用幾何算法，求出答案，亦知此所謂心者，非指第六意識之心也。所謂此心，實心物一元之本體心也。悟者，悟此心之用，證者，證此心之體。體用皆如矣，然後或攝用歸體，或攝體歸用，任運作爲，終合於道。故云：修行法門有二種：一從法界歸攝色身。一從色身透出法界。從法界攝色身，《華嚴》尚矣。從色身出法界，《楞嚴》諸經有焉。雖然用此求知，仍爲解悟，與宗門之證悟，相距豈止十萬八千里而已。

三藏十二分教，論爲疏釋經律之學。主於論者，未可數典忘祖，若獨以此如海經藏，分類排列，融通諸經語句，取以經註經方法，則求得知解總和，足可通詮諸法矣。何待創立知見，別尚玄奇乎！

佛法本體之論，借用名辭言之，略如《華嚴經》以本體爲眞善美之極致。宇宙萬有，皆爲本體起用中生生不已，互爲因緣，法爾（自然）如此，涵蓋無遺。《涅槃經》以本體爲眞常寂住，原始返終，不出其位，宇宙萬有生滅不停，皆涅槃寂靜中之如性，本無來去也。《起信論》則以眞如本體，起用爲生滅，生滅遷流，眞如泊然，一切眞妄皆爲如來藏中之同體。《楞嚴經》則以本體圓明，含裹十方，宇宙萬有之起用，爲本體之病態，如空花翳眼，須教返本還元。他如唯識唯心，則言認識之變態。根塵色法，以指心理之愚妄。眞如本性，涅槃妙心，統稱本體之別名。般若菩提，轉識成智，或謂正覺之了了。凡此之類，不盡例舉。

禪宗之證悟本性者，即證心物一元之本體也。及其至也，方得心能轉物，即同如來。然有一體性可立，已屬教乘所攝，能立則能破，循因明辯法可諍，見滯筌象，則非宗旨。及乎心超象外，知在機先，物我兩忘，人法透脫，如如亦掃，非言語文字表示動靜之可及，亦不離一心，「即一切法，離一切相。」終使釋迦掩室於摩竭，維摩杜口於毘耶，一會拈花，祇當遊戲耳！復何言教之可資哉！金聖嘆云：「達摩大師，用條短秤，一喝便了；六十四卦釘作長秤，這句在我此卦前，這句在我此卦後，花拳繡腿，一路短打，又手鬆腳快，捉摸不定，大易之文也。」可謂深得禪宗與教相之妙評矣。

禪宗與禪定

禪之一名辭，即爲梵語「禪那」轉音，通常謂之「禪定」。凡「禪觀」、「止觀」、「瑜伽」等學，皆攝於其中。由博地凡夫而至成佛，皆以禪定爲階。小乘之析有入空，斷惑證眞，非禪莫屬。即大乘六度，亦必經禪定而入般若智海。故禪定之學，實佛法鎡基也。但禪定爲世間出世間凡夫外道之共法，佛法雖不離於禪定，而亦不依於禪定。佛之不共法，爲「緣起性空，性空緣起」與「實相無相」之中道正知正見，非以禪定爲極則也。外道爲生天而修禪定，佛法則爲依此而發無漏智以修之。若欲成就禪定，必須超脫欲界生得之散心妄念。故外道與佛法，其始雖一，其終則大不相同。禪宗雖以禪爲名，實非禪定之旨，此乃佛之心法，證取涅槃妙心之極致，非以禪定之果爲其宗旨。故禪宗者，乃佛之心宗也。而以與禪定混爲一談，其謬誤豈止毫釐千里之差。雖然，「即一切相，離一切法。」固亦未嘗盡斥禪定爲外也。

禪定之學

「禪那」原爲梵語，簡譯爲禪，或譯爲棄惡、功德叢林、思惟修、靜慮等名。《大乘義章》十三曰：「禪定者，別名不同，略有七種：一名禪。二名爲定。三名三昧。四名正受。五名三摩提。六名奢摩他。七名解脫。亦名背捨。禪者，是其中國之言。」類其跡相，大抵有三種禪（如世間禪，出世禪，出世間上上禪）。四禪（色界四天之四禪定）。五種禪（四念處，八背捨，九次第定，師子奮迅三昧，超越三昧）。九種大禪（即出世間上上禪，如自性禪，一切禪，難禪，一切門禪，善人禪，一切行禪，除煩惱禪，此世他世樂禪，清淨淨禪）。凡此種種，立名別相，同中有異，一可成萬。異納於同，止是一定。或以定之緣境，爲分齊之差，或以定之程度，爲等次之別。如修「止觀」者之「六妙門」、「十六特勝」、「通明禪」等，各應根機不同，以適爲宜。「瑜伽」諸多觀行，循其相應而任抉擇。又若《菩提道次第廣論》，依中觀法行而立「奢摩他」（止），「毘鉢舍那」（觀）之宗。方便雖多，歸於一致。既不散亂，又不昏沉，定心澄止，則諸異名別意，皆當如箭中的，不必尋絃矣。

若簡其定序，則四禪九次第定之學，通而明之，普於世出世間，外凡大小乘者，無不相應。所謂四禪者：即心一境性，離生喜樂（初禪），定生喜樂（二禪），離喜妙樂（三禪），捨念清淨（四禪）。復以空無邊處定，色無邊處定，識無邊處定，非想非非想處定，合四禪為八定。及至滅盡處定，統之曰九次第定。然所謂次第者，雖有階梯漸進之義，但亦非為定法。惟視修學行人，根性相應，或為歷階上進，或為一時之中，出此入彼，或止於一禪，終難進步，或立及於滅盡，而不復返。及夫得至滅盡定者，積久熟鍊，工力自在，如灰身滅智，入於空寂，則小乘極果於是具矣。但滅盡者，亦唯依住定時間而言其跡象，蓋眞如自性，本非斷滅。眞如可滅，即落斷見，況自性本非斷常之可及。故修定至於滅盡者，猶為中途化跡。出滅盡定，發菩提心，福智二圓，方成正覺。若初發菩提心，即修此定門，則九次第者，適爲菩薩地地升進之基，自無大小之別矣。

何謂定學共於凡外？如世間凡夫，精勤一藝一事，或注想一機一境，皆須專精不易。所謂「精誠所至，金石爲開。」佛云：「制心一處，無事不辦。」人如無專精堅定之毅力，終不能成就世間人事，此即凡夫粗獷定也。復如科學家專心研究一事，思入玄微，雖泰山崩於前，麋鹿興於左，無稍顧盼。理學家之「思入風雲變態中」時，更不知天地間復有何事何物。他如讀書作畫，尋詩覓句，皆須與定心相應，方得佳構。至若宗教家由統一意志，專精信仰，或爲祈禱，或作存想，及其至也，靡不忘我忘身，自覺已超拔於性靈之中，發生無比欣悅，此皆爲定境所生之現象也。故思想專極，倩女離魂。注想功深，水火可入。舉凡畫符唸咒，種種技術，乃至如催眠、瑜伽之學，皆以專一境性而奏其功。故曰：定爲一切共法，非獨家之學。凡外諸道，雖不明定理，或不知定之深微差別理趣，而於定之工用，並不依賴於知與不知間也。

佛法之修定，初亦通諸定法，最後以得無漏根本智爲歸，則非常定所及。修定亦如作諸事業，必得依仗工具而成。人之生存於世間，造作種種善惡諸事業，均仗五官心身而爲之，佛法統此心身內外諸法，歸納爲六根（眼、耳、鼻、舌、身、意），觸對外之六塵（色、聲、香、味、觸、法），以及實質地、水、火、風，乃至空等。從此演繹，一一法中，產生若干差別不同之法。定其名目，次爲分類，共稱爲八萬四千法門。以此塵塵馳逐，如輪之旋轉，無有已時。凡修定法，即從此根塵中任取一項，先使其寧靜專一，不使散亂，不令昏沉。初則勉強令返，久則不加工力，得純熟自然，而住於專一之境，此身漸得寧靜安謐，此心漸至專精不散。如儒家之先由知止而得定靜之境，終以慮（思惟修）而後得致知，進於明德之域。佛法亦有同於此歷階上進達於究竟，唯較之更精微耳。

無論入定之門，取何依持，用何方法，而其程序，大體有一定通例。此之通例，若取四禪八定（九次第定）而言，亦可賅而無遺。初禪者，心一境性，離生喜樂。凡修定行人，專精一念，百骸寧謐，制心一處，此外一切塵塵色色，均不足引散此一專精之念，即可得心一境性。住此境久，心身必另有一轉變，例如心境不散，寂止清快，如雲開日出，天朗氣清，自然有無比歡喜發生。但須知歡喜之來，亦是此心覺受所生，不可隨之，任其自然，自歸消散。如循歡喜而轉，則心已不能專一境性矣。如此專一定止，先發輕安。所謂輕安者，此心此身，輕清安適，無與倫比。發起輕安時，身宜調直，忽由頂上微生清涼感覺，貫及全身，暖軟如春。當此之時，身體之累，忽然如忘。心一境性，不加工力，自然而至。修定初階，於是乎立。輕安久久，由粗入細，不若初發時之感覺。但一念專精，色身業力習氣，漸漸減薄，六根明利，逾於平時，氣質之性，漸漸轉變，輕安之力，忽焉增強，轉入樂境。此之謂樂，尤勝輕安。如經所云：「菩薩內觸妙樂。」非世間心身安樂所可比擬。如醉如癡，猶不足形容其萬一。言之恐落筌蹄，令人耽著，故佛有所戒也。所謂離者，於心身世間善惡、是非、人我、煩惱諸法，自然厭離，不戀世味，心身超脫，勝樂難言；久久功深，樂久明生，即進入二禪定生喜樂。專精一念，忽如絃斷，猶截眾流，空無邊傾，與明顯現，進入三禪。空明亦捨，唯此識，似想亦復非想，覺受尚在，心身觸樂，入於極微細輕妙之境，安靜寧謐，譬如高峰絕頂，萬籟無聲，晴空萬里，片雲不滓，由此進入四禪。捨此等等勝境，得清淨住，心身兩忘，萬境頓閒，以往之擾擾勝境，到此皆寂，皆如昨日夢中之事。再捨於此，入於滅盡定境，寂然不動，長劫可超，坐脫立亡，已成賸法。凡此定之次第，若與菩薩明智相應，階階進取，即爲菩薩地地上升之功德。如唯耽於定，未發智明，縱饒住滅盡定，經八萬大劫，仍須轉出無生，發菩提心，入正覺智，方得究竟。又有以念住爲初禪，氣住爲二禪，脈住爲三禪，捨念清淨爲四禪者，殆爲不經之論，乃以工用現得境象，據實驗而言之，並可資爲參考，未可泥之。

復於定中，易起境界。種種魔境，具如《楞嚴經》等所說，不及細述。須知魔境之來，皆爲六根六塵磨盪，引發心氣之搏擊，如石擊火，發此光影。若執爲實，或自謂已得勝法，則忘失本心，執著成魔矣。既有外境實在魔障之來，但使此心堅定，不忘本念，不起愛怖諸心，自然自息。若逢此等事，著之成魔，搬弄光影，自以爲已得神通，終墮魔道矣。修定行人，到此切記《金剛經》云：「凡所有相，皆是虛妄。若見諸相非相，即見如來。」

《華嚴經》云：「若人欲了知，三世一切佛，應觀法界性，一切唯心造。」禪宗古德之言：「起心動念是天魔，不起是陰魔，倒起不起是煩惱魔。」簡之：若能實驗明了一切唯心所造，此心不著任何根塵色空諸法，自然當此魔境，即入清涼地，轉魔成佛，則怨親皆成平等善眷矣，於魔何有哉！

佛法教人，由博地凡夫而至成佛，以教理行果爲其一定次第。教須由多聞而堅此信，理須由思而解，行果須由修慧而證得。僅事佛學解詮註疏於義理之間，終如數他人財寶，非自我家珍。故學佛行人，應取知行合一，努力修證，佛法非僅是一種學術思想，乃離於思議，重在證得，實超科學哲學之一大實驗事也。學佛行人，動斥魔外之學爲非，殊不知魔外之道，皆從定中而誤入歧途。矯枉過甚，嫉惡如仇，安知彼之視我，亦不猶我之視彼哉！況戒、定、慧三學，爲佛遺教之準則。戒德非定難圓，定慧非戒不發。佛經讚嘆定德者，亦至多矣。何哉？心如昏散，所持之戒，祇乃相似。心一境性，戒德莊嚴，相用俱足。心空境寂，戒體現前，智慧自發。「淨土」之持名念佛，「天臺」之止觀雙運，「禪宗」之觀心參究，「密乘」之觀想持明，華嚴法界澄觀，唯識現量趣入，凡此等等，理雖罄竹難書，而其入門方法，要皆以擇善而固執，由一門而深入，莫非以定爲拄杖，理入於事爲梯航也。若不此之求，狂心未歇，自云爲正知正見者，不知其可矣！欲修禪定，須廣讀大小乘及諸禪定經論，及天臺唯識密乘等法要，茲不繁引。

禪宗與禪定之間

宗門之禪，並非修定之「禪那」。六祖曰：「吾宗以直指人心，見性成佛，不論禪定解脫。」曹溪以下，破斥禪定謂非宗旨者，明且多矣。他如馬祖道一禪師，未見南嶽讓禪師時，在山中習定，讓師問曰：大德坐禪，圖作甚麼？一曰：圖作佛。師乃取一磚，於彼庵前石上磨。一曰：磨作甚麼？師曰：磨作鏡。一曰：磨磚豈得成鏡耶？師曰：磨磚既不成鏡，坐禪豈得成佛？一曰：如何即是？師曰：如牛駕車，車若不行，打車即是，打牛即是？一無對。師又曰：汝學坐禪？爲學坐佛？若學坐禪，禪非坐臥，若學坐佛，佛非定相，於無住法，不應取捨。是以論者，謂禪宗法門，不須坐禪。往昔宗師，皆只須於一機一境上，驟然悟得，即便休去。孰知古人之頓悟去者，在彼未悟以前，都已修習禪定久矣。但觀馬祖、牛頭融諸師公案，如四祖道信、南嶽二師之所示者，皆於其久已薰習禪定深處，撥機一點，透出重圍。既已悟去，故能得之而休去。休者，一切都息，非泛泛之辭也。後之學者，偶於光影門頭，瞥爾一閃，如石火電光，稍縱即逝。或偶得片刻清淨之念，便謂是無念之門。從此狂慧（經稱乾慧，見《楞嚴》《楞伽》等經）勃發，不得定力灌溉，郎當顛狂，醜狀畢陳。正如古德所謂：孟八郎（狂妄之意）漢，又如此去也！須知古人言下頓悟者，皆積數十年修持之力，如永明壽禪師所言：「靈丹九轉，點鐵成金。至理一言，轉凡成聖。」即或偶有上根利器，一日之禪定未修，言下頓悟者，亦其宿根深厚，多劫薰修，因緣時熟，立地頓超，安可以泛泛視之。當人於己，是否爲上根利器，如人飲水，冷暖自知，德行未圓，切毋自誤。古德宗師，如長慶二十年中，坐破七個蒲團，方得一悟。雪峰三上投子，九到洞山。此外數十年脇不至蓆者，如麻似粟。豈可謂禪宗不注重於修定耶！

既已見地廓徹，定與不定，已成賸語。而佛法威儀，非定莫屬。況見地工用尚有走作者，安能忽此。如儀宴禪師，乘多生修力，悟於現世，猶示常定之跡。《指月錄》載云：

衢州烏巨山儀宴開明禪師，吳興許氏子，於唐乾符三年生，誕之夕異香滿室，紅光如晝。光啟中隨父鎮信安，強為娶。師不願，遂遊歷諸方，機契鏡清。歸省父母，乃於郭南剏別舍以遂師志。舍旁陳司徒廟有凜禪師像，師往瞻禮，失師所之，後郡守展祀祠下，見師入定於廟後叢竹間，蟻蠹其衣，敗葉沒脛，或者云是許鎮將之子也。自此三昧忽出忽入。子湖訥禪師未知師所造淺深，問曰：子所住定，蓋小乘定耳？時方啜茶，師呈起橐曰：是大？是小？訥駭然。尋謁括蒼唐山德嚴禪師，嚴問：汝何姓？曰：姓許。嚴曰：誰許汝。曰：不別。嚴默識之，遂與薙染。嘗令摘桃，浹旬不歸。往尋，見師攀桃倚石泊然在定，嚴鳴指出之。開運中，遊江郎巖，覩石龕，謂弟子慧興曰：予入定此中，汝當壘石塞門，勿以吾為念。

輿如所戒，明年輿意師長往，啟龕視師，素髮披肩，胸臆尚煖。徐自定起，了無異容，復回烏巨。侍郎慎公鎮信安，馥師之道，命義學僧守榮詰其定相。師不與之辯，榮意輕之。時信安人競圖師像而尊事，皆獲舍利。榮因媿服，禮像謝愆，亦獲舍利。歎曰：此後不敢以淺解淺度矣。錢忠懿王感師見夢，遣使圖像至，適王患目疾，展像作禮，如夢所見，隨雨舍利，目疾頓瘳，因錫號開明。宋太宗聞師定力，加禮延師，師不赴。特以肩輿迎至便殿咨對，太宗深契。尋即乞歸。湻化元年示寂。壽一百十五。臘五十七。闍維白光燭天。舍利五色。

然則，禪宗即禪定下事耶？曰：唯唯，否否，不然！不然！若禪定即禪宗，則禪宗僅爲定學中事，何得云爲佛之心宗耶！故宗師之破斥禪定，蓋爲執著禪定者，解粘去縛耳。若知見透脫，凡此兩頭話，皆非中道言也。故溈山禪師曰：「祇貴子眼正，不說子行履。」定與不定，皆行履（工夫日用也，亦簡稱工用。）中事耳，如若未然，能於彈指間坐脫立亡，或駐世不老，皆爲外學矣。例如《指月錄》載：

瑞州九峰道虔禪師，為石霜侍者。洎霜歸寂，眾請首座繼住持。師白眾曰：須明得先師意始可。座曰：先師有甚麼意？師曰：先師道：休去歇去，冷湫湫地去，一念萬年去，寒灰枯木去，古廟香爐去，一條白練去。其餘則不問，如何是一條白練去？座曰：這個祇是明一色邊事！師曰：原來未會先師意在！座曰：你不肯我耶？但裝香來，香煙斷處，若去不得，即不會先師意。遂焚香，香煙未斷，座已脫去。師撫座背曰：坐脫立亡即不無，先師意未夢見在！

雲居膺禪師，曾令侍者，送袴與一住庵道者。道者曰：自有娘生袴，竟不受。師再令侍者問：娘未生時，著個甚麼？道者無語。後遷化，有舍利，持似於師。師曰：直饒得八斛四斗，不如當時下得一轉語好！

歐陽文忠公，昔官洛中，一日遊嵩山，卻去僕吏，放意而往。

至一山寺，入門，修竹滿軒，霜清鳥啼，風物鮮明。文忠休於殿陛。旁有老僧，閱經自若，與語不盡顧答。文忠異之，問曰：道人住山久如？對曰：甚久。又問誦何經？對曰：《法華經》。文忠曰：古之高僧，臨生死之際，類皆談笑脫去，何道致之耶？對曰：定慧力耳。又問：今乃寥寥無有，何哉？老僧笑曰：古之人，念念在定慧，臨終安得亂。今之人，念念在散亂，臨終安得定。文忠大喜，不自知膝之屈也。（謝希深有文記其事）

如斯等等，禪宗之定門，又復如何？曰：不離禪定，亦不取於禪定也。《大智度論》云：「不依心，不依身，不依亦不依。」永嘉云：「恰恰用心時，恰恰無心用。無心恰恰用，常用恰恰無。」《頓悟入道要門論》上曰：「問：云何爲禪？云何爲定？答：妄念不生爲禪。坐見本性爲定。本性者，是汝無生心。定者，對境無心，八風不能動。八風者，利、衰、毀、譽、稱、譏、苦、樂是。若得如是定者，雖是凡夫，即入佛位。」若此之定，已非定相可跡。又古德云：「有佛處莫留戀，無佛處急走過。」如船子誠示夾山曰：「藏身處沒蹤跡，沒蹤跡處莫藏身。」參此自可通悟，故如古來大德，六祖以次，諸多宗師，平時行儀，咸不以執著禪定爲尚也。

又復所謂禪定者，非獨指跏趺禪坐而言，如執跏趺禪坐而言定，則四威儀中，獨以坐相爲法矣。無論宗門或修止觀禪定者，要當於行、住、坐、臥四威儀中，處處薰習。宗門則有諸祖語錄，教下則有經藏諸修定經典（大小乘中，無不具載），毋待贅言。

近人言及禪宗，動輒以坐禪坐得多少時間，爲定其造詣之深淺。則所謂宗門者，乃禪定耳，於宗旨何關耶！此風自元代以來，至今猶未少戢。天下叢席，聚得數十百眾，群居禪堂，長年打坐，或垂頭喪氣，或勾背駝腰，或借此爲安閒休息之區，或藉以作逃避現實之藪，調身無法，百病叢生，觀心無門，永抱話頭以終老，方沾沾以此爲禪之極則。不知達摩一脈，慧命坐殺爲可嘆矣！

禪宗與淨土

淨土一宗，爲佛法入吾國後，最早創建之宗派。自晉時慧遠法師創設白蓮社於廬山，歷代相繼，雖無法統之傳承，而已普及於社會。本宗祖師，多爲世人公認修持確有成就之大德名僧。千餘年來，於宏揚佛法及維繫吾佛之教，其功至鉅。自禪宗之興，其修持教跡，儼若相違。蓋淨土以信、願、行爲徹始徹終之法則。禪宗則掃除諸法，佛亦不取。表面觀之，有如涇渭之分，實則盡爲未了宗徒，自作擔板漢之見耳！其互相作短長之見者，大抵可納於三途：

一、主禪宗者：謂淨土爲愚見，徒仗他力，冀得往生，終爲未了。法界同體，自性是佛，藉他力而往生，非爲究竟。

二、主淨土者：謂禪宗徒恃自力，稱即生成佛，非魔即狂。眾生自無始以來，業習深重，功未齊於諸聖，云何能得頓悟成佛？不若持名乘願，帶業往生，親近彌陀，修成正覺，爲萬穩萬當之事。

三、調和論者：主禪淨雙修，最爲穩當切實，其所立見，約有兩說：

（一）念佛念至無念而念，念而無念，可見自性彌陀，成就唯心淨土。

（二）即或不然，必可乘願力以往生，花開見佛，立證菩提。

主禪宗者，執著古德「念佛一聲，擔水洗三日禪堂。」「佛之一字，吾不喜聞。」等語，食古不化，死死認定。主淨土者，聞禪者之言，即心即佛，怖而卻步，如對仇讎。迨宋時永明壽禪師提倡禪淨雙修，作四料簡偈語，調和之說，於以大行。元代之後，禪林提倡參「念佛是誰」話頭，於禪淨雙修之外，別創一格，永爲禪林規範。凡此諸見，且試論之。

淨土究竟論

大藏之中，專言彌陀淨土者，有三部經，一部論。即《無量壽經》《阿彌陀經》《觀無量壽佛經》，及《大乘起信論》是也。《無量壽經》人稱大本，說彌陀因地法行，果滿成佛，攝受十方念佛眾生，往生彼國。所攝之機，通於凡聖。凡位具攝三輩，唯除五逆誹謗正法，其餘均為所攝。《阿彌陀經》，人稱小本，略說西方淨土依正莊嚴等事，令人執持名號，一心不亂，即得往生，最為切要。此經所攝，揀除小善根福德因緣，唯攝一類純篤之機。《觀無量壽佛經》攝機最廣，十惡五逆，臨終苦逼，十聲稱名，即得往生。或有疑十惡五逆之人，善根全無，何能感佛接引？且亦與本宗教義相違。須知《華嚴經》中〈隨好光明功德品〉有言：阿鼻獄中，夙根成熟，蒙光頓超之說。且經稱「三界唯心」，「心生種種法生，心滅種種法滅。」惡逆之人，臨苦改悔，一念回心，已與佛心相應，其蒙光接，了了何疑。

淨土一宗，確屬三根普被。極樂國土，多為一生補處之不退轉菩薩。華嚴會上，菩薩如雲，等妙二覺如雨，最終一會，普皆迴向淨土。如云：此為方便表法，則佛為不妄語者，安得誑言。須知淨土因緣，確為無上甚深微妙，多劫薰修菩薩道者，亦不能知，況可以凡情而測聖量乎！欲明此事，略析如後。

一、極樂淨土何以實有？此須明乎天文之學，參酌佛法，自能通之。以太虛之間，星雲群聚，每一星雲，附諸星球，星球之間，即爲形器世界。如此地球，乃太陽系星雲中面積最小，壽數最低之一星球。凡此無量無數無邊星雲，佛說遶須彌山而行。須彌山者，舊稱非實，有邃於天文學者之阮印長所著《造化通》，謂須彌山乃是太空之銀河。有謂此乃一假設之宇宙中心，順世俗之說，以山名之，如科學稱地軸，地豈實有軸耶！凡諸星雲，依住於太空，太空依本體（佛稱如來藏）而存在。則所謂極樂淨土，若以實有言之，準此義可明其爲另有存在之世界。人智有限，本土所在之地球，其國土疆宇，是否完全已經發現，現尚不能無疑，何況超此形器以外，另有世界存在，而可言其爲必無非有耶！

二、何以持名念佛，一心不亂，即可往生淨土？又何以佛光能來接引？欲明此義，須先取自然科學中之光學、力學，參酌佛法，自可會通。首須了解，佛之一名，涵有體用之義。佛之體，乃法身如來藏性，即宇宙萬有之本體。佛之用，即報身、化身，如釋迦彌陀之各別應身。次須了解如來藏性之爲力爲明。初有常寂光，此光無相無形，具含於宇宙萬有法界之塵塵物物。世界形器有壞，此光不滅（參看〈心法與光〉篇）。淨明初動，快速無比，乃發光明，於是有色之光得以生起。粗看無形，實則光波隨時自在振動。其速度之快，科學家計程稱之爲光年。地球高空以外進入黑暗，然黑暗亦爲有色光之一種，其振動當亦存在。唯速度之快，尚非今日科學所知。過此黑暗光層，必另有一色光之境。太虛之間，純爲光照。無論光色不同，其爲光則一。光能發熱，同時與力並具。而光與力，皆依本體之法爾（自然）功能所生，涵於常寂光中。萬有眾生之心身性命，皆爲如來藏中之一環。此心具足力之與光（參看〈心法與力學〉篇）。念念專精得至一心不亂，則光力專精統一，自可與佛之常寂光接流。加以自他二力互相憶引，臨命終時，形器毀壞，常光現前。復有彌陀願力，與行者之往生願力相應，自然不消彈指之間，乘彼常寂心光之無比速度，往生淨土矣。故阿彌陀譯義爲無量壽光也。

三、如來藏性中，光之與力，猶爲物之極微。原子、電子，猶非極微之極，僅爲體性具足萬有之一點。覺性心光，靈知昭昭，無相無形，徧含萬類，往來翕闢，爲萬物之主宰者此也。姑名曰心。而此心物二者，實同一體。所謂體者，謂其往來翕闢而互爲因果，相成相滅，輪轉不易，實相無相，體亦強名。當心之用，具帶質而生。所謂帶質者，即具光與力之功能。願念之起，爲心之動用，用之所至，光與力皆具矣。故願力存在，世界形器得以成住（佛經稱娑婆世界，爲眾生業力所成，極樂世界，爲彌陀願力所現。）故發願往生，信心不二，自他力固，膠結爲一，其終也必生，不復有疑。

四、如來藏性，本以空爲體，以有爲用。而用時，體在有中；空時，有在體中。不易之理，如翕闢之稱陰陽。《華嚴》所謂法界重重無盡者，法性功能之起用也。即爲眞空之妙有。全體純眞，體入於用，地上菩薩，未盡其義，當有疑矣。若已入妙覺之海，則觀空無有，仍爲半截之言。故念佛者，無論凡聖，單提一念，專心不亂，必可成辦。故曰：「凡念佛者，千句萬句，即是一句。前句已滅，後句未生，當念一句，刹那不住。念佛之心，不緣過去，不緣未來，但緣現前一念，以爲往生正因。此是萬修萬人去之法也。」

五、一心不亂，緣現前一念，即制心一處，心一境性之禪定要法。所謂：「一念萬年，萬年一念。」能作是觀，必可得無上殊勝之定。但恐修學行人，住空則散亂如雨，執有則不得專精。無論淨土禪宗，皆非所企。須知臨終之時，眾苦逼臨，平常無熟煉之功，此時必身苦心亂，絲毫不能得力。若能念念專一，而謂不得往生淨土，必無是理。

禪宗究竟論

禪宗修行，從參究自心入門。「三界唯心，萬法唯識」，猶如擒賊，必先擒賊之王。心識之王，一旦成擒，則本體自性，頓時顯露，如久客還家，依然故主。眾生與佛，無始以來，原本同體，念念不覺，忘失本妙明淨，隨無明以遷流，沉淪難拔。一旦塵盡光還，從本以來，性心依然未動。故禪者曰：「明心見性。」明者，明此心之妙用靈光，見者，見此性之寂然本體。既得見性，則十方三世諸佛，與一切眾生，原皆同體，何來何去，一道如如。故曰：「諸佛法身入我性，我性還共如來合。」如曰：佛道遠曠，經有明文，須薰修無量功德，經三大阿僧祇劫，歷四十一位，登菩薩十地，方能成佛。即生成佛之說，抑何狂妄！孰知此皆泥相滯教，未透吾佛全部教法圓極之理。佛謂一句彌陀，能滅八十億劫生死重罪。又常讚嘆定德，爲功德叢林，能消多劫之業，此豈皆非佛言耶！經復有云：「劫數無定。」足見非爲泥執之論。又云：地位互通，如「初地即通十地」。昧於此者，緣皆未明佛所說時間空間等法，皆爲心法之所內涵也。若心念專誠，立心向道，即生成辦之事，縱我有不能，人或能之，安得以偏概全乎！

禪宗之徒有云：抱定一句話頭，死死不放，今生縱不悟去，臨命終時，天上人間，任意寄居，豈非同於一心念佛，乘願往生之說。須知十方三世，成佛者無數，既成佛已，則皆有其願力所成之國土。如此十方三世，佛之國土無量。我願生西，彼願東邁，其願力不同，亦猶衆生之欲樂不一。安得以此佛國土爲是，他佛國土爲非耶！抱定話頭，死死不放，亦即一心不亂，無上定也。如能一心不亂，臨命終時，遂願往生，必然可至。如密乘行人，專持一本尊咒，亦乘願力而生彼土。人同此心，心同此理，若云：只說天上人間，隨意寄居，非指佛土。孰知天上一辭，非獨謂三界之天，乃爲經說國土同義。不可泥相執文，頑固不化。

既悟本性之輩，見地廓徹，自同於佛。本性體用齊彰，光含萬有。徒知空爲勝緣，性我自性，即爲成佛；則性空緣生，妙有之旨，何所立耶！苟知見透徹，則佛佛道同，自他不二，必知彌陀願力，確爲佛之無上大悲，甚深微妙之事。釋迦教主，讚嘆極樂，咐囑眾生，發願往生。亦猶他方佛土，讚嘆釋迦。豈悟後見性者，猶有彼此人我分別心之存在乎？李長者云：「十世古今，始終不離於當念。無邊刹境，自他不隔於毫端。」彌陀自性，非一非異，爲後進眾生，開此方便法門，豈止大悲願力所必具，亦維繫慧命之要著也。況一心念佛，偏含百千法門於一乘。無念一心，正是如來所加護。禪宗見性之人，正好念佛，一則自爲鉗錘拄杖。一則澄潭月影，撈摝再三，方見大事原來如此。永嘉云：「棄有著空病亦然，還如避溺而投火。」趙州云：「念佛一聲，罰令擔水洗三日禪堂。」又云：「佛之一字，吾不喜聞。」乃宗師鍛鍊爲人，婆子心切之語。蓋欲其專一參究之中，用志不紛，自信不二，努力參禪。豈若末學之輩，執著古人牙慧爲金，死守成語，枉生諍議，致成自智自德之累也。古德有曰：「如此事不明，專辦一心，速去修行。」豈謂參禪非修行事耶！蓋謂其頓悟不能，速去依教奉行。故禪門課誦，有《彌陀經》及念佛法門，祖師之用心，亦良苦矣！

禪淨雙修調和論

禪淨雙修，自宋時永明壽禪師提持以來，由來久矣。及禪門衰落後，用「念佛是誰」話頭，天下叢林，入此話中，終至滯殼迷封者，如麻如粟，於是使參話頭者，如念佛號，持名念佛者，亦有如參話頭。雖使二者合流，別創一格，參究不通，可以往生，免至流落娑婆，永沉苦海。然禪門參究之旨與方法，勢將永淪喪失矣〈參看〈參話頭〉篇〉。今專言調和之修法。先當明夫《楞嚴經》中〈大勢至菩薩念佛圓通章〉。節云：

彼佛教我，念佛三昧。譬如有人，一專為憶，一人專忘。如是二人，若逢不逢，或見非見。二人相憶，二憶念深。如是乃至從生至生，同於形影，不相乖異。十方如來，憐念眾生，如母憶子。若子逃逝，雖憶何為。子若憶母，如母憶時，母子歷生，不相違遠。若眾生心，憶佛念佛，現前當來，必定見佛。去佛不遠，不假方便，自得心開。如染香人，身有香氣，此則名曰香光莊嚴（一）。我本因地，以念佛心，入無生忍。今於此界，攝念佛人，歸於淨土（二）。佛問圓通，我無選擇。都攝六根，淨念相繼，得三摩地，斯為第一（三）。

本章此節，試分作三段：第一段，說念佛入門之方法，第二段，說念佛之成果，第三段，說念佛最高方法；淨念與淨土之關係。必先解決此三前提，而後禪淨雙修之事與理，於以完備。

第一，方法：分念與憶之二途，皆爲定止之學。念又分爲持名與默念二門。先說念法：

（一）十方如來之與眾生，皆具「無緣慈」、「同體悲」之憶念，非獨阿彌陀爲如此。今簡極樂淨土一尊而言，以符淨土宗之旨。修習淨土行者，此心執持阿彌陀佛名號，出聲念之，耳返聞聞其聲，眼返觀觀此念，得使念念不間斷，視而不見，聽而不聞，一切言語動作，皆了不相關，如死如癡，專此一念。

（二）念得專一，用功既久，此心念佛之一念，默然在心，雖不著意起念，而自然在念。到得此時，修學行人，往往心雖在念，六根緣外之境，仍可作爲。如此佛亦在念，其他散心，亦可爲用。自以爲至於勝境，實則已成「老婆念」，不足論也。何以故？因此時在念佛之念，爲獨頭意識發起作用。第六意識，仍然波動，有何用處！必須要將六根收攝，歸此一念，意識不行，念方專一而得眞純，此爲念佛法門之要髓也。如何稱爲憶佛？憶者，與念有別。念猶是粗，憶則爲細。念是第六意識在用。憶則此之種子，已種於八識（阿賴耶）田中，根深柢固。故大勢至菩薩，以母之憶子爲喻。世人母之憶子，雖無口號心思，而此心耿耿，坐臥不安，片刻難忘。如儒家所謂：「必有事焉！」誠敬之極也。憶之爲象，菩薩已用善法言之矣。今復不惜眉毛，以眾所習知之惡法爲喻。此事必要如求名求利，念念孜孜，片刻不忘；乃至如男女戀愛，永綰相思之結，心心相印，靈感互通。如第六代達賴喇嘛之情歌云：「入定修觀法眼開，啓求三寶降靈臺；觀中諸聖何曾見，不請情人卻自來！」又云：「靜時修止動修觀，歷歷情人掛眼前；肯把此心移學道，即生成佛有何難？」（民國廿八年四月載於《康導月刊》，前蒙藏委員曾緘譯）若能如此如此，依法深入，則由念而入憶，即由粗而入細。如此久久，念憶工深，不必著力，自如有事拳拳服膺，若有物在心，團團不化。或在現在，或在未來，忽爾此憶之一念，頓時開發，如洞開無物。此心此身，脫焉如忘，所謂花開見佛，自然不假方便，常光互接，入於淨土佛之心中。此中微妙，非言可詮，惟到時自知耳。若以散心念佛一聲，或唯具一信願深心，臨終亦必可往生，惟品位有別耳。

第二，念佛成果：以淨土爲極則。淨土亦分爲二門：一爲唯心淨土門。一爲實有淨土門，皆爲觀慧之學。先釋淨土：土之與地，在理爲表持種之義。在事爲實質土地。淨者，爲對染說。粗則一切惡法，如貪嗔癡，人我是非之念（具如《百法明門論》所云），皆爲染污之法；細則善見法執，亦爲染法。如得至上節所述心開念寂，心身兩忘，忘亦不立，空亦不見。無物無心，離諸二邊對待之見。對待不立，絕待之體現前。了了分明，常寂圓明。到得此時，自己此心，合於如來藏體。唯心淨土，不待他求。反觀世間，猶如夢中事。即此穢土世界，亦立轉成淨，無一而不自在也。到得此時，此心淨土現前，與十方如來接法性流矣。方能切實正知正見，西方極樂淨土，亦同此性。且復知確有實在國土之存在。欲願往生，即不移一步到西天，如壯士伸臂頃，即生彼土，與諸佛菩薩，同遊寂止之門。不但往生可必，淨土西方，亦可應念就我，因法本無來去也。

心體離念，爲無生法忍。念佛入於佛心，相接合流，專一精誠，是謂因地。心開意解，一念不生，入無生忍。大勢至菩薩，以此行門成就，復來此土，傳茲勝法，攝一切眾生，歸於淨土者，具如上述。

第三，最高淨土方法：修習行人，到得此境，猶未爲圓。必須不稍放逸，莫自得少爲足。於一切時，一切處，收攝六根，不使外馳。保養前之淨

念，心心無間，長住淨土之境。「一念萬年，萬年一念」，即爲入淨念之三

摩地（大定）。故菩薩之於圓通法門，無有選擇，而亦不必選擇矣。

如淨念現前，不加精進，如擊石火，如閃電光，稍縱即逝。故曰：不放

逸心所。精進無間，此之謂也。到得行滿功圓，不修亦修，修亦不修，佛佛心同，了了無可說矣。

此義既明，參禪與念佛，何以能調和耶？若念佛人，持現前一念，往生淨土，則念佛參禪，於此分途。若念佛與參禪，無論提一句話頭，或持一句佛號，但於一念過去，後念未起，此之中間，一覷覷定，即二者同途，了無差別。所謂前念已滅，滅不追往，後念未生，未生不引，當前一念，既前不著邊，後不落際，當下即空。此之境界（此無一空之境界，姑以境界名之。）在淨土爲唯心淨念之開端。在參禪爲三際斷空，明見此心之初曙。到此無論參禪或念佛，即心即佛之事理，於是可明。然尚未盡其妙。以佛具如來藏全體之大用，若止於此境，猶爲小果所詮。參禪者，若以此爲至，更無餘事，無怪其不知如來藏中，妙有願力之全體功能也。念佛者，止守此淨心

一念，不知如來藏中之大機大用，無怪其不識法界無邊，頭頭是道。

雖然，一落言詮，法身亦墮，嘮叨多嘴，不若珍惜眉毛。「盡回大地花千萬，供養彌陀淨土身！」我願如斯，復何言已。

金聖嘆有〈念佛三昧〉一文，雖爲慧業文人之知見，而皆不隨一般口頭禪語。文字原通般若，蓋亦有得於心者也。附錄參考，可發深省。

娑婆世界，釋尊住持。華藏世界，盧舍那世尊住持。釋尊新成佛，盧舍那本成佛也。他方世界，有阿彌陀佛，住於極樂國土。一花一世尊，非算數譬喻之所能及。所以《阿彌陀經》，為無問自說經。首題佛說阿彌陀，下加不得一佛字。

然燈佛者一微塵佛也。釋迦佛者，無量微塵佛也。釋迦佛者，名為病癒。阿彌陀者，名本無病。世尊說《阿彌陀經》，另一設施，與諸經不同。乃是為一切眾生，畢竟不能破我故，特地全舉法界，說你本在極樂國土中，各各蓮花化生，有甚不好。譬如醜婦人一般，貯之洞房深宮，亦自覺標致也。喜怒哀樂四字，以樂為極，所以知之學者，好之聖人，樂之即天地也。蓮花取相連義曰蓮（三世相連，花有房，房有蕊。）因非實相曰花。一一眾生，各坐一花，花開見佛，則見釋迦佛也。極樂國土，九品化生。上品上生者，乃是彌勒一生補處，於此成佛。下品下生者，乃是阿鼻大地獄罪人，於此成佛。是人因犯極惡大罪，下阿鼻獄，有善知識，以種因緣，唱阿彌陀佛；如千年暗室，一燈照之。而此罪人聞此名字，地獄即生蓮花中。而此蓮花，即在極樂國土中。而此極樂國土，在阿彌陀佛世界中。此阿彌陀佛世界，乃即在無量大地獄內一罪人之八識田中。是人縱犯極惡大罪，不敵阿彌陀名字，所以地獄應時粉碎，此謂下品下生也。

菩薩不願住於惡濁世界，則不得不求生極樂。然而生極樂，乃是果事。欲獲果者，先須造因。云何造因？念佛三昧是也。念佛之法，不可以妄心念於遙佛，亦不可以妄心念於妄心。何以故？妄心者，是生死因，不能感通於本際故；以生死因不能感通故，故佛本不遙而遂遙也。復次，妄心念於妄心者，凡夫正以妄心連持，至墮地獄。今復教以如是念佛，彼即以前妄心為念，後妄心為佛，或以前妄心為佛，後妄心為念，如是即與世間流浪何異！是故此法所不應用。夫念佛之法，不應先見佛，次作念，正應先念成，次見佛。所以者何？若先見佛，佛是何事？如是名為大妄語人。又即使感應道交，佛或示現，然佛來尋念，佛去久矣。又況能念，正是妄心，妄心何可唐突於佛？所謂先念成，次見佛者，念是實，佛是假。菩薩以本際為念，而以妄心為佛。問：何故不以妄心為念，本際為佛？答：本際者不可見，不可見則不能令行人發歡喜心。又本際纖塵不立，若行人於念處用力，即大不應。又師子乳用玻璃盞盛，他器不受。若行人欲以妄心念本際，譬如毒器，盛師子乳，終竟不受。又念佛三昧，對治生死，若用妄心追逐，終入生死海無疑也。（《唱經堂才子書彙稿》）

禪宗與密宗

近代治佛學或專事修證者，頗有重視西藏佛學及密宗之勢。甚之謂西藏密宗，乃爲純正完美之學，堪依修證。藏譯經典，文義湛深，足資式範。漢土佛學，乏一貫傳承，修證方法，皆不足取，禪宗亦爲邪見。欲溝通學術，互資觀摩，時代雖同，山川各異。一門深入，各擅勝場，容有可供審別抉擇於其間，未可率爾妄斷，遽分軒輊也。

西藏佛學淵源

密宗在中國分爲兩類：盛唐時，印度密宗大德善無畏、金剛智、不空三藏，世稱開元三大士。傳入中國之密宗，至明永樂時被放逐至日本者，統稱東密。初唐貞觀時，西藏王弄贊甘普（王當西藏王統第三十世）遣僧留學印度，首有寂護師弟，及蓮花生大師之入藏，密乘道偏及於西藏全部。先後再傳至中國者，統稱藏密。無論東藏二密，通途皆祖於龍樹（龍樹又稱龍猛，是一是二？已不可別，近代學者考證，又謂名龍樹者有二人：一爲創大乘之學者，一爲始學於婆羅門而創密乘之學者。）而龍樹之於密乘，紀述渺茫，無可證信，因捨而推論其源。

藏密亦淵源於印度，初爲顯密通途之學。印度後期大乘佛學，由龍樹、提婆，遞至世親，主毘曇《俱舍》諸論之學者爲一系。陳那、法稱、護法等，主因明唯識之學者爲一系。德光主毘奈耶律學者爲一系。解脫軍主般若之學者爲一系。復有提婆者，直承龍樹，再傳至僧護復分二派：一爲佛護，至月稱等。一爲清辨，皆主中觀之學。此外又有兼涉龍樹、無著兩家之學，而不入其系統，即爲寂天。此爲印度後期大乘顯學，皆本龍樹、世親之學以各主其說者。世親學系，傳承愈趨愈繁，且學風亦爲大變。在昔大乘教法，以經文爲主，義疏註釋之論學爲其附庸，此時皆已全恃論註爲準。後賢於此事當特別注意，仍當以經學爲歸，方爲正途。無著、世親之學，數傳於月稱。龍樹、提婆之學，數傳至佛護、清辨。門戶對峙，諍論時興。佛護、清辨二家註釋龍樹《中觀論》，皆立無自性中道之說，自謂得不傳之祕。而於世親之徒，染指中觀，有所謂唯識中道者，痛加抨擊。二師歿後，大乘學徒，依違於無自性及唯識之間，爭端不絕。瑜伽、中觀分河飲水，顯密亦復異趣矣。西藏顯教，般若唯識中觀之學，皆由上來傳承，及藏土後賢著述，加以發揚者。

至於密乘，在印度有可據者，宏開於僧護。在波羅王朝第四世達摩波羅王時，密乘益見發達。王專信師子賢，及智足二師，建超巖寺成爲密乘教學中心。智足爲師子賢之弟子，後得金剛阿闍黎之傳而宏密乘，徧及作、修、瑜伽三部本典。《密集》《幻網》《佛平等行》《月明點》《忿怒文殊》等，皆廣事流布，而於密集解釋尤工。其後繼爲上座者，爲燃燈智、楞伽勝賢（宏《上樂輪》）、吉祥持（宏《夜摩》）、現賢（宏《明點》等）、善勝、遊戲金剛、難勝月、本誓金剛（宏《喜金剛》）、如來護、覺賢（宏《夜摩》《上樂》）、蓮花護（宏《密集》《夜摩》）。此外在超巖寺同時宏此宗者尚多。如寂友，則通《般若》《俱舍》，及作、修、瑜伽三部。又如覺密、覺寂，則精三部又特精瑜伽，著作《金剛界儀軌瑜伽入門》，及《大日經集釋》等。又如喜藏亦宏瑜伽密部。又如甚深金剛、甘露密等，始傳《甘露金剛》之法，而宏無上瑜伽。若時輪之學，似爲後出。

據史而論，印度後期大乘佛學，一變再變，有密乘之興，此時印度本土，波羅王朝岌岌已危，其最甚者，即爲回教徒之侵入，使王朝終亡。佛教本身，在此以前，多受異學外道所侵，幾不能保其餘緒。密乘之興，本以對待婆羅門教，而圖挽回世俗之信仰。至後獨立發展，支蔓紛繁，集收愈多，創作愈紊，亦時勢使然也。

西藏佛法之崛起

西藏人自稱遠在東晉時，已有佛典輸入，其說自不足信。藏土開化較遲，其初流行一種拜物神教，名曰苯教（俗稱烏教）。以禁咒役神，示人禍福。至弄贊甘普王，先與尼泊爾通婚媾，娶其公主，據云攜有佛經。次於唐貞觀十五年，尚唐文成公主，公主素信佛教，由是佛法經像，隨以傳播。唐太宗時，藏人威脅邊陲，以天下初定，用和親策略而羈縻之。藏人條件，須得公主爲偶，並請儒書等入藏。太宗商之宰相房玄齡，有謂聖人經史之教，不可傳之番夷。

太宗乃選宗女，號之曰文成公主，遣嫁於藏。侍從有儒士數人，道士五人。故西藏內地，及今可見太極圖、八卦等標記。後世神廟，更有祀關羽之祠（喇嘛大德，有以唸卜課，法同漢地之占卜。）藏王受二妃信佛影響，又以接壤印度邊境，誠信驟隆，乃派選大臣子弟端美三菩提等十七人，赴西北印度迦濕彌羅求佛典。七年乃歸，仿「笈多」字體製定西藏文字，並譯《寶雲》《寶篋》等經，實爲佛學傳播之始。史稱此爲前期佛學，迄今無存矣。中間亦經一次排佛滅僧時期，一如漢土之厄。自此役後，佛學再興，史稱後期佛學。後先之間，事實多有不同，初期尚翻譯整理，後期則事宏化矣。

西藏王統，至三十五世，當唐玄宗、肅宗之時，其王乞里雙提贊王在位，力排朝臣異議，從印度聘致阿難陀等從事翻譯。又遣巴沙南，赴尼泊爾，訪求大德，遇寂護，即延入藏宏化。寂護以藏土信仰迷離，復返印度，再復重致，住藏達十五年之久，其學屬中觀清辨學派一系。秉律行持，悉從舊範。於藏都拉薩，建立三姆耶寺。聘印度比丘二十人居之，始建僧伽制度。此時有漢地僧徒，在藏講學，其中領袖，名大乘和尚，說頗近似禪宗。以直指人心，乃得開悟佛性，依教修行，均爲徒勞。被寂護弟子蓮花戒駁斥無餘，乃放逐出藏。故後世藏密之徒，謂中國無眞正佛法，禪宗爲外道知見，蓋源於此。斯時一般藏人，以素奉神道，佛法傳播，頗受阻礙。寂護請之於王，至印度烏仗那延請蓮花生入藏宏法。蓮花生大師，偕其弟子二十五人入藏。約經數月，以密咒法力，摧伏外道，爲佛教護法，厥功至鉅。蓮師自無著述，其學說無從考證。藏中傳其史傳，謂爲釋迦化身，密宗教主；謂釋迦滅後八年，不經母胎自蓮花化生。並謂西藏佛法，皆傳自蓮師，故爲舊派密乘之祖。此說多可議者，且存勿論。蓋斯時印度佛教，已漸北移，後期名僧大德，以壤連西藏，皆由西北部逐漸入藏。如法稱、淨友、覺寂、覺賢等，皆入藏傳密乘道者。

此後王統三傳，至徠巴瞻王（西藏王統三十八世，當唐憲宗至唐文宗時。）大宏佛法，翻譯經典，於以完備。定立僧制，稱師僧謂喇嘛，各給俸祿。旋王本身被其弟朗達瑪王所弒。弟既嗣位，五年間，破壞佛法，殺戮僧眾。幾舉提贊王百年來之培養，及徠巴瞻王廿載之盛業，毀之一旦。朗達瑪王又被喇嘛吉祥金剛暗殺，王之黨羽復仇殺喇嘛不稍寬假。僧眾逃亡，國內分裂，全藏陷入黑暗時期約及百年。此與唐武宗會昌之厄，先後相似。唯西藏佛教之受摧毀者，較會昌尤甚耳！

西藏後期佛法及派系

朗達瑪王毀佛滅僧之際，拉薩西南翠葆山間，有修行僧三人，出亡甘肅西南之安土，師事大喇嘛思明得具足戒。復有西藏梅魯之僧眾十人來學，復得具戒。後此諸人偕還藏土，恢復舊觀。但秉持密法，摻雜神道，未爲純善。時有藏地額利王智光者，熱情興學，從東印度聘致大德法護及其弟子輩，廣事譯訂，密乘復興。其間密乘經典增譯者，較昔爲多，史稱此謂後期佛學。

智光之嗣菩提光，延致阿底峽入藏宏法，尤爲勝事。阿底峽尊者，一名吉祥燃燈智，東印度奔迦布人，博通顯密，德重當時，曾爲超巖寺上座。於西紀一〇三七年（宋仁宗景祐四年）入藏，巡化各地，凡經廿載。德行所感，上下歸依。藏土佛學，爲之一新。中間多事翻譯，並著述《菩提道炬論》，極力宏揚顯密貫通之學。尊者示寂（七十三歲，西紀一〇五二年），其弟子冬頓等益闡其說，針對舊傳密法專尚咒術者，別立一切聖教，皆資教誡爲宗。判三士道（下士人天乘、中士聲聞緣覺乘、上士菩薩大乘），攝一切法，又奉四尊（釋迦、觀音、救度母、不動明王），習六論（《菩薩地》《經莊嚴》《集菩薩學》《入菩薩行》《本生鬘》《法句集》）。次第四密（作、修、瑜伽、無上瑜伽），而以《上樂》《密集》爲最。組織精嚴，邁於昔賢。遂稱爲甘丹派（甘丹之義，爲聖教教誡之意。）藏土後之分立四派，於是興矣。

寧瑪派（意即古派，俗稱紅教者。）此即舊傳前期密乘之學，大要分九乘道，應身佛釋迦所說者：聲聞、緣覺、菩薩，三乘。報身佛金剛薩埵所說者：密乘、外道、作修瑜伽，三乘。法身佛普賢所說者：內道大瑜伽、無比瑜伽、無上瑜伽，三乘。而復以無上瑜伽中之喜金剛爲最究竟。行持隨俗，不事律儀，但觀修現顯契證明空智，即得解脫云云。

迦爾居派（意云教敕傳承，俗稱白教者。）創自摩爾瓦。其人曾三度遊學於印度，師事阿底峽，復受密乘學於超巖寺諾羅巴之門。得金剛薩埵、娑羅訶、龍樹以來之眞傳，精通瑜伽密中之密集，及無上瑜伽中之喜金剛、四吉祥座、大神變母等法。尤於空智雙融解脫大手印等法，通達底蘊。歸藏以後，授其學於彌拉萊巴。再傳至達保哈解，取阿底峽《菩提道炬論》，與彌拉萊巴之大手印法，著《菩提道次第隨破宗莊嚴論》，蓋有取乎佛護中觀之說以爲詮釋也。後因流傳漸廣，更分九小派，不一其說。九派中杜普派，於元初有大學者布頓者出，博貫五明，精通顯密，整理註解大藏要典，創護律學密乘道甚多。立說平允，後世推重。

薩迦派（俗稱花教）。創自藏王族兗曲爵保。後自藏州西百餘里薩迦地方建寺聚徒教學，故得名焉。此派學說，融會顯密，取清辨一系中觀爲密乘本義作解釋。又以顯教之菩薩五位（資糧、加行、見、修、究竟。）與密乘四部對合而修，以彼此互相因果。以加行位中煖、頂、忍三昧耶斷所取惑，世第一法三昧耶斷能取惑，同時以菩薩智慧本性光明而入大樂定。則已達顯密融合之境地矣。此說與寧瑪派之學逕庭，故又謂之新學也。

希解派（意即能滅）。以元初南印度阿闍黎敦巴桑結爲始祖。其學出於超巖寺，要以密乘四種斷法除滅苦惱，極其通俗。有《除滅三燈》《夜摩帝成就法》等。敦巴五度入藏行化，三傳至瑪齊萊冬尼，行腳一生，開化至盛云。

此外尚有爵南派。迄明萬曆間，此派有大學者多羅那他，博學能文，深通梵語，爲譯經之殿軍。但此派至清初已改宗，今已無傳。

上述諸派，除甘丹派專事教化以外，餘均與政治有關，援引勢力，施行威福。迦爾居派曾握攬藏中政治大權。薩迦派第二世，孔迦寧保，嘗由元成吉思汗予以西藏統治權。復受命開教於蒙古，至第四世孔迦嘉贊，學尤精博。應元庫騰汗之召入朝，依用「蘭查」字體，改定蒙文，受帝師尊號。其侄第五世發思巴，更大得元帝信任，入朝為帝灌頂，亦受帝師之號，王公后妃，踴躍參加灌頂，穢跡流言，傳之史乘。既而歸藏統一久事紛爭之十三州，悉舉以臣事於元。西藏之喇嘛教者，即隨之偏行漢土內地，僧眾驕奢淫佚，久而愈甚，漢地佛教各宗，皆頹廢不張矣。內廷供養喇嘛費用，耗國庫十之六七，其聲勢囂張，豈可想像！明代永樂時，逐密宗而放之日本，豈偶然哉！

黃衣士派。降及明代，鑒於元代縱容喇嘛之弊，冊封各派喇嘛為王，以殺薩迦派專橫之勢。迨永樂年間，西寧西南，有宗喀巴者出，遊學全藏，目擊頹敗，慨然有改革之志。乃秉阿底峽之宗，採布頓之說，勵行律儀，採諸派之長，而合一經咒之教融為一說。宗喀巴學行優越，德重當時，教化所及，靡然從風。門人學者，皆染黃衣冠，以別於舊時各派，故世稱為黃衣派。於拉薩東南，建伽登寺，宏傳其學。後又建色拉、折蓬二寺，為著名之三大寺焉。藏土久衰之佛法，煥然昭蘇矣。

宗喀巴弟子有賈曹傑，及克珠傑（第一世班禪）二大家，均能傳承其學。其在伽登住持，而傳宗師之衣鉢者，爲大弟子法寶（賈曹傑），遂成後世伽登座主傳承之法統。後其高弟根敦珠巴（亦爲克珠傑弟子），創歷世轉生之說，班禪（梵語意謂大寶師）、達賴（蒙語意謂大海）二人，以師弟而相約，世世互爲師長，宏傳教法（班禪爲其師轉生，達賴爲其弟也。）及明憲宗加以冊封，勢力更盛。清初達賴五世羅贊嘉錯博學多才，蜚聲學界，而復藉蒙古和碩部（青海附近）固始汗及清朝武力，底定全藏，即置班禪於後藏，自居前藏，分攬統治之權。於是政教合一，悉掌於達賴。及至近世，班禪來漢，彼此紛爭不已，權利爭奪，自啓紛爭，豈佛法之本意，良可慨也！故後之言西藏佛學顯密完整者，咸以宗喀巴之傳承爲宗。

西藏之顯教

西藏經典及佛學之傳播，直承印度晚出之後起大乘佛學。般若、唯識、中觀之說，月稱、護法之論，蔚然羅列，經阿底峽、布頓、宗喀巴之組織，蔚成一條貫系統完美之大乘次第之學。尤以宗喀巴之著作，主阿底峽《菩提道炬論》，而廣集成《菩提道次第廣論》，爲其中堅代表。於五乘佛學，次第進修，系統條理，井然不紊，誠千秋傑作也。但其立說，取顯密圓融，以後賢之論說爲宗，學者當有所審愼抉擇於其間也。

西藏大藏經，翻譯典籍，較之漢地三藏，少有出入。印度後期諸賢之論著，及密乘經典，則較漢地爲多。明代永樂間，曾取其經藏，翻刻成永樂版（見永樂八年御製經讚。）萬曆間，又翻刻爲萬曆版。清康熙、雍正間，又翻刻爲北京版（見雍正二年御製序。有云雍正曾自譯《大威德金剛修法儀軌》，較之後世諸譯爲佳。）其中密乘經典，較之東密，尤有勝焉。惟漢地經藏，西藏所缺者亦多，如龍樹所著《大智度論》《十住毘婆沙論》，皆於戒學多所闡明，而其籍印度失傳，藏中亦付缺如。僅知無著寂天之書而已。又如無著組織瑜伽之作，有《顯揚論》，廣陳空與無性，闡發《現觀》《瑜伽》，實爲此宗根本典籍，藏土亦缺。至如唐代善無畏、金剛智、不空三藏，傳自西南印度之密乘學術，兩界儀軌，既具規模，多非北印學宗所及者（即作、修、瑜伽三部密法。）若概納於外道，豈非主觀武斷者耶！

佛學而宗註疏論說，衡以佛說：「依經不依論」之旨，不無乳酥摻水之憾！精密可能過之，近似之言，常可變易原旨，以之參證則可，以之衡量其他，容有不當。唯宗喀巴之學，自明迄今，流傳六百餘年未替，而試舉與漢地流行佛學相較，得失短長，不易輕議。如「華嚴」、「天臺」、「三論」、「唯識」，諸宗之學，精深博大，各有獨到。而云漢地無正眞佛法，何其見之淺陋！《華嚴》諸疏、天臺之《摩訶止觀》諸論，豈無創見？尤以漢地唯識之學，則非藏土所及矣！若云藏密學者，必先習顯教十餘年，較之漢地學佛法者爲勝，殊不知漢地宗師大德，皆有好學一生而不少怠者，因名匠輩出，互相讚許，不事文字之諍耳。

西藏之密法

西藏佛法，固皆顯密相共以行，至謂密乘，則謂不共之行，稱能疾速圓滿菩提，非餘宗可比云云。由顯入密，無別有發心，但始從一切共同陀羅尼儀軌（即息災、增益、懷伏、誅降等八種儀軌），及密咒經典所說種種，進而修證兩俱瑜伽、大瑜伽等本續；以各種眞言之力，而得寶瓶、寶劍、隱身、如意樹等八大悉地，則能疾具資糧而登正覺。而此種修行，悉待阿闍黎之灌頂加被而後能入，故其始應竭財物以供養阿闍黎，得其欣悅而蒙灌頂，則罪業清淨，堪任悉地矣。至以修行之實，應待親承教授，非文字所可詮也。（此種意義，《炬論》及釋論中甚詳，不再繁述。）

藏中密法，大體彙爲四部：即作、修、瑜伽、無上瑜伽。作修之部，爲資糧之修集，積福德基。瑜伽之部，已會福德智慧二種資糧而並修邁進。儀軌修法，均有一共通組織，即生起次第，與圓滿次第。所謂生起圓滿二次第者，於密乘儀軌程序而言，似乎有異於顯教種種修學法門。然依佛法之信、解、行、證，次第而言，一切眾生，由初發心而登正覺，無論何地何時，若因若果，固皆循此生圓二次第而修者。即如淨土一宗，單以持名念佛法門而論，亦已具備生圓之序，而不別列其次第名目者，正爲諸佛菩薩之密因密意耳。豈獨於密宗而後有此奇特事乎！無上瑜伽之部，以《喜金剛》《上樂》《忿怒文殊》《時輪》，乃至《大圓滿》《大圓勝慧》、各種《大手印》等法，爲其宗之最殊勝者。由瑜伽而進修至無上瑜伽，視密法所特具之氣脈明點諸法，又已視爲餘事。若《大圓滿》《大圓勝慧》《大手印》，其所標旨，即有彈指成佛，立地見性之方便。故以無上瑜伽而論作、修、瑜伽諸部，乃爲資糧位上修集之事。此中理趣方便，行持修證，漸近於禪宗，故有謂《大手印》等諸法，實同於禪宗。且謂達摩祖師隻履西歸之時，顯化於西藏而傳大手印法云云。然歟！否歟？乃歷來心口之傳說，無足爲據。要之，大手印等之與禪宗比較，同異短長，顯然不一。方法既殊，宗綱各別，若以之擬於北宗漸禪之法，恰盡相似。至於南宗正脈，則非上述密法所可窺測也！大圓滿大手印等法，固已殊勝，然以禪宗「正法眼藏」觀之，則迷封滯殼，摩挲光影，仍易滯於法執。所謂仗金剛王寶劍，踏毘盧頂䫌上行者，捨禪宗正法以外，其孰與歸？

藏密之特點

通常一般異宗異學之於密宗，或讚或毀者，統皆以密宗修持方法中若干特殊之事，作爲雌黃月旦，隔靴搔癢，言不中的，且於密宗顯教理趣，大抵茫然。密乘之所謂密者，究其極則，非自謂其行怪索隱，蓋菩提心印，妙密難明也。若言下頓悟，法外忘象，正如曹溪六祖所云：「密在汝邊」，復何祕密之有？然後返觀一切世間出世間等等諸法，無非佛法。如實如是證入《華嚴》海藏境界，顯密妙言，無一而不平實。

密乘中若干特殊方法，顯而習見者，如禮拜、供養、護摩、念誦等法，似有異於顯教各宗修持之趣。實則，如諸宗所習之禪門課誦、十小咒、蒙山、焰口等等，念誦法器，禮儀諸法，靡不來自密乘。原始佛法，以三十六道品、禪觀、戒、定、慧等正統修持外，何嘗有此科儀？方便權化，歸元無二，未可是此非彼。若論密宗之注重氣脈、明點、雙身等法，視爲外道，則正不知菩薩道中密因法行。雙身法者，乃諸佛菩薩，爲誘導多慾眾生，設此一方便。《維摩經》云：「先以欲鈎牽，後令入佛智。」有謂即吾國古代之房中術，則有毫釐千里之謬，謂其流弊爲禍，自毋庸諱！氣脈、明點之術，固爲密乘所特尙，而言無上瑜伽者，視此仍爲方便，未可與論究竟。氣脈、明點，持爲調身，血氣之障未除，不能變化氣質，而逕言證悟菩提，非狂即魔。密乘學者有言：「氣不入中脈，而云得證菩提者，絕無是處。」以此視一般修持學者，盲修瞎煉，終至身病心執，愈求解脫，而愈被法縛，誠多優勝矣。他如密乘典籍中，有《甚深內義根本頌》一書，剖析人身氣脈至詳，取與吾國內經等書參讀。精微奧妙，迴非現代解剖生理學醫學等可及。惜乎世之學者，心粗氣浮，未能身證其實驗堂奧，玩忽棄之，淺陋輕狂，豈容迴護！稽之顯教各宗，以及教外別傳之禪宗，若禪觀諸經、止觀修法、宗門參究工夫，雖不特別注重氣脈，而調柔身心之妙，皆寓氣脈於其中矣，唯後世學者未能深入耳！

密法特點，探其原委，氣脈、明點等，事非奇特。若藏密融合顯密共通，羅致一切魔外諸法，投之一爐，應眾生心，偏所知量，對症下藥，別開生面，綜羅組織，蔚成奇觀，洵爲密乘特異之學。然無論其應用何種修法，統皆循有一定之五種次序，其次序謂何？曰：「加行瑜伽、專一瑜伽、離戲瑜伽、一味瑜伽、無修無證。」如禮拜、供養、護摩、念誦、研習教理等等，皆爲「加行」之事。專精觀想，住於禪觀等等，皆爲「專一」之事。定久慧生，待至脈解心開，如「仰首枝頭，即見熟果」，如「拔矛刺背，頓脫苦厄」，證悟菩提，還同本得，皆爲「離戲」之事（所謂離戲者，謂諸離四句、絕百非之戲論法也。）入此「離戲」三昧，向上精進，打成一片，即是一味瑜伽。再進而得到「無修無證」果位，方入圓滿菩提之域。密法中此種組織，鈎索一切修法之要，次第井然，允爲特點矣。亦有以前修加行瑜伽，而立四瑜伽之說。

顯密優劣之商榷

西藏密宗，傳入中國，早在宋末。而以元室入帝，爲鼎盛時期。明代表面上，雖已銷聲匿跡，而流行於社會間，仍未根絕。清室入關，復挾之俱來。現代開藏密先聲者，即以民初西藏大德，多傑格西、白尊者等，來北京宏法開其端。漢僧相率留學西藏者，爲僧大勇等隨多傑入藏爲始。此後康藏各派大喇嘛，若諾那、貢噶、根桑、班禪、阿旺堪布、東本格西等，先後相率來漢地宏化。各地僧俗隨之入藏者，風起雲湧，形成一種佛學界之時髦風氣。回內地傳法，而專門提倡密宗者，如蜀僧能海、超一等，爲其中翹楚。譯經則有法尊、滿空、居士張心若等。歐美方面學者，因英人勢力入藏探奇者，亦絡繹於道。一般智識人士，學得密法以後，翻譯經典甚多，例如密法中之六種成就法，漢文譯本，遠不如美國伊文思溫慈博士之佳。一般歐美學者，常有以密法與印度瑜伽學互混研究，幾已成爲一種新興之術，漸距佛法而獨立一系矣。如歐美流行之催眠術，乃瑜伽術之支流也。抗戰末期，有一法國女士（中文名戴維娜），寓居成都學習禪宗，據云：學佛二十多年，曾遊學於印度、緬甸、日本等地，住藏中習密法，將近十年，且遣其子隨貢噶上師已達六年。以其個人遊學各國所得結論，稱正眞佛法，唯在中國，且以達摩宗（即禪宗）爲最勝云。

藏密在現代崛然興起，治佛學或專事修行者，耳目爲之一新，優劣諍辯，於以支蔓。崇密宗者，則云修習密法，必可「即身成佛」，次亦可「即生成就」，最遲或三生至七生。復云：密宗學者，「即身成佛」，神通可徵。又云：密宗之方便殊勝，顯密雙融，皆非各宗所及，中國無完美佛法，禪宗乃邪見，且引宋代在藏宏法漢僧大乘和尚爲證。毀密宗者，則云：密宗之法，乃魔外之說，託依佛教而立足。復云：密法乃偷襲中國道家方術而改頭換面者。口給干戈，均爲智者所笑。佛於顯教，雖云由博地凡夫而至成佛，須經三大阿僧祇劫，而經云：「劫數無定」。且今生修持，孰知又非三大劫來，唯欠此一生？稽之中國歷代大德，尤其禪宗，能「即生成就」，或「即身成就」者，代不乏人，而皆持律綦嚴，不以神通爲尚。記載所傳，歷歷可數，擇其彰明較著者，如六祖展衣布山，有四天王坐鎮四方，復如引頭就刃，如擊木石。鄧隱峰禪師，飛錫騰空，倒身立化。普化禪師，振鐸歸空，即身超脫。元珪之服嶽神。破竈之度土地。黃龍師弟，皆具神通。普庵師徒，神變莫測。（相傳之普庵咒，靈驗殊勝。）唯禪宗風尚，不以神通爲勝，恐亂世人知見，其密行密意，有非密法可測，豈地前菩薩所可妄議！故有讚禪宗實爲大密宗也。若謂氣脈、明點、雙身等法，可得「即身成就」，事非顯教及禪宗所能；稽之密典，修此等法，仍易落於欲界、色界之中。於光影門頭事多勝境，直超聖量，立地成就，仍須有審慎抉擇於其間。禪宗大德，見性之後，此等工用，不期自生，唯皆不作聖解耳。視密宗之執著勝法，又有過焉！至謂大乘和尚，唐時在藏傳化，其人立說，近似禪宗，以爲直指人心，乃得開悟佛性，依教修行，均徒勞耳；以是流於放逸，全無操持，後因蓮花戒來自印度，陳詞破難，和尚無以應答，遂放還漢土。觀大乘和尚所說，尚未及禪宗所謂之知解宗徒，何論實證？以之概漢土禪宗及各宗佛法，皆納於大乘和尚之流，實無異因噎廢食耳。

論者謂密宗皆爲魔外之說，擬託佛教，立言亦嫌過於草率！密宗諸法，誠爲納諸魔外之學，鎔之一爐，權設普門廣度，既爲對待諸異學魔外之說，亦復徧逗群機，導之入大覺智海，終結與第一義而不違背，則於魔外何有哉！佛所說法，五蘊、八識、天人之際、因明之說，皆非初創，亦如中土聖人，述而不作，刪集以成。考之印度婆羅門及諸異學等，原有吠陀諸典，皆顯見易明。豈可盡舉佛法而付之魔外乎！佛所證悟之不共法行，獨爲第一義諦之不可說、不可思議之「性空緣起，緣起性空。」中道不二法門，此非諸異學魔外所可妄自希冀者。密法極則，以佛之正知正見爲歸，途中化境，皆爲權巧方便。若未見本性，而證悟菩提者，心法未明，統爲魔外亦可，何獨於密法而斥爲魔外乎！至謂密法乃偷襲中國道家方術，或謂道家乃學習密宗法門，此二爭端，千古無據。要之，方法相似，且幾不可分，門庭設立，各有差別，姑存而不論。或疑爲遠古法源，皆出於一途，源流支蔓，因時間空間而獨立發展。道家修法，常有崇密咒，及作、修、瑜伽，部分之術。而密宗祖師，身爲漢人者，亦大有人。如《大圓勝慧》法中，「澈卻」、「妥噶」二法，據云：原由普賢王如來證得本具五智體性，顯現五方佛，傳金剛薩埵，遞傳極喜金剛（嘎拉多傑）至妙法喜，復傳與希立省（漢人），遞傳住羅叔札、婆嫣拉別札，至蓮花生大師云云。唯密宗傳法上師，不限於僧俗，而嚴於得法，此尤與顯教各宗不同耳。觀音以三十二身而應化世間，華嚴以萬行莊嚴，納諸圓覺，事非佛智，難以窺測。疑謗互從，不如自省，偏執之爭，正見其未達也。東密盛行於唐宋，早已與顯教合流，如《禪門日誦》中，密咒部分、瑜伽焰口等，隨處皆是。諸部密法，大致在藏經中可見，不再繁述。

學佛乃大丈夫之事，非帝王將相之所能爲，無論志學何宗，要當以證悟無上菩提爲歸。若欲達此，首當自廓其胸襟，廣其識見，窮理於諸說，行腳徧天下，然後以教乘戒行，滋茂福德，使能自成法器，方有相應之分。唐太宗所謂：「松風水月，未足比其清華！仙露明珠，詎能方其朗潤。」有此氣度，方能會萬物於己。若目光如豆，心仄似拳，先入之見塞其胸中，門戶之諍堵其智思。無論習教學禪，若顯若密，皆非所望矣！何則？佛能通一切智，窮萬法源，心等太空，悲無緣起，豈跼促一隅者，所可妄冀乎！

禪宗與丹道

道家淵源遠古，窮源探本，上古時期，乏文獻可徵。原始道家，學者皆裁自東周時代與孔子並世而生之老子爲代表。道家者流，則高推聖跡，相傳發軔於黃帝，通常皆以黃老並稱。周以前，儒道本不分家，儒術亦屬道之一種學問，道即儒之全體。迨周秦間，儒道始分爲二。歷漢至南北朝間，始成宗教之道教，與儒佛鼎足而三。三教思想學術，領導吾國文化二千餘年，人才輩出，派衍支流；道教文化，亦徧及東亞各地。其間各有短長優劣，立說圓通者固不少，而偏執己見，互爭上下者，由來亦久。稽其變遷，共分爲三個時期。其思想學術，與佛法禪宗溝通處，頗値探討。

周秦時代之道家

春秋戰國時期，吾國社會政治，由上古至此起一大變動，諸侯征伐，人心動亂，百家異說爭鳴，各持所見，思有以措天下于治平，儒墨名法等外，老莊之說，亦爲當時思想之一大主流。老子學說，主「清淨無爲」爲道之宗旨，以「無爲而無不爲」爲道之用，以「虛心實腹」、「專氣致柔」爲養生入道之方，以「以正治國」、「以奇用兵」、「以無事取天下」爲治世之則。莊子思想學術，不若老子之嚴整，其逍遙博大，思入玄微，則與老氏之說，格調又多不同。其主「養生適性」、「忘我復外天地」，視人間世塵塵逐逐，一皆平等齊觀，歸於烏有！宗主於「歸眞返璞」，處世如遊戲，胸懷無物，遺世如脫。世奉二氏之說爲道家宗主，舉與儒佛之說並驅天下，非無因也。老莊之說，在當時亦如諸家學術，代表某一種學問造詣與其治世主張，初非具有爲百代宗師之意，後世奉爲宗教之主者，乃學者欽仰其崇高而相與尊之耳。

世傳孔子曾問禮於老子，道教之徒，據以自誇，或非其說爲僞造，千秋疑案，考證無從。司馬遷著《史記》，亦述其事云：

老子者，楚苦縣原鄉曲仁里人也。名耳，字聃，姓李氏。周守藏之史也。……孔子適周，將問禮于老子。老子曰：子所言者，其人與骨皆已朽矣，獨其言在耳！且君子得其時則駕，不得其時則蓬累而行。吾聞之：良賈深藏若虛，君子盛德容貌若愚；去子之驕氣與多慾，態色與淫志；是皆無益于子之身！吾所告子者，若是而已。孔子去，謂弟子曰：鳥，吾知其能飛；魚，吾知其能游；獸，吾知其能走；走者可以為罔，游者可以為綸，飛者可以為繒；至于龍，吾不知其乘風雲而上天。吾今日見老子，其猶龍耶！……自孔子死後，百二十五年，而史記周太史檐見秦獻公曰：始皇與周合而離，離五百年後而復合，合七十歲而霸王者出焉。或曰：檐即老子。或曰：非也。世莫知其然否！

史遷所述，迷離若此，抑其抱「整齊百家什語」態度，兼蓄並存，無與考證之事耶！然則，老子之東出函谷，西至流沙，不知所終者，又何說耶？此皆闕疑可耳。孔子之問禮於老子，事固足信，當時儒道之學，本不分家，老子既爲周守藏史者，其學問淵博，識養皆深，亦無足異。以孔子學無常師，從而問禮，既不足增老氏之華，自亦非孔子之陋，學術探求，理應如是。而老氏告誡之語，與乎孔子讚嘆之詞，其人其行，均可想見其高遠。唯孔老之間，仁慈濟世目的雖同，所取途徑各異，此老氏終成爲道家之宗主，孔子永爲入世之聖人。若後世道儒兩家，執此互爲毀讚者，固乖二氏之旨，信非二氏之徒矣！

莊周養生之說，與老子所言者，已漸差異，爲後世道家，初啓其萌蘖矣。若莊子之依乎天理，固其自然，吐故納新，導引爲壽。乃謂姑射仙人，不食五穀，吸風飲露，乘雲氣御飛龍而遊乎四海之外。廣成子自云：修身千二百歲，而形未嘗衰。華封人云：千歲厭世，去而上仙，乘彼白雲，至於帝鄉。如此之言，皆于清靜無爲之道外，別具一種神祕色彩矣。然老莊之說，在當時之地位，僅亦爲百家學術中之一流耳。

迨戰國末年，燕齊之間，忽有所謂方士者流（餌丹藥服食成仙之術士），稱爲道家，宗奉老莊而別成爲丹道一途者，頗爲社會所信奉。且自齊人鄒衍倡五行之說，爲陰陽家之大者。其學術內容，漸漸與方士之流接撰，亦復浸濡及於儒家之言，啓後世以陰陽五行之說而言道術，並成春秋圖讖之學，直至於今。則爲道家廣滙眾流，臻于博大之始矣。

秦始皇統一天下，妄求萬世基業於不墜，希冀長生不死，信任方士，百計以求神仙丹藥於海外，終至身死沙丘而不悔。方士者流，聲名因得以大起，而於原始道家及老莊之道無與焉。蓋以心勞日絀於窮兵黷武，而欲希冀長生不死，其於清靜無爲之道，豈非背道而馳！非始皇之誤於方士，實方士之故誤始皇耳！但在此時，印度之婆羅門教，已有至吾國傳教者。佛家史籍稱秦始皇時，有沙門至者，當非佛教之比丘，應爲婆羅門教之沙門。沙門一名，在印度乃指出家人之統稱。若以此觀，秦時方士之術，與婆羅門瑜伽術等，似已早有溝通因緣。抑東亞諸神祕之術，大抵皆同出一源，亦未敢遽斷。

漢晉南北朝之道教

自秦始皇混一海內，劃分郡縣，自以功德邁於往古，乃思求長生不死之術，遣徐市（《括地志》謂即徐福）發童男女數千人，入海求仙人。影響所及，丹道之聲勢漸普。漢興雖尊儒家爲治世正道，然一種學術，既已深入民間，自有其深固地位。況人誰不欲長生，丹道之說，既可超脫現實世間，復得乘雲凌虛，而遨遊於八荒之表，於現實而外，另有一神祕莫測之境可以追求，乃人類思想心理所嚮往。劉漢繼秦而有天下，上至帝王，下及皂隸，此種傳說與觀念，更屬普及。迄漢文帝用黃老之學施於政治，使人民於厭戰之餘，得以休養生息，一時大收功效，道家之說，尤徵績效。然文帝之尊奉黃老者，非方士之術，乃取法黃老之內主清靜無爲，外除多欲之治道，非求神仙不死之方。漢武帝則求仙之心特切，《史記・封禪書》記其禮李少君，信祠竈穀道卻老方，遣方士入海，求蓬萊安期生之屬，封禪以事鬼神，感黃帝鼎湖昇天之事。又如《神仙傳》等書，載其禮欒大，築承露臺，感西王母降神之事，異說神祕，迷離莫測，內宮巫蠱之禍，實自啓其端也。

後漢桓帝信道亦篤，沛人張道陵客蜀，學道於鵠鳴山中，造作道書，傳流各地，創「五斗米教」（從之學道者出米五斗）。其弟子中有鬼卒祭酒等名號，以符水咒術治病，百姓信尚至多。陵死子衡行其道。衡死，張魯復行之，乃啓漢末黃巾張角等借術倡亂之漸。實則，黃巾張角之徒，所謂「太平道」者，第如清代之「太平天國」，借天主教而籠絡人心，與張道陵之五斗米道，並無直接關係。後世之混爲一談者，誤矣。（事見《三國志‧張魯傳》，《後漢書》皇甫嵩、劉焉二傳）張道陵之教，自張魯修其祖之術，稱天師君，其子盛移居江西龍虎山後，遂代襲其職。直至元順帝至元間，策封其後裔張宗演爲「輔漢天師」，遂成後世所稱之張天師道，爲歷代王朝及民間公私默認之道教領袖。其實此派道術，崇尚符籙術法，既不同於方士之服煉，更非原始道教及老莊道家之道。後之併入爲道教，稱之謂「正一派」，乃時勢使然耳。三國時，異人輩起，如于吉、管輅、左慈等，或以卜筮占驗，或以方術炫奇，則又爲道教之另一派系矣。若費長房，與佛教初期入吾國時，已早結有因緣，後著有佛經目錄之事，另有其人，異代而同名也。

晉時葛洪崛起，已漸開道教之通途。洪著之《抱朴子》中，已有彙集玄道、煉服、符籙、占驗等於一家之趣。後代學者考證，謂《列子》《淮南子》等書，皆兩晉時人託古之作。審如是，此時之道家思想，啓後世繼往開來之作，皆肇於斯矣。梁代爲道家卓犖代表者，則爲陶弘景，世稱陶隱居，隱居以清才絕世，博學能文，懷王佐之才，隱山林之中，被尊爲山中宰相，雖名尊位重，而終身以修道爲務，誠爲千古高人。平生著述甚富，然大半皆爲道家立說，因其精於燒煉服食，故於醫學尤有特長，所著《肘後百一方》等，爲醫學界所崇。《卜筮略要》《七曜新舊術數》等爲占驗所宗。而以《登眞要訣》《眞誥》二書爲道家不易之旨。其博學多能，會通諸說，較之葛稚川（洪）言丹道學術者，尤多擴充矣。

齊梁間，王侯公卿，從先生受業者數百人，一皆拒絕。唯徐勉、江祐、丘遲、范雲、江淹、任昉、蕭子雲、沈約、謝瀹、謝覽、謝舉等，在世日，早申擁篲之禮。絕跡之後，提引不已。沈約嘗疾，遂有掛冠志。疾癒，復留連簪紱，先生封前書以激其志。約啟云：上不許陳乞。先生嘆曰：此公乃爾蹇薄。（《華陽陶隱居內傳》）

陶隱居畢生致力於道，而當時佛法在吾國，已有風雷日盛之勢，隱居博學窮究，已留心及此，且推佛法終爲究竟之意。窺其蹤跡，時之佛道二家，似已互排復互滲矣。隱居〈答朝士訪仙佛兩法體相書〉有云：

至哉嘉訊，豈蒙生所辯。雖然，試言之：若直推竹栢之匹桐柳者，此本性有殊，非今日所論。若引庖刀湯稼從養溉之功者，此又止其所從，終無永固之期。但斯族復有數種，今且談其正體。凡質象所結，不過形神，形神合時，則是人是物，形神若離，則是靈是鬼，其非離非合，佛法所攝，亦離亦合，仙道所依。今問以何能而致此仙？是鑄煉之事，感受之理通也。當埏埴以為器之時，是土而異於土，雖燥未燒，遇濕猶壞，燒而未熟，不久尚毀，火力既足，表裡堅固，河山可盡，此形無滅。假令為仙者，以藥石煉其形，以精靈瑩其神，以和氣濯其質，以善德解其纏，眾法共通，無礙無滯，欲合則乘雲駕龍，欲離則尸解化質，不離不合，則或存或亡。於是各隨所業，修道進學，漸階無窮，教功令滿，亦畢竟寂滅矣。

（《藝文類聚》七十八）

唐宋元明清情形

由後漢至南北朝間，佛教東來，勢如風偃。其與儒家之間，摩擦尚少，而與道家之間，在南方者，尚髎斬相安，在北方者，則牴觸頗大。在此四百年間，吾國道教，已由原始道家老莊之學，漸收羅方士之燒煉養生、服食、醫藥、占驗、符籙等術，而形成一宗教，與佛教互爭短長矣。道教初起之時，如唪誦經典，建築寺觀，和各種禮拜儀式等，吾國原無創制，多皆仿模佛教而來。漸至內容如「無極」、「太極」之說，又與佛法「空」、「有」之義，互相滲通。既成宗教以後，彼此間應具宗教之仁慈寬容大度者，往往惑於主觀形式之見，致成水火。自東晉道士王符，僞造《老子化胡經》以自託其高遠，至北魏太武帝時，權臣崔浩信寇謙之之輩，慫恿武帝滅僧排佛，至北周武帝，又有滅佛之事，此皆佛道互爭地位之慘史。正如唐高祖時，傅奕請除佛法，蕭瑀與其互爭於朝云：「地獄正爲此人設也。」但此所爭者，乃宗教之事，由於自我私心所驅使，與仙學之丹道無與焉。

自唐一天下，尊崇道教，不遜儒佛，三教並驅局面，於以大定。以老子同爲李姓，基於宗族觀念，推尊爲「太上玄元皇帝」。莊子封號「南華眞人」，列子號「沖虛眞人」（以《莊子》一書改爲《南華眞經》，《列子》一書改爲《沖虛眞經》。）兩京崇玄學，各置博士助教，又置學士一百員（事見《舊唐書．禮儀志》）。唐室歷代帝王，求長生服丹藥者，屢見不鮮。羽客女冠，徧於州郡。武則天、楊貴妃、至眞公主等，一代妃主，凡爲女道士，可考者約四十餘人。詩人墨客，嘗見刺於辭句，如韓愈「雲窗霧閣事窈窕？」李義山之聖女祠詩：「絳節飄香動地來」等，皆其諷刺女道士之作；琳宮鶴觀之多，亦徧布寰宇。義山題中條山道靜院詩云：「紫府丹成化鶴群，青松手植變龍文，壺中別有仙家日，嶺上猶多處士雲。獨坐遺芳成故事，褰帷舊貌似元君，自憐築室靈山下，徒望朝嵐與夕曛。」直至武宗，又成一度滅僧毀佛之事。佛道二教，至此時代，皆臻鼎盛時期，道教典籍，亦至繁賾。若僖宗時之道士杜光庭，著述尤多，如《道教靈驗記》《神仙感遇傳》《墉城集仙錄》《洞天福地嶽瀆名山記》等，皆出諸其手。杜後入蜀，復爲王建寵遇，歷官至諫議大夫、戶部侍郎，而杜復僞造佛經及道經多種，故後世之稱僞書之無據者，皆曰「杜撰」。

然在唐末，有直承原始道家，祖法老莊之神仙丹道一派，已隱然特立，與禪宗漸至合流。爲其彰著之代表者，厥爲呂巖眞人號洞賓者。

迨乎宋代，徽宗篤重道教，崇奉道士林靈素，事以師禮。而尤以降鸞扶乩之術，昌盛一時，愚昧迷惑，招致父子北狩，身爲臣虜，老死他邦，抑何可嘆！雖然，此非道教之過，其國破家亡之禍，亦不全繫於信奉道教一事。徽宗雖未排佛，其崇信道教殊力，曾屢廢佛寺改爲道觀。時之禪師，以身殉道，或以道行感悟之者，頗不乏人，如：

處州法海立禪師。因徽宗革本寺作神霄宮，師陞座告眾曰：都緣未徹，所以說是說非，蓋為不真，便乃分彼分此。我身尚且不有，身外烏足道哉！正眼觀來，一場笑具！今則聖君垂旨，更僧寺作神霄，佛頭添個冠兒，算來有何不可！山僧今日不免橫擔拄杖，高掛鉢囊，向無縫塔中安身立命，於無根樹下弄月吟風。一任乘雲仙客，來此咒水書符，叩牙作法，他年成道，白日上昇，堪報不報之恩，以助無為之化。祇恐不是玉，是玉也大奇！雖然如是，且道山僧轉身一句作麼生道？還委悉麼？擲下拂子，竟爾趨寂。郡守具奏，詔仍改寺額曰真身。

又汝州天寧明禪師。改德士（即道士）日，登座謝恩畢。乃曰：木簡信手拈來，坐具乘時放下，雲散水流去，寂然天地空。即斂目而逝。

道家學術，由秦漢方士類變爲道教，至唐宋間，受禪宗影響，漸有擺脫支離駁雜之道教趨勢，直承原始道家及老莊之言，而產生金丹大道之說。其代表人物，當以唐之呂純陽，宋之張紫陽（伯端）、白紫清（玉蟾）等數人爲最。此後，丹道學術，與道教原來面目，不無改頭換面之處。後之言道家者，皆以丹道爲道教中心，亦如唐宋後之言佛教者，統以禪宗概觀佛法之全，實有異曲同工之妙。清人方維甸于其校勘《抱朴子・內篇》序中有言云：

余嘗謂漢之仙術，元與黃老分途。魏晉之世，玄言日盛，經術多歧，道家自詭于儒，神仙遂溷於道，然第假借其名，不變其實也。迨及宋元，乃錄參同爐火而言內丹，鍊養陰陽，混合元氣。斥服食胎息為小道，金石符咒為旁門，黃白元素為邪術，惟以性命交修為谷神不死羽化登真之訣。其說旁涉禪宗，兼附易理，襲微重妙，且欲併儒釋而一之。自是漢晉相傳神仙之說，盡變無餘，名實交溷矣。

唐宋間丹道學術，已由原始道家出入於儒佛禪宗之間，有直取禪理而言爐鼎丹藥之道者，如張紫陽、白紫清二人，尤爲顯著。至宋室末造，北方崛起一邱長春（處機）眞人，學問道德，冠邁群倫，乃奠定道教「龍門派」之基礎。邱長春原與馬丹陽、孫不二等七人，同學於重陽眞人王嚞之門，其年事道力較幼，唯力學精勤，終成大器。金人慕其德行，屢聘不赴，而應元太祖之隆重禮聘，兵騎維護，間關至於雪山。應對之間，勸以戒殺，且談玄論道，至爲平實，崇尚清虛之旨，一洗歷來方士習氣，丹道門庭，煥然一新。

其於西行經歷，著有《西遊記》一書，以紀其實（非小說《西遊記》）。長春之學術務實，有會三教一元之趣，時之儒者，有曾接近其人，咸嘆爲一代之聖，足見其感人之深。而此派又有稱之謂「全眞教」者，蓋隱謂其有別於方士之道術，全三教之眞也。金元好問〈離峰子墓銘〉云：

全真道有取於老佛家之間，故其寒餓憔悴，痛自黔劓，若枯寂頭陀然。及其得也，樹林水鳥，竹木瓦石之所感觸，則能穎脫，縛律自解，心光曄然，普照六合，亦與頭陀得道者無異。（《元遺山文集》）

又，元代元和子〈長春觀碑記〉云：

全真之教，微妙玄通，廣大悉備，在人賢者識其大，不賢者識其小。大抵絕貪去欲，返璞還涫，屈己從人，懋功崇德，則為游藩之漸。若乃游心於澹，合氣於漠，不以是非好惡，內傷其生，可以探其堂奧矣。

宋元以後，所謂道家者，大抵皆舉南（張紫陽）北（邱長春）二派丹道之學。然丹道學術，與昔來道家或道教，迥然有別，學者不能不察。及乎明清二代，於南北二派以外，異宗突起，諸說紛紜，其中較著者，乃有西派東派之謂。或主單修性命以爲宗，或主雙修陰陽以爲旨，要皆祖崇呂純陽，合四派之流，統不外於呂祖之支分焉。清代學者頗多，而以乾嘉道學之著者劉悟元、朱雲陽二人爲其翹楚。劉朱道學，皆出入於禪，尤以劉悟元之說理修煉，純主清靜，力排方士諸說，參合佛理要旨，於丹道法中，又別創一格。其人羽化以後，肉身尚留於甘肅成陵朝元觀。此外，成都雙流劉沅（止唐）爲乾嘉時之大儒，講道學於西蜀，世稱爲「劉門」，傳爲親受老子口訣，邊居青城八年而道成。著作豐富，立論平允，於三教均多闡發。其授受方法之間，頗有藏密成分，抑其地居近於康藏，其學術思想，不無挹此注彼之處，此一系，相當於元之「全眞教」、明之「理教」，亦爲三教之變焉。

道家學術，在晉宋元三個時期，另有三家，均爲諸家所重視，而不入派系之列者：即漢之魏伯陽，著有《參同契》，以陰陽五行爐火丹鼎之說而言道者。宋之陳摶以易理無極太極之學，而言丹道，數傳至邵康節，發揮易數之學，至於鼎極，並漸變溷入儒家之理學。宋元之間張三丰，以燒煉丹法修氣調御爲主者。此之三者，當以魏伯陽爲丹道正統之宗祖，陳摶不失爲道家之眞，張三丰則爲方士中之卓越仙才。

此外，明代萬曆時有伍冲虛、柳華陽師徒，傳授性命雙修之學，獨成丹道之特別一派，世稱之謂「伍柳派」，其學術思想，浸淫於佛道之間，而皆錯解經義，附之異說。以修氣修脈，煅煉精神爲主。方法不外於服氣之域，理論則爲佛道糟粕，於養生祛病，或稍有助，以之探求大道，殊有旁驅歧路之虞！但此之一派，盛行各地，以及於今，世之言丹道者，競以爲歸。學術之惑亂人心者，實亦甚矣！

道教之經籍

古代儒道不分，南宋陸九淵（象山）、清初崔述，早曾有見及此。如戰國末年《呂氏春秋》，西漢初年《淮南子》《韓詩外傳》《春秋繁露》，他如《論語》《禮記》，皆摻入道家議論。鄒衍援《尚書．洪範》九疇之篇，創五行學說，使吾國二千餘年學術思想，均未離於陰陽五行之藩籬。西漢末年所出緯書，啓兩漢乃至後代圖讖學說之門，陰陽術數之學，摻變於儒道中心思想者，其由來已久且固矣。宋明之間，道教經典，仿佛教藏經之例，亦彙編爲《道藏》，經歷代增添，全藏共有五千四百八十五卷。其他丹經旁說，散佚流通者，亦復不少。《道藏》收集至廣且雜，舉凡儒家、陰陽家、兵家、醫家諸書，統爲羅致。例如成都青羊宮兼收《諸葛武侯全集》而入道藏，學者有謂其「綜羅百代，極盡精微廣大」者，亦非過譽之言。

宋眞宗時，張君房奉敕校正祕閣道書，撮其精要而成《雲笈七籤》，爲道教經籍叢編之宗典，道家之言，于以大備。其書以天寶君說洞眞，靈寶君說洞元，神寶君說洞神，爲上中下三乘。以太元、太平、太清三部爲輔經。又以正一法文徧陳三乘，別爲一部。統稱三洞眞文，總爲七部。凡一百二十二卷。凡經教宗旨及仙眞位籍之事，服食、煉氣、內丹、外丹、方藥、符圖、守庚申、尸解諸術，以及前人詩歌、文字、傳記之屬，涉及於仙道者，均悉編入（有商務印書館《四部叢刊影印本》）。

《道藏》編輯，全仿佛經，有三洞十二類；洞眞、洞元、洞神，爲三洞。以太元部輔於洞眞，太平部輔於洞元，太清部輔於洞神，而統會於正一部，共爲七部大綱，與《雲笈七籤》編彙相合。復以本文、神符、玉訣、靈圖、譜錄、戒律、威儀、方法、眾術、記傳、讚頌、表奏，爲十二類子目。明正統中，宋披雪雕印《道藏》四百八十函，五千三百零五卷。萬曆三十五年，天師張國祥復編集道經，續加三十二函，百八十卷，粲然備陳，都成今藏。中所收羅，多有周秦諸子、晉唐佚書，於保存吾國文化，功實非細。天啓間，上元道人白雲霽（字明之，道號在虛子）作《道藏目錄詳註》四卷，考證頗具崖略，足資研究。通常流通，尙有《道藏輯要》二百冊，另有《道藏精華錄》一百種，皆鈎元提要之作。

道家學術，有特立獨行，擺脫道教方術範疇而直指丹法者，凡此著述，統名之曰「丹經」。自魏伯陽援易作《參同契》後，歷世之所言丹道者，皆祖述其旨。自宋張紫陽《悟眞篇》以次，如《入藥鏡》《翠虛篇》《指玄集》《性命圭旨》《規中指南》《中和集》等著作，皆爲丹道正統之言。清人著作若朱雲陽之《參同契闡幽》《悟眞篇闡幽》，以禪理而溶入於丹道，別有會心，允爲偉著。劉悟元著書十二種，清虛平實，力掃方士積習，儼然開佛知見。尤以其名著《修眞辨難》一書，特論篤實，足爲丹道式範。至若閔一得（小艮）《古隱樓叢書》，則駁襍無歸，離道尚遠。清人黃元吉著有《樂育堂語錄》，乃儒化道家之正者，言多雋永。復外如伍柳著作《天仙正理》《仙佛合宗》《金仙證論》《慧命經》等，則爲丹道之歧，不能視爲正途。依道家而言道家之正者，除上述諸書外，若呂祖之《百字銘》、曹文逸之《靈源大道歌》、孫不二之《女丹詩》等，已簡攝玄微，直指竅妙，丹道之旨盡在其中矣。依經而論，則「太上十三經」（《道德經》《陰符經》《清淨經》《玉樞經》《日用經》《洞古經》《五廚經》《金穀經》《循途經》《護命經》《大道經》《定觀經》《明鏡經》《文終經》《老子眞傳》《辨惑論》），已盡其大。若《黃庭內外景經》，當與《黃帝內經》（《靈樞素問》）參研，再參合於藏密之《甚深內義根本頌》，於養生服氣修氣修脈之術、中西醫學生理學等，必另有匯通與新知，貢獻於世界人類者，更爲有功。至若陸潛虛之《方壺外史》、張三峰（三峰言陰陽雙修之術，另有其人，非張三丰也。）丹訣等作，皆當別列一類，入於雙修之宗。上焉者，同於密宗無上瑜伽雙身修法之欲樂大定，而潛虛之術，或有過於此矣。其次，皆不外於《素女經》《玉房祕訣》等房中術之流亞，邪見謬術，無足言者。唐代帝室宮廷，亂於此道，亦如元代內廷，亂於密宗之雙修，皆爲佛道之大不幸者。

其他或託乩筆，或借僞名，或假古仙遺著，或演寓言隱祕；若創作，若註釋，玉石並陳，眞僞莫辨，皆不足觀矣。此之一類，無以名之，姑稱之謂「道瘤部」。

要之，道家學術，再變而爲道教，復演而成丹道，歷代羅致，駁雜已極。紀昀嘗論之云：

後世神怪之跡，多附於道家，道家亦自矜其異，如《神仙傳》《道教靈驗記》是也。要其本始，則主於清靜自持，而濟以堅忍之力，以柔制剛，以退為進，故申子韓子，流為刑名之學。而《陰符經》可通於兵。其後長生之說，與神仙家合一，而服餌導引入之。房中一家，近於神仙者，亦入之。鴻寶有書，燒煉入之。張魯立教，符籙入之。北魏寇謙之等，又以齋醮章咒入之。世所傳述，大抵多後附之文，非其本旨。彼教自不能別，今亦無事於區分。然觀其遺書，源流變遷之故，尚一一可稽也。（《四庫全書總目提要・子部・道家類》）

道教典籍，名辭閃爍，寓言法象，如陰陽、爐火、坎離、龍虎、男女、黃白之類，各師其說，定義不一。且文辭理則，大抵詭誕淺陋，以至學者茫無所歸，愈入愈迷。至若瓊寰玉宇，芝閣琳宮，縹緲清虛，讀之令人有翩翩霞舉之慨！此爲文辭之另一境界。

丹道之類別

道家學術，內容羅致極廣，舉凡天文、地理、陰陽、術數、醫藥、星相、符籙、技擊等學，皆其所尚；以之配合服氣、煉養、服餌、燒煉等而歸入於玄微。地理之有堪輿，術數之有卜筮，符籙之有驅遣，技擊之有劍術與外功（煉形氣合一爲劍術之最高造詣，以煉氣煉筋骨爲內外功之分途。）無論爲學爲術，要皆歸合於道，汪洋博大，確非淺見可窺。梁啓超論道家學術，曾分爲四派：以丹鼎爲一派。符籙爲一派。卜筮占吉凶爲占驗一派。以何晏、王弼、向秀、郭象等爲道家玄學之正派。此猶以道家整體而爲類別者也。符籙之學，在道家稱爲正一派，皆歸入「南宮」一途。「南宮」者，謂其司天人禍福之際，非道之宗主也。

道家之言，修仙皆以丹法爲主。金丹之事，又有內外之別。以守一、服氣、煉養，爲內丹之學。以服餌、燒煉，爲外丹之術。而內外丹皆有上中下三品之說，以別其成就之等差。復有天元、地元、人元之分。單修、雙修，方法之不同。而要皆須具備法、財、侶、地爲修道之基本條件。及其成就，復有神仙、天仙、地仙、人仙、鬼仙，種種差別。略舉如薛道光註《悟眞篇》所云：（按：《四庫全書總目提要》謂薛註實乃翁葆光註之誤。）

仙有數等，陰神至靈而無形者，鬼仙也。處世無疾而壽者，人仙也。飛空走霧，不餓不渴，寒暑不侵，遨遊海島，長生不死者，地仙也。形神俱妙，與道合真，步日月無影，入金石無礙，變化無窮，隱顯莫測，或老或少，至聖如神，鬼神莫能知，蓍龜莫能測者，天仙也。陰真君曰：若能絕嗜慾，修胎息，存神入定，脫殼投胎，托陰陽化生而不壞者，可為下品鬼仙也。若受三甲符籙，正一盟威，上清三洞妙法及劍術尸解之法而得道者，皆為「南宮」列仙。在諸洞府修真得道，乃中品仙也。若修金丹大藥成道，或脫殼或沖舉者，乃無上九極上品也。

若此之說，各宗其傳，大體無多出入。唯至朱雲陽註《悟眞篇》，則述天仙之義，跡雖爲仙，事則入佛矣。如云：

世人纔說學仙二字，除卻黃白男女，便以吐納導引，搬精運氣者當之。至為淺陋可笑，不必言矣。又聞道家說有五等仙，天地神鬼，優劣判然。佛家說有十種仙，壽千萬歲，報盡還墮，學道之士，茫茫多歧，莫知適從。豈知無上至真之道，只有天仙一路而已。此非五等仙中留形住世，十洲三島之仙，亦非十種仙中，不修正覺，報盡還墮之仙，乃無上仙也。此天非凡夫欲界、色界，有漏之天，並非外道非想非非想定，無色界，銷礙入空；與夫窮空不歸，八萬劫終，畢竟輪轉之天，乃第一義天也。

正統之天仙丹道，其學術思想，至此爲極，一變再變，已純入於禪。至若旁門左道，邪僻之說，統皆不足觀矣。

丹道門庭，共衍爲四派，有南北東西四者之分。南宗丹道，以東華帝君授丹法與鍾離權，權授呂洞賓，賓授劉海蟾，蟾授張紫陽，遞傳至石杏林、薛道光、陳泥丸、白紫清、彭鶴林者爲南派。張紫陽、白紫清之最高指授純以禪語而言丹道。如紫陽之《悟眞篇外集》，紫清之《指玄集》，皆力掃寓言法象而直陳心法。北派丹道，復以鍾呂傳授王重陽，王傳邱長春等七人，而以邱大其闡揚，成爲北宗之「龍門」一派，邱祖授受之際，亦復歸於平實，無諸怪詭之言。迄明隆慶時，陸潛虛親感呂祖降於其家，留於「北海草堂」二十日，得其丹法，而成東派云云。陸之丹法，以雙修爲宗，迷離莫測，後世借附致成邪說者亦多。清咸豐間，李涵虛曾於蜀之峨嵋山親遇呂祖於禪院，密付玄旨，李著有《道竅談》等書傳世，公推為西派之祖云云。四派丹法，通途皆祖述呂純陽上溯東華帝君而云直接於「老君」。老子之學，清靜無為之旨，見於遺文，而以爐鼎、水火、陰陽、五行之說言丹道者，當以漢之魏伯陽為始。呂祖實此中集大成者。若四派之學，皆自呂祖而分途，窮源探本，自可悉其旨歸。伍柳一系，當在例外。

至若旁門左道，乃流為邪魔之說者，即道家自宗，亦力加排斥。如稱旁門八百，左道三千，種種名目，各標邪說者，屈指難數。道家學術，易入神祕邪說者，不但現在如此，晉時葛洪《抱朴子》，已詳列當時妖妄之言甚眾。若今世之相傳某某道，某某社，某某會者，大抵多為元代白蓮教之遺流，復採集佛道之言，牽強附會，自命為道之宗，歷傳久遠，蠱惑已深，自亦不明其本矣。凡此之類，亦多小善可風，唯借道學而淆惑人心，不入正途，且易被狡黠者所利用，具有政治野心而復不明人文政教之本，終至身罹刑辟，神墮泥犂，殊為可憫！雖然，有地藏菩薩相待於地獄之中，當可拯斯族類之癡迷矣！

佛道優劣之辨

道家以金丹爲方便，以登眞而證仙位爲極則。內丹以一己心身爲起修基礎，所謂爐鼎、坎離，不外此一心身止觀之異名寓象。守竅存神，初以調和氣脈，解脫身執，終使制心一處，漸達禪定階梯。外丹則以藥物服餌，初以變此氣質之軀，使歸於心定神閒，趣入禪定解脫。要之，正統丹道學術，所謂寓言法象，皆指禪定過程中種種覺受境界而言。其中以禪定解脫程度深淺之不同，而定其地位之等差，別無神祕可言。若上品丹法，以心身爲鼎，天地爲爐，則冥合頓超之趣。進而接觸佛法，與禪宗接流，則於昔來丹法以外，終以禪宗圓頓之旨爲其旨皈矣。禪宗知解宗徒，與乎狂禪之流，捨棄禪定工夫者，比之丹道尙猶未足。若具正知正見，透頂透底，渙然解脫者，則視丹道之言，皆爲有過，凡所說法，盡成多餘矣。

眾生心行，有種種不同積習，故從上諸佛聖賢，設許多方便，循其所欲，導登無上正覺之道。如《普門品》所謂：「應以何身得度者，即現何身而爲說法。」奈吾佛之徒，一觸異說他宗，即嗤之以鼻，目爲外道。殊不知外道一名辭，凡諸宗教，指他宗異學，統皆稱爲外道。此所謂外道者，實乃外於我之道也。以彼之視我，亦猶我之視彼，「纔有是非，紛然失心。」徒以自形其隘耳。佛所謂外道，指「心外覓法」，「向外馳求」之事也。如此則縱依正教，未見自心，雖行埒聖賢，說超佛祖，安得謂獨非外學哉！若以正智視之，祇覺可愍，須謀拯救，視之爲仇，亦烏乎可！況左道亦道也，唯左於直道耳。旁門亦門也，惜旁於正門耳。不能撥亂而反正，愚在眾生，過在聖賢，於人何尤乎！道家之徒，大抵皆推崇佛法，唯所崇拜者，獨爲佛及菩薩，且極尊禪宗六代以前諸祖，蓋言佛及祖，皆爲「大覺金仙」。而云自六祖以後，法已不傳，故佛之徒，僅知修性而不修命，但能證解脫之鬼仙，未能得形神俱妙之無上大道；殊不知彼所謂性者，事非眞性，所謂命者，亦乃形質之滓耳。眞能證悟眞如本性，自體本具萬法，所謂命者，咸在其中矣，豈假造作而後得哉！

凡此之論，皆爲成見礙膺，未達諸學之圓極也。窮諸萬變，不出一心，試舉丹道家言，自可明其梗概。張紫陽眞人《悟眞篇》原序有云：

故先聖設教，開方便門，教人了性命以脫生死。釋氏以了性為宗，頓悟圓通，則直超彼岸；如習漏未盡，尚徇生趣。老氏以了命為本，得其樞要，即躋聖位；如未明本性，又滯幻形。………根性猛利者，一見此篇，便知僕得達摩西來最上一乘妙法。如其夙業尚存，自墮中小之見，則豈僕之咎也哉！

原著後序復云：

欲體至道，莫若明乎本心。心者，道之樞也。人能時時觀心，則妄想自消，圓明自見，不假施功，頓超彼岸，乃無上至真妙覺之道也。此道直截了當，人人具足，只因世間凡夫，業根深重，種種迷惑，以致貪著幻身，惡死悅生，卒難了悟。黃老悲其貪著，先以修命之術，順其所欲，漸次導之了道。

又其詩曰：不移一步到西天，端坐西方在目前，頂後有光猶是幻，雲生足下未爲仙。

白紫清《指玄集》中，論藥物、爐鼎、火候，皆是一心，丹道之旨，於斯畢露。三復其吟「金丹」、「冲舉」諸詩，尤爲親切。如：

佛與衆生共一家，一毫頭上現河沙。九還七返魚遊網，四諦三空兔入罝。混沌何年曾結子？虛空昨夜復生花。阿誰鼎內尋丹藥，枯木巖前月影斜。（金丹）

自從踏著涅槃門，一枕清風幾萬年。弱水蓬萊雖有路，釋迦彌勒正參禪。誰將枯木巖前地，放出落花雨後天。兩個泥牛鬭入海，至今消息尚茫然。（冲舉）

凡此之說，僅舉其略。如呂純陽見黃龍而明最後一著子，薛道光遇杏林而成丹，禪定與丹道，又各據爲長短之爭。究爲如何，略復論之。

呂巖真人，字洞賓，京川人也。唐末，三舉進士不第，偶於長安酒肆遇鍾離權，授以延命術，自爾人莫之究。嘗遊廬山歸宗，書鐘樓壁曰：一日清閒自在仙，六神和合報平安，丹田有寶休尋道，對境無心莫問禪。未幾，道經黃龍山，覩紫雲成蓋，疑有異人，乃入謁。值龍擊鼓陞堂。龍見，意必呂公也。欲誘而進，厲聲曰：座旁有竊法者。呂毅然出問：「一粒粟中藏世界，半升鐺內煮山川。」且道此意如何？龍指曰：這守屍鬼。呂曰：爭奈囊有長生不死藥？龍曰：饒經八萬劫，終是落空亡！呂薄訝，飛劍脅之，劍不能入。遂再拜求指歸。龍詰曰：「半升鐺內煮山川」即不問，如何是「一粒粟中藏世界？」呂於言下頓契，作偈曰：棄卻瓢囊摵碎琴，如今不戀汞中金；自從一見黃龍後，始覺從前錯用心！龍囑令加護。（事載《指月錄》）

說者有謂此則公案，疑爲後人所誣。以呂祖之賢，豈必待黃龍方能見道乎？殊不知大道平易，愚者不及，智者過之。呂之工用見地，已臻玄境，唯此向上一路，待黃龍一指方破，蓋亦時節因緣，觸此機境耳。未見黃龍時，正此一著子，見亦見得，明亦明得，用亦用得，只是不能放捨。待黃龍點破而大休大歇去，方見本具之性，不因工夫修證而有增減取捨於其間也，容復何疑！

丹道學者則謂南宗祖師薛道光，雖參禪已悟，不得究竟，乃轉而學道，故謂禪宗只是修性，未得修命之訣，非爲究竟。如云：

紫賢真人，名式，字道源，一字道光，陝西雞足山人也。嘗為僧，雲遊長安，參開佛寺長老修巖，巖示以道眼因緣；金雞未明時，如何沒這音響？又參僧如環，問：如何是超佛越祖之談？環曰：胡餅圓陀陀地。參訊有年，一夕，聞桔槔有省，作頌曰：軋軋相從響發時，不從他得豁然知，桔槔說盡無生曲，井底泥蛇舞柘枝。二老然之。自是頓悟無上祕密圓明法要，機鋒迅速，宗說皆通，積有年矣。一日，復悟如上皆這邊事，辯論縱如懸河，不過是談禪說道，尚未了手。遂有志金丹修命之道，竭力參訪。崇寧丙戌冬，寓郿縣佛寺，適遇杏林（陵）道人石泰得之，時年八十五矣；緣鬢朱顏，夜事縫紉，紫賢密察焉，心竊異之。偶舉張平叔（紫陽）詩句為問？石瞿然曰：識斯人乎？吾師也。……紫賢聞其語，即發信心，稽首皈依，請卒業大丹。得之悉以口訣授之。且戒之曰：此非有巨公外護，易生謗毀，可疾往通都大邑，依有德有力者圖之。紫賢遂棄僧伽黎，幅巾縫掖來京師，混俗和光，方了此事。薛成道後，以丹法授陳楠（翠虛），陳授白玉蟾（紫清），總是南方人，並紫陽、杏林，共五代，所謂南宗五祖也。（《石薛二真人紀略》）

稽此一則公案，薛道光於宗門所悟處，實爲解悟，非力透三關之證悟也。充其極，亦衹於光影門頭，覿面一見，即乾慧勃發，茫無旨歸，復發眞疑，事所必至。若僧如環示以「胡餅圓陀陀地」，爲超佛越祖之言，實爲顢頇般若，於佛祖心印，迴沒交涉。及見紫賢一偈，許以見道，驟加印證，不知其僅在聲色門頭，領會境界而已。紫賢轉而學道，適見其參學之誠，於禪宗無咎！此皆誤於無目宗師，盲人瞎己，與禪宗圓頓旨歸，所距至遠。禪而無師，過復誰屬！石杏林乃直承張紫陽之學，紫陽自稱得達摩無上之訣，紫賢終復入於丹道家傳承之禪矣。

朱雲陽註《悟眞篇》有云：

金者，不壞之法身，丹者，圓成之實相。復云：言其真，則性命在其中矣。以此視世之妄指肉團身中而修性命者，當可猛省。

又：大抵是恐泄天機，不敢直說，故有藥物、爐鼎、火候之法象，有乾坤、坎離、龍虎、鉛汞之寓言。奈何言之愈熖，世人愈加茫昧。孰知真者，即人人具足之真性命也。………篇中種種法象寓言，迷之則一切皆妄，悟之即一切皆真。蓋言真，則性命在其中矣。言性，則窮理盡性以至於命，悉在其中矣。（註《悟真篇》前言）

清帝雍正，以帝王身入道，自命爲禪宗宗師，褒貶諸方，以圓明大覺而自號，獨於丹道張紫陽眞人法語，備加推崇。且其論仙佛之道，尤爲允當。世之言性命雙修者，參究雍正之言，當可知所旨歸矣。如云：

紫陽真人，作《悟真篇》以明元門祕要。復作頌偈等三十二篇，一一從性地演出西來最上一乘之妙旨。自敘云：此無上妙覺之至道也，標為外集。審如是，真人止應專事元教，又何必旁及於宗說，且又何謂此為最上？豈非以其超乎三界，真亦不立，故為「悟真」之外也歟！真人云：世人根性迷鈍，執其有身，惡死悅生，卒難了悟。黃老悲其貪著，乃以修生之術，順其所欲，漸次導之。觀乎斯言，則長生不死，雖經八萬劫，究是楊葉止啼，非為了義，信矣。若此事，雖超三界之外，仍不離乎一毛孔之中，特以不自了證，則非人所可代。學者將個無義味語，放在八識田中，奮起根本無明，發大疑情，猛利無間，縱喪身失命，亦不放捨，久之久之，人法空，心境寂，能所亡，情識滅，并此無義味語，一時忘卻，當下百雜粉碎，覿體純真。此從上古德所謂：絕不相賺者！真人以華池神水，溫養子珠，會三界於一身之後，能以金丹作無義味語用，忽地翻身一擲，拋過太虛，脫體無依，隨處自在，仙俊哉！大丈夫也！篇中言句，真證了徹，直指妙圓，即禪門古德中如此自利利他，不可思議者，猶為希有！如禪師薛道光，皆皈依為弟子，不亦宜乎！刊示來今，使學元門者，知有真宗，學宗門者，知惟此一事實，餘二即非真焉。是為序。（〈雍正御製悟真篇序〉）

雍正一序，所謂金丹大道，與乎禪宗圓頓之旨，皆已回互闡出，而無餘蘊。丹道之學，終入於禪，於茲可證。雖然習丹道者，亦如密宗學人，終執幻形，易滯法執。不若自心法入門，了則透體放下，提則拄杖可依。此中微細差別，學者不能不察也。

丹道入禪，已臻化境。唯禪宗以及佛法諸宗，受老莊道家影響者，亦復不少。如傅大士之偈云：「有物先天地，無形本寂寥，能爲萬象主，不逐四時凋。」此所謂「先天地」，「本寂寥」，非老子之「有物混成，先天地生。」「寂兮！寥兮！」之脫胎乎？昔來宗師，斥狂禪之說，爲「空腹高心」，非取老子之言「虛其心，實其腹」之爲是乎？又若「回光返照」，「無位眞人」等等名言，借引之處，亦至多矣。

雖然，聖賢仙佛，要皆具大悲願，以自覺覺他爲本行。但能救度眾生，解脫苦海，證登正覺，不論其化跡爲何，當勿以門戶之異而興諍訟。唐代仙人譚峭有言曰：

線作長江扇作天　靸鞋拋向海東邊

蓬萊此去無多路　祇在譚生拄杖前

世之學道者，應須速抛靸鞋，急覓拄杖，得失短長，是非人我之見，絕不可縈於胸中。不然，無論學佛學仙，均非用心之所宜矣。

禪宗與理學

中國文化，淵源深遠，周秦之際，百家爭鳴。迨漢武帝尙儒術，諸子百家之流，如百川之匯海，而一尊於儒，皆講習六經，明體達用，於人文政教之道外，初非有標新立異，自命得孔孟心學不傳之祕者。自董仲舒以下，精疏博證，寖成爲訓詁之學，歷代傳習，固無所謂心性理氣等玄妙之旨。時至北宋，儒家之學，忽有理學崛起，謂得孔孟以來心法，大變從來講學之趣，遂成儒家道學一途。儒者之言，別開生面，產生心性、理氣、性情、中和、形上、形下、已發、未發諸問題；初則自分二派（濂洛關閩），後惟朱（熹）陸（象山）是爭。在君子，衹是講明正學，互諍意見之不同，在小人，終竊師儒之道，而成門戶之私，援講學之名，而滋朋黨之禍。乃釀成元祐慶曆二次之黨禁，欲求至善而反流於狹隘，洵足爲學術之悲也。清儒紀昀有云：

儒者本六藝之支流，雖其間依草附木，不能免門戶之私，而數大儒明道立言，炳然具在，要可與經史旁參。（《四庫全書總目提要・子部總序》）

古之儒者，立身行己，誦法先王，務以通經適用而已，無敢自命聖賢者。王通教授河汾，始摹擬尼山，遞相標榜，此亦世變之漸矣。迨托克托等修宋史，以道學、儒林，分為兩傳。而當時所謂道學者，又自分二派，筆舌交攻。自時厥後，天下惟朱陸是爭，門戶別而朋黨起，恩讎報復，蔓延者垂數百年。明之末葉，其禍遂及於宗社。惟好名好勝之私心，不能自克，故相激而至是也。聖門設教之意，其果若是乎！（《四庫全書總目提要・子部・儒家類》序言）

儒家至北宋間，理學之異軍突起，並非偶然之事。一種學術之成衰，必然有其社會環境之背景，及為當時文化潮流所驅使。理學之興，亦循此例。其故為何？可斷言之曰：受禪宗之影響也。

理學之先聲

漢代諸儒，於義理上既無新見地，唯致力於註疏考證，末流餘習，漸趨於詞章小道之學。兩晉以還，天下大勢，繼承平而漸肇變亂，吾國民族文化精神，乃有一新的嬗變。士大夫間談玄風氣，與佛法傳播，同時稱盛。當時學者，以三玄（《易經》《老子》《莊子》）之學爲哲學思想歸趨，已漸疏忽經世之學而趨向於虛渺幽玄之域。自時厥後，西域高僧，如鳩摩羅什等遠來東土，大闡佛法，國中大師蔚起，如道安、道生、慧遠者，皆畢生盡瘁宏法。如慧遠之入廬山結「白蓮社」，一時名士若劉遺民等，皆依習淨業，陶淵明亦時相過從。足見當時智識階級之思想風氣，不免隨政治及社會環境而轉移。迨隋唐之間，王通起而講經世之學於河汾，繼之天下昇平，貞觀間多數文武將相，均出於王氏之門，儒學至此，復臻昌明。

南北朝間，禪宗初祖菩提達摩，已由印度渡海至梁，傳佛心法。至初唐有六祖惠能與神秀者出，南北宗徒，風起雲湧，上至帝王，下及婦孺，靡不涵濡沾被，因之佛教文化，與盛唐治績，並燭寰宇。禪師輩之膺封國師者，屢見不鮮，朝野趨向，風靡可知。憲宗時，韓愈爲迎佛骨一事，上表諫阻，而排斥釋道爲異端之說，於以滋興。其時儒者爲衛道（儒道）而非詆佛法者，不乏其人，然皆不若韓愈之立言激烈。其〈原道〉〈原性〉諸篇之作，實欲高張儒家道統之說，揭儒門之幟，以凌駕於佛老之上。實則受禪宗傳心之影響，而目儒學爲道統一貫之傳。次則，李翺著〈復性書〉闡發性情之說，爲北宋理學濫觴。其後理學崛起，當以韓李之說，啓其端倪。然韓李生平之學術思想，亦終不能自固封畛，絲毫不受佛老影響。亦如南北宋諸大儒，固皆出入於佛老之間，而別倡理學之說。韓愈貶潮州後，常問道於大顛禪師。故其在潮州，有三簡大顛，在袁州時，曾布施二衣。周濂溪題大顛壁云：「退之自謂如夫子，原道深排佛老非。不識大顛何似者？數書珍重更留衣。」《五燈會元》《指月錄》等書，則有記云：

韓愈一日白師曰：弟子軍州事繁，佛法省要處，乞師一語？師良久。公罔措。時三平為侍者，乃敲禪床三下。師曰：作麼？平曰：先以定動，後以智拔。公乃曰：和尚門風高峻，弟子於侍者邊得個入處。

李翺曾屢問道於當時名僧，且數向禪師藥山惟儼問法。金儒李屛山則云：「李翺見藥山，因著〈復性書〉。」《傳燈錄》載之甚詳。

朗州刺史李翺，初嚮師玄化，屢請不赴。乃躬謁師，師執經卷不顧。侍者曰：太守在此。李性褊急，乃曰：見面不如聞名！拂袖便出。師曰：太守何得貴耳而賤目？李回拱謝，問曰：如何是道？師以手指上下。曰：會麼？曰：不會。師曰：雲在青天水在瓶。李欣然作禮。述偈曰：鍊得身形似鶴形，千株松下兩函經，我來問道無餘話，雲在青天水在瓶。李又問如何是戒定慧？師曰：貧道這裡，無此閒家具。李罔測玄旨。師曰：太守欲保任此事，須向高高山頂立，深深海底行，閨閤中物捨不得，便為滲漏。宋相張商英曾頌其事曰：雲在青天水在瓶，眼光隨指落深坑，溪花不耐風霜苦，說甚深深海底行？

按：張頌之意，蓋謂其未見道也。李翺曾受知於梁肅，爲作〈感知遇賦〉。而梁肅爲天臺宗之龍象。《大藏經》中有梁肅之《止觀統例》。〈復性書〉認爲性本明淨，爲七情惑而受昏濁。故爲「制情復性」之言。如云：「人所以爲聖人者，性也。人之所以惑其性者，情也。喜怒哀樂愛惡慾七者，皆情之所爲也。情既昏，性斯溺矣，非性之過也。七情循環而交來，故性不能充也。水之渟也，其流不清。火之煙也，其光不明。非水火清明之過。沙不渟，流斯清矣。煙不鬱，光斯明矣。情不作，性斯充矣。」又云：「性與情，不相無也。雖然，無性則情無所生矣。是情由性生，情不自情，因性而情。性不自性，由情而明。」

張商英之頌，嗤李翺之未見性，顢頇承當，自以爲是，適成其非。觀〈復性書〉之所言，學者謂其含有佛學成分，依梁肅止觀之說，而變易其名辭而作。實則，李氏出入佛學，仍未徹底。誠如李氏之言，性本聖潔，因情生而惑亂，此聖潔淨明之性，何因而起情之作用？豈謂性不自生，因情故明。則情返而性復，復性而當復生情矣。若謂置制此情而後復性，則制之一著，豈亦非情乎？性能自制，情何以生？制亦情生，終非性明自體。此則自語相違，矛盾未定。所以然者，蓋其自未見性，但認得清明在躬，性淨明體者，即爲自性。殊不知此乃心理上意識明了，澄澄湛湛覺明之境，以之言性，謬實千里。明亦性境，情亦性境。此性不住於明暗昏清，亦未離於明暗昏清，則非李氏之所知歟？以此見地，而李氏於《大學》之「至善」，易之「無思也，無爲也，寂然不動，感而遂通天下之故。」均有未徹。後世之言理學者，大抵亦如李翺之徒耶！若有透此藩籬者，皆入於禪矣。

北宋理學之崛起

唐祚既移，歷五代而至宋，禪宗聲教，漸被上下，五家宗派興盛，而與吾國原有政教，並無磨擦。佛法解脫之學，純爲出世，其超哲學之精神領域，墜裂世諦。而大乘之慈悲濟物精神，與聖人王道大同思想，蘄向吻合，功成輔翊，故儒佛之間，融合無間。唯少數偏執之人，篤於守舊，以衛道自任，出而排斥，立言之間，仍不免此疆彼界，比長挈短。此類儒家之激進者，蓋爲韓愈、李翺、歐陽修數人而已。然其所以闢佛者，大抵摭拾形跡，指爲異端，非聖人之教。且力詆其教徒（出家比丘）之棄家披剃，爲無父無君，不忠不孝。然於佛法之中心奥義，固多茫然。

時至北宋，有世所稱五大儒者出，於儒家道學（理學）門庭，創立端緒，學校漸徧於四方，師儒之道於以奠立。學者所謂相與講明正學，自拔於塵俗之中。五人皆並世而生，且均交好，吾國學術思想，遂呈雲蒸霞蔚之觀，故後世謂爲聚奎之占驗。五大儒者：即周敦頤、邵雍、程顥、程頤、張載。厥後，加朱熹、陸象山、呂祖謙，並爲繼往開來南北宋間八大儒。雖中間魁儒碩彥頗多，要以此爲其宗主。八大儒之學說，異同之處，頗多爭論。要皆以祖述堯舜禹湯文武周公孔孟之言，爲聖賢授受一貫之心學，闡明仁義之說，演繹心性之際，爲遠承先聖之道統。與歷來儒者惟知講經註疏之因襲風氣，大相逕庭。其中思想之嬗變，學說之創獲，探其蛛絲馬跡，頗多耐人尋味之處。而其啓導後世道統之爭，門戶之戰者，當非其初心所及也。紀昀於《四庫全書總目提要・子部・儒家類》案語云：

王開祖以上諸儒，皆在濂洛未出以前，其學在於修己治人，無所謂理氣心性之微妙也。其說不過誦法聖人，未嘗別尊一先生號召天下也。中惟王通師弟，私相標榜，而亦尚無門戶相攻之事。今併錄之，以見儒家初軌與其漸變之萌蘗焉。

吾國學術，歷來自儒道兩家並驅以來，至後漢歷南北朝而至唐，突然而有佛家加入，實質漸變，至北宋爲一大轉紐。而承先啓後，一直支配東方學術思想者，亦始終不離儒佛道三家之學。宋代大儒，學者認爲佛化儒家，以禪論道者之領袖如陸九淵，亦公認其事。《象山全集・卷二・與王順伯書》中嘗云：

> 大抵學術，有說有實，儒者有儒者之說，老氏有老氏之說，釋氏有釋氏之說，天下之學術眾矣，而大門則此三家也。

儒家至北宋，八大儒講道論學，而構成理學一派。時之學者，循此一思潮而向前發展，爲數頗眾。發其軔者，厥爲學者所稱之安定（胡瑗）、泰山（孫復）、徂徠（石介）三先生。黃震曾云：

> 宋興八十年，安定胡先生、泰山孫先生、徂徠石先生，始以師

道明正學。繼而濂洛興矣。故本朝理學，雖至伊洛而精，實自三先生始也。（《宋元學案・卷二・泰山學案》黃百家案語引）

此外門戶攻伐，學術異趣，與程朱對立者，厥爲蘇學（即蘇洵父子三人之說）。而蘇東坡、黃庭堅輩於從政以外，爲學途徑，嘗直認遊心佛老門庭而不諱，視一般理學家之高立崖岸，排斥異說，夐然不侔。故於政見之爭外，即學術主旨，亦大相逕庭。而後世正統儒家，以其說之不洽於程朱，亦相與擯之於度外。

所謂承儒家道統之正者，學者皆以程朱並提，夷考其實，則所謂八大儒者，思想學術，殊多不同。二程學於周敦頤，而復自成一系。後之承其的緒者，爲婺學（金華）永嘉二派，變爲史學及事功之途。朱熹之說，初承二程，後復創見頗多，非但不盡同於程學，有時且大異其趣。後賢有謂朱子之學，出入佛老，終爲一道化之儒家，朱子自亦直認與程子意見有不同者。《朱子全集・卷二十三》有云：

伊川之學，於大體上瑩徹，於小小節目上，猶有疏處。

某說大處，自與伊川合，小處卻時有意見不同。

論程朱不同之說者，明末有劉宗周，清代有黃宗羲、紀昀、皮錫瑞，及現代學者何炳松等，皆主此說。

程朱以外，張載有張氏之學，邵雍有邵氏之學，呂祖謙則有呂氏獨特見地，主經世實用之史學，而於朱陸異同，嘗作調和之努力者。而邵雍則主易數之學，迥然不同於眾，但出處仍一準於儒，惟與二程之間，仍難協調。邵氏與程子居處相鄰，交往甚密，但相見雖頻，而不語及於道與學也。朱熹則於其易數之學，大加推重，有異其師承觀念者鉅矣。

儒家理學初興，數十年間，門戶異見，終成攻伐之黨禍者，略陳其梗概如此。內容出入，罄竹書勞。見地未臻圓通，致使末流推盪，愈演愈烈，良用致慨！清初諸儒，重返漢學路線，蓋深有感於此。論者有云：「宋儒好附門牆，明儒喜爭同異，語錄學案，動輒災梨。」紀昀謂其「是率天下而鬭也，於學問何有焉！」又云：

> 門戶深固者，大抵以異同為愛憎，以愛憎為是非，不必盡協於

公道也。（《四庫全書總目提要・史部・傳記類存目・孫承澤益智錄》提要）

理學初興，志在闡明儒家正道，排斥佛老異端之說。孰知出入佛老之間，用以駁斥佛老者，終成爲佛化儒家，或道化儒家。且所立說，排斥佛老者，仍不能摧撼其中心。唯此一相激相盪之局，卻開拓一代學術之領域，以創興理學門庭，洵爲奇特，至其外排佛老則不足，內起戈矛而有餘，卒至於傷殘相及者，則洵爲學術之大不幸焉！

佛化儒家之蹤跡

東方文明，在中國獨有儒佛道三家之說互相異趣而復殊途同歸者，誠非偶然。歷來學者，努力於三教合轍，代不乏人。偏執者，雖互相排斥，博達者，仍力主溝通。其中要以東漢末年《牟子理惑論》爲最早。歷唐宋元明清各代，高僧大德，尤以禪門宗匠輩，燭照群象，洞窮法源，大抵皆淹博世典，出儒而歸於佛。其中之彰明較著者，厥爲北宋名僧契嵩，以沙門立場，大唱佛儒一家之論。永明延壽禪師，在其鉅著《宗鏡錄》中，每引儒老之言，通詮佛法。宋金居士李純甫體道最深，其所議論，常分潤於佛老二家，闡發其蘊義。南宋諸儒受其影響，亦復不淺。《續指月錄》中亦曾載述其事云：

屏山李純甫居士，初恃文譽，好排釋老。偶遇萬松秀和尚於邢台，一言之下，遂獲契證。乃盡翻內典，徧究禪宗，註《金剛》《楞嚴》等經，序輔教原教等論。嘗著《少室面壁記》。略曰：達摩大師西來，孤唱教外別傳之旨，豈吾佛教外，復有所傳乎？特不泥於名相耳！真傳教者，非別傳也。自師之至，其子孫徧天下，漸於義學沙門，以及學士大夫，潛符密證，不可勝數。其著而成書者，清涼得之以疏《華嚴》，圭峰得之以鈔《圓覺》，無盡得之以解《法華》，穎濱得之以釋《老子》，吉甫得之以論《周易》，伊川兄弟得之以訓詩書，東萊得之以議左氏，無垢得之以說語孟。使聖人之道，不墮於寂滅，不死於虛無，不縛於形器，相與表裡，如符劵然。雖狂夫愚婦，可以立悟於便旋顧盼之間，如分餘燈，以燭冥室，顧不快哉！士著述甚多，開發後學，大有功於宗乘。臨終無疾，趺坐合掌面西而逝。（《續指月錄・卷八・「曹洞宗」報恩秀嗣》）

李純甫以居士身，偶遇萬松秀，言下契悟，著述宏化，普及僧俗。若二程兄弟、呂祖謙等大儒，均遜其智量。學者得其片羽吉光，而闡明體道者，事當甚多，皆源流湮沒，師承不彰，殆以李氏中心致學於佛，爲門戶之見所囿耳！《宋元學案》原列屏山之學爲殿，後儒疑其學無師承，并予刪去，益見其淺陋也。

初期理學大儒周敦頤，著《太極圖說》啓發諸家思想，厥功甚巨。而濂溪（敦頤）曾師事鶴林寺僧壽崖，得《太極圖》，自加闡說。此圖原出於道家之陳圖南（陳摶），本原易理，滙通儒道之產品。僧壽崖得而藏之，以授濂溪，不啻還其故物。故濂溪之受學，不能無絲毫之影響，世傳濂溪參禪於黃龍南，問道於晦堂，謁佛印、了元於歸宗。《太極圖》經此三家授受，其思想必有會三爲一之旨，況南北宋百餘年間，正禪宗鼎盛時期，名匠如林，士庶爭趨，其間之思想溝通，錯綜互攝者，尤屬顯而易見。

宋至南渡以後，儒家外排佛老之事，已成習見之舉。然惟見之於思想上之攻擊，尚無實際上之行動。其朱陸門戶之爭，則勢成水火。自佛教中人視之，則一任其自然發展，不惟不加抨擊，且常疏釋理實一致之說。南宋禪師如名震一時之大慧杲，繹其言行，力主息爭。杲師於南渡以後，詔主徑山法席，門下問道者，達官名士，博學鴻儒至多。秦檜忌其與岳飛、張九成等交往，貶之衡陽十年，復移梅陽五年。而僧俗間關相從，常至數千。其論儒佛一致之言，往往超人意表。如云：

博極群書，只要知聖人所用心處。知得了，自家心術即正，心術正，則種種雜毒，種種邪說，不相染污矣。

為學為道一也，為學則未至於聖人，而期以必至。為道則求其放心於物，物我一如，則道學雙備矣。（示莫潤甫）

予雖學佛者，然愛君愛國之心，與忠義士大夫等。但力所不能，而年運往矣！喜正惡邪之志，與生俱生。永嘉所謂：假使鐵輪頂上旋，定慧圓明終不失。予雖不敏，敢直下自信不疑。（示成機宜季恭）

杲師之時，朱陸之爭方盛。「尊德性」與「道問學」方興未艾。杲師以片言匡救而成之。至其忠君憂國之言，原非爲辯護佛教徒之無父無君，不忠不孝而發，實杲師之目擊時艱，惻然心憫，爲佛門吐其不平之氣。大權應化，固應如此。觀其辯三教一致之主張，尤爲明顯。如云：

士大夫不曾向佛乘中留心者，往往以佛乘為空寂之教，戀著這個皮袋子。聞人說空說寂，則生怕怖。殊不知只這怕怖底心，便是生死根本。佛自有言，不壞世間相而談實相。又云：是法住法位，世間相常住。《寶藏論》云：寂兮寥兮！寬兮廓兮！上則有君，下則有臣，父子親其居，尊卑異其位。以是觀之，吾佛之教，密密助揚至尊聖化者亦多矣！又何嘗只談空寂而已！如俗謂李老君說長生之術，正如硬差排佛談空寂無異。老子之書，原不曾說留形住世，亦以清淨無為為自然歸宿之處。自是不學佛老者，以好惡心相誣謗爾，不可不察也。愚謂三教聖人，立教雖異，而其道同歸一致，此萬古不易之義。然雖如是，無智人前莫說，打你頭破額裂。（示張太尉書）又云：

在儒教，則以正心術為先。心術既正，則造次顛沛，無不與此道相契。前所云：為學為道一之義也。在吾教，則曰：若能轉物，即同如來。老氏則曰慈，曰儉，曰不敢為天下先。能如是學，不須求與此道合，自然默默與之相投矣。佛說一切法，為度一切心，我無一切心，何用一切法？當知讀經看教，博及群書，以見月忘指，得魚忘筌為第一義，則不為文字言語所轉，而能轉得語言文字矣。（示人）

南北宋間之名僧古德，世稱宗門大匠者，其講論主張如此。而儒家學者，往往先多問道受學其間，啓發新機，歸溫故物，使東土聖人言教，昔疏難明者，今乃煥然大彰。奈何始終局於門戶之見，不得不於佛法故作貶辭。

惟佛教之智者則不然，如元代禪師高峰中峰師弟，於三教一致主張，尤爲著力。明代憨山大師，學通墳典，常以佛理疏註學庸老莊。藕益大師則以易義釋禪，固無所謂內外之見，橫梗於胸，而避諱之也。近代之印光法師，則常以儒理詮佛，可稱卓識。梁武時之傅大士，據《五燈會元》記載中有云：

傅大士一日披衲頂冠靸鞋朝見。帝（梁武帝）問：是僧耶？士以手指冠。帝曰：是道耶？士以手指靸鞋。帝曰：是俗耶？士以手指衲衣。

四朝儒者以道統自命之理學家，乏此包羅萬象之量。否則，不入於佛，即入於道，卻爲儒者所斥。唐宋間較爲彰著者，如裴休、房融、富弼、趙抃、王安石、蘇東坡、黃山谷、陸游、張商英、楊大年輩，皆遊心禪觀。影響所及，歷代之文人學士，凡其著作，以具有文字禪之雋永有味者爲高。理學家講學，亦多剿襲禪師輩之法語。北宋以前諸儒，著述流傳，一仍舊貫。自理學家興，動有「語錄」、「學案」，以綿其世澤，大反昔儒方式，蓋多取則於禪宗也。禪師輩平生法語，門弟子記載之者，統稱「語錄」，且皆爲當時之平實語體，不事藻飾。凡其致力體道，參究事跡，記述之者，統稱曰「公案」。宗門之「語錄」、「公案」，搜羅至廣，儒者學之，以產生「語錄」、「學案」之體例，復擷其精華，詡爲創見，自張門戶，以遂其推排，殆不足法。若趙抃以北宋名臣，高風亮節，昭垂史冊，並未嘗以學佛爲諱，《指月錄》載其事云：

清獻公趙抃，字閱道。年四十餘，擯去聲色，繫心宗教，會佛慧來居衢之南禪，公日親之。慧未嘗容措一辭。後典青州，政事之餘，多宴坐。忽大雷震驚，即契悟。作偈曰：默坐公堂虛隱几，心源不動湛如水，一聲霹靂頂門開，喚起從前自家底。慧聞笑曰：趙閱道撞彩耳！公嘗自題偈齋中曰：腰佩黃金已退藏，個中消息也尋常，世人欲識高齋老？祇是柯村趙四郎。復曰：切忌錯認！臨終遺書佛慧曰：非師平日警誨，至此必不得力矣。

趙閱道進士及第，累薦殿中侍御史，彈劾不避權倖，京師目為「鐵面御史」。知成都，匹馬入蜀，以一琴一鶴自隨，擢參政知事。王介甫用事，屢斥其不便，乞去位……以太子少保致仕，卒年七十七。他如此類之儒者尚多，未盡據引。

老氏有言：「爲學日益，爲道日損。」日益爲「道問學」，日損爲「尊德性」。「道問學」須廣其知見，「尊德性」須放心曠寂。放心必要空其所有，廣知見則須實其所無。日益不已，則自我偉大之見愈高，宋儒之大抵陷於此微細習氣者，殆不自省耳！若蔣山元禪師之於王安石，直規其過，可謂理學家共通之病。《指月錄》載云：

荊公原與蔣山元禪師，少時遊如昆弟。荊公嘗問祖師意旨於師，不答。公益扣之。師曰：公般若有障三，有近道之質一，更一兩生來，或得純熟。公曰：願聞其說？師曰：公受氣剛大，世緣深。以剛大氣，遭深世緣，必以身任天下之重。懷經濟之志，用舍不能必，則心未平。以未平之心，持經濟之志，何時能一念萬年哉？此其一。又多怒，此其二。而學問尚理，於道為所知愚，此其三。特視名利如脫髮，甘淡泊如頭陀，此為近道。且當以教乘滋茂之可也。公再拜受教。及公名震天下，無月無耗，師未嘗發現。公罷政府，舟至石頭，入室已三鼓。師出迎，一揖而退，公坐東偏，從官賓客滿座。公環視問師所在，侍者對曰：已寢久矣。公結屋定林，往來山中，稍覺煩動，即造師相向，默坐終日而去。公弟平甫，素豪縱，但甚畏師。請問法要，師勉為說之。……且戒之曰：申公論治世之法，猶謂為治者不在多言，顧力行何如耳？況出世間法乎！

儒者論心性之學，原非所尚，紀昀論之甚力。宋代理學，統由禪宗蛻變而來。南宋以來，朱熹集理學之大成，而其立論，頗多躲閃。朱氏雖繼承程門，而於堯夫（邵雍）之數理，張載之性氣二元之說，濂溪之「太極圖」，彼此常爲畛域者，朱氏皆並宗之。復嘗於武夷山中，與道家南宗祖師白紫清（玉蟾）交往頗切，欲隨之學道而不得請。且化名崆峒道士鄒訢，註《參同契》。紀昀曾力證其事。有曰：

殆以究心丹訣，非儒者之本務，故託諸廋辭歟？考《朱子語錄》論《參同契》諸條，頗為詳盡。年譜亦載有慶元三年，蔡元定將編管道州，與朱子會宿「寒泉精舍」，夜論《參同契》一事。文集又有蔡孝通書曰：《參同契》更無罅漏，永無心思量，但望他日為劉安之雞犬耳云云。蓋遭逢世難，不得已而託諸神仙，殆與韓愈貶潮州時邀大顛同遊之意相類。（《四庫全書總目提要・子部・道家類・朱子撰周易參同契考異》按語）

復次：明代大儒如王陽明，亦初習佛法天臺止觀，且曾於定中得相似神通，後復失之。又三度求道於道人蔡蓬頭，不遂而罷。終成一代儒宗，《王文成公年譜》〈辛酉事〉有云：

先生錄囚，多所平反。事竣，遂遊九華，作〈遊九華賦〉，宿無相化城諸寺。是時，道者蔡蓬頭，善談仙，待以客禮，請問，蔡曰：尚未。有頃，屏左右引至後亭，再拜請問，蔡曰：尚未。問至再三，蔡曰：汝後堂後亭，禮雖隆，終不忘官相！一笑而別。聞地藏洞有異人，坐臥松毛，不火食，歷巖險訪之，正熟睡，先生坐旁撫其足。有頃醒，驚曰：路險何得至此？因論最上乘。曰：周濂溪、程明道是儒家兩個好秀才。後再至，其人已他移。故有會心人遠之嘆！

宋明諸儒，固皆出入佛老，尤多取自禪宗，而復排斥之者。而究之取者或爲糟粕，捨者皆爲精華，其見地誠多罅漏！近世梁啓超評之甚當。萬有文庫《清代學術概論（三二）》（梁啓超著）中有云：

唐代佛學極昌之後，宋儒採之，以建設一種「儒表佛裡」的新哲學；至明而全盛。此派新哲學，在歷史上有極大之價值，自無待言。顧吾輩所最不慊者，其一：既採取佛說而損益之，何可諱其所自出，而反加以醜詆？其二：所創新派，既非孔孟本來面目，何必附其名而淆其實？是故吾於宋明之學，認其獨到且有益之處確不少；但對於建設表示之形式，不能曲恕；謂其既誣孔，且誣佛，而並以自誣也。明王守仁為茲派晚出之傑，而其中此習氣也亦更甚；即如彼所作《朱子晚年定論》，強指不同之朱陸為同，實則自附於朱，且誣朱從我。又云：

進而考其思想之本質，則所研究之對象，乃純在昭昭靈靈不可捉摸之一物；少數俊拔篤摯之士，曷嘗不循此道而求得身心安宅，然效之及於世者已鮮；而浮偽之輩，摭拾虛辭以相夸煽，乃甚易易；故晚明狂禪一派，至於「滿街皆是聖人」，「酒色財氣不礙菩提路」，道德且墮落極矣。重以制科帖括，籠罩天下；學者但習此種影響因襲之談，便足以取富貴，弋名譽；舉國靡然從之，則相率於不學，且無所用心。故晚明理學之弊，恰如歐洲中世紀黑暗時代之景教。

禪宗與理學之淵源

兩宋學術，既受禪宗影響而興，其工夫見地，又不能深入禪宗心法之奧，燈分餘焰，以立理學一門，而成一家之言；其來龍去脈，略如上述。若其講明心性之理，參究天人之際，罅漏至多，不及詳矣。清初諸儒，如黃黎洲、顧亭林、李二曲、顏習齋、王船山輩，以遭逢世亂，鑒於宋明諸儒空疏迂闊之弊，力圖矯正；以四朝之「平時靜坐談心性」，無補時艱者，欲悉舉而反之。且目宋明諸儒，均爲怪物，若談虎而色變者然，亦已過矣。以學術而言學術，但論其內容之價値，至措之以收效於治平，而非治學者之責；衡之史乘，千百年間，學爲聖賢仙佛者，代不乏人，而治臻上理，比隆前古，反多不覯，此豈爲學者所能悉任其咎乎？

無論理學家學術思想之造詣如何，其一己之律己持躬，大都淡泊自甘，不求溫飽，善惡之際，辨別尤嚴，巖巖行履，深有合於佛家之大乘行道，或同於比丘之戒律精嚴者，此皆足資矜式。宋末如文天祥，雖未標於理學之門，然觀其所作〈正氣歌〉，足爲其人格之崇高代表，從容就義，殉道以終，非學究天人之際者，其孰能之？明代如王陽明之功業彪炳史冊；此外，如李二曲、黃宗羲、顧炎武輩，其學養多從理學中陶冶而來，以成其充實光輝之美；故理學之陶鈞萬類，鼓鑄群倫，其功實不可及。

綜觀理學之整個體系，可析爲一大綱，兩宗旨，三方法；一大綱者，要使學問與道體合一，至於「極高明而道中庸」，此爲朱陸及各派之所同；兩宗旨者，即朱子以「道問學」爲尙，陸子以「尊德性」爲主；「道問學」須多識前言往行，以博識宏文爲務；「尊德性」則以體會得心性本然，則本立而後道生，其餘皆在其中矣，此朱陸之所以異也。然其宗皆雖異，但皆主張從用工夫入手，至用工夫之方法，則有主「敬」、主「誠」、主「靜」之不同；不論其用工夫方法以何者爲是，而此所稱用工夫之實，稽之先儒，均乏前軌，語孟之教，未嘗及斯，《大學》所舉之止、定、靜、安、慮、得之次第，不過提示其要略耳。夫用工夫之說，本起源於佛法中之禪定，唐宋間禪宗之輩，不論僧俗，統皆於此致力，儒者效之，乃倡致學之道，必須於靜中養其端倪，所謂「主敬」、「存誠」，皆止靜工夫之一端耳。禪定所詣，差別多途，毫釐有差，謬隔千里；況禪定之極，僅爲佛法中一種「定解脫」之學，至於「慧解脫」，則當尤有進焉。理學儒者於靜定工夫，確有一番心得，但論其極致，大抵至於初禪二禪境地者爲多，若言聖凡迴脫，如肇法師所云：「能天能人者，豈天人之所能。」非其所詣矣。禪宗三祖有言：「纔有是非，紛然失心。」理學家者，尤皆未脫此一圈套，如能進而超越乎此，則兩宋理學，當別有一番面目矣。

宋明諸儒之論心性、理氣、性情、中和、形上、形下、已發、未發之理，皆有其獨到之處，故認心身性命之學，宇宙萬有本體之元，都已透徹見到，祇從此一理上出發，未免有草率之嫌。充其所學，祇是心理學上最高修養，使妄心意識，磨礱乾淨，留個蕩蕩無礙，清明在躬，即認爲是妄心淨盡，天理流行，衡之唯識家言，正是澄明湛寂之處，尚爲第七末那識（意根）窠臼也。以言禪宗門下，正好痛喫辣棒，此中理則，比引繁多，姑置毋論。

以去人欲之私，存天理之正，爲理學家修養之鵠的，如程明道云：「天理二字，是我自家體貼出來。」程伊川云：「人只有個天理，卻不能存得，更做甚人。」周敦頤主「誠」，平生以默坐澄心，體認天理。伊川及朱晦庵（熹）則主「敬」，上蔡之「常惺」，龜山主「靜」中觀喜怒哀樂未發前，作爲氣象。和靖之使其心收至不容一物。雖皆精闢獨到，要之不外乎有個澄澄湛湛境象，都是識陰區宇，若到禪宗門下，首須痛棒一頓，教令放下，直叫大死一番，貶軋得無地可容，而後轉身一路，方可認得從來門戶；若此之不落凡情，即取聖量，尙非知解宗徒所取，以言證悟，戛戛乎難矣。以此而論宇宙萬有本體，終不外以思量分別之心，從我此心內之宇宙，比擬萬有之宇宙，以推測其似，非究竟之理也。禪宗心法則超於是；故理學家言，若引之哲學思想範疇，則有可取，謂其進乎道矣，實爲大有問題。

明儒王陽明，遠紹陸象山心法，世稱其已近於禪，其著名之四句教，爲畢生學術思想中心，至有以之與禪宗心法並提者，實則大誤。四句教云：「無善無惡心之體，有善有惡意之動，知善知惡爲良知，爲善去惡是格物。」若心之體，本無善惡，則此體爲一廢物，意動而忽生善惡，此善惡之來，純出無根，而其於心體兩不相關，何須爲善去惡；爲善去惡又與心之體有何關係？縱不爲善去惡，心之體亦自無善無惡也，此其誤一。心既有體，在善惡之意未動以前，非絕無善惡，爲潛伏於體中耳；此心可稱之曰性善，亦可稱之曰性惡；因善惡兩俱潛伏。如心之體，在意未動前，是淨明無過；則應準《大學》之義稱之曰「至善」；否則當用荀子之意，稱之曰「本惡」；何得言無善無惡。無與有乃相對意義，各代表絕對之詞；天下之無，何能生有，既認有心之體，而云無善無惡；於辯正名辭上，不免過失；不若以「無」易「非」之爲有當矣，此其誤二。四句教中，爲學得力處，祇是一個「知」字；「良知」得辨其善惡、是以用爲善去惡工夫，返此動意之初；如返之於無，則終成一個廢物，明此心性何用？最不解者，此「知」之一字，又從何處生起？「良知」若從心體自生，心體絕非無物，「良知」若從外來，於心體絕無交涉；況此一知者，爲是意動，爲非意動？若爲意動，落在善惡中矣；若非意動，「知」之一字，即爲心之體，何云無善無惡爲心之體，此其誤三。陽明以一代儒宗，其四句教綱領，大誤如此，世不之察，推爲心性理學之極則，殊爲識者所惜！儒師針石老人者，嘗爲文辨之，論說頗當。大慧杲禪師有言曰：

而今學者，往往以仁義禮智信為學，以格物忠恕一以貫之類為道；只管如博謎子相似；又如眾盲摸象，各說異端。釋不云乎！以思惟心測度如來圓覺境界，如取螢火，燒須彌山，臨生死禍福之際，卻不得力，蓋由此也。楊子曰：學者所言復性，性即道也。黃面老子云：性成無上道。圭峰云：「作有義事，是惺悟心，作無義事，是狂亂心；狂亂由情念，臨終被業牽，惺悟不由情，臨終能轉業。」所謂義者，是義理之義，非仁義之義；而今看來，這老子亦未免析虛空為兩處；仁為性之仁，義乃性之義，禮乃性之禮，智乃性之智，信乃性之信；義理之義，亦性也；作無義事，即背此性，作有義事，即順此性，然順背在人，不在性也；仁義禮智信在性，不在人也；人有賢愚，性即無也；若仁義禮智信在賢而不在愚，則聖人之道有揀擇取捨矣；如天降雨，擇地而下矣。所以云：仁義禮智信，在性不在人也；賢愚順背在人，而不在性也。楊子所謂修性，性亦不可修，亦順背賢愚而已矣；圭峰所謂惺悟狂亂是也，趙州所謂使得十二時，不被十二時使也。若識得仁義禮智信之性起處，則格物忠恕一以貫之在其中矣。肇法師云：能天能人者，豈天人之所能哉！所以云：為學為道一也。（示人）

儒者之見，若能進而體會於善惡、心物、理氣之外，打破漆桶，則知佛出世入世之言，與乎心性「修齊治平」之道，悉在其中，何被滯於化跡，析虛空爲兩橛哉！

理學與禪宗之異同

宋興七十餘年，學術黯淡，至安定、泰山、徂徠、古靈興起，始以師儒之道明正學，而范高平（仲淹）、歐陽廬陵（修）實左右培掖以成。逮仁宗末年，五大儒並世而生，理學門庭，於以建立；厥時禪宗聲教，正方興未艾也。

百源（邵雍）濂溪之學，皆源出道家。宋初道士陳摶之《先天圖》四傳而有百源，衍爲象數術之宗主；《太極圖》亦三傳而有濂溪，濂溪復於僧壽崖處得先天地偈，乃互參而明性命之理，二程於此二者，素皆不喜。橫渠（張載）之學，主於論氣，以變化氣質爲窮理盡性、至命之道；及朱晦庵則統集諸說，以集其大成。陸象山有謂其學無師承，有謂其源出上蔡（謝良佐）；後有謂學於僧德光。至若洛（伊川）學後人，多歸於佛；程門高弟，如薦山（游酢）等終入於禪；橫浦（張九成）實問道於大慧杲禪師，而識旨歸，此皆顯明可徵者，餘猶未盡。百源之學，純出道家外，諸儒初皆出入佛老固無疑矣。

在儒言儒，宋代理學，自有二程出，方揭示宗旨而立門戶。其初如高平之《潛虛》，百源之《皇極經世》，濂溪之《太極圖》，固皆宗於易學象數，以窺天人之祕者。迄濂溪之通書始括語孟學庸之要，以闡述性命根源。同時橫渠著《正蒙書》與《東西銘》，以訓示學者，理學根基，實植於此。諸儒之學，要皆宗於孔孟，匯於五經方爲其道統之正者。

而宋代諸儒，大抵於禪道之學，有所參悟，方得啓發其眞知，祇可論其成分多少，實不能別其參襍有無。蓋自唐代禪宗興盛以來，道家學術，亦受其影響，而起一大變，融會圓通，大有人在，亦學術潮流之必然趨勢也。及宋代禪宗特盛，禪師兼通儒學，以佛理說《中庸》《周易》及老莊之學者，著述頗多。而佛學說理，採用名言，多有取於儒書，固皆參研啓發互資證明。儒者參禪，一變而有性理之學產生，實亦時會使然。其後之闢佛誹禪者，皆囿於道統觀念，限於社會風氣。而明達之士，猶多緘默。綜其原因，厥有二者：一、爲學目的與方法之不同。二、見地造詣之不同。儒者爲學目的，學究天人之際，而以立人極（人本位）爲宗；故學須致用，用世而以人文政教，爲儒者之務；故以「誠意」「正心」「修身」「齊家」「治國」「平天下」爲入世準繩。佛學目的，以學通天人造化，但初以立人極爲行道鎡基，終至於超越人天，出入有無之表，應物無方，神變莫測。故以佛之徒視儒者，猶爲大乘菩薩道中人；而以儒者視佛，則爲離世荒誕者矣。復次，儒者爲學之方法，以「閑邪存誠」「存心養性」「民胞物與」盡其倫常之極爲歸。佛者則以不廢倫常，但盡人分爲入道之階梯；形而上者，尤有超越形器世間之向上一路，則非儒可知矣。有善喻者曰：譬如治水，儒者但從防洪築堤疏導爲工，佛者更及於植樹培壤等事宜。遠近深淺，方法迥異，此其爲學目的與方法之不同者一也。儒者出入於禪道，從誠敬用工入手，於靜一境中，體會得此心之理，現見心空物如之象，即起而應物，謂「內聖外王」之道，盡在斯矣。而禪者視此，充其極致，猶只明得空體離念之事（亦可謂之但知治標），向上一著，大有事在（方可謂之治本）。而儒者於此，多皆汎濫無歸也；若有進者，如洛學後人、象山門人，多遯入禪門矣。此其見地造詣之不同者，二也。至如理學而至於如狂禪一流，此皆二家所病詬，何獨有於禪哉。

伊川十字之教云：「涵養須用敬，進學在致知。」又以「敬」與「致知」之不可分，云：「入道莫如敬，未有能致知而不在敬者。」「誠，然後敬，未及誠時，卻須敬而後能誠。」「君子之遇事無巨細，一於敬而已。」「唯上下一於恭敬，則天地自立，萬物自育。」「所謂敬者，主一之謂敬，一者，無適之謂一。」故其工夫從敬入手，而主於專一；而其所謂一者，無適無莫之謂；即實此意念，而無一物存胸之境也，以此起而應物用世，則近於道矣。孰知至此，但爲佛法之見空，禪宗之初悟一著子也。伊川又云：「性即理也」，且單提理字，又云：「天之賦與謂之命，稟之在我謂之性，見於事業謂之理。」「自理言之謂之天，自稟受言之謂之性，自存之人言之謂之心。」於此而見伊川之言心者，即指此意識心也。由誠敬入手，至於主一，而無適也，無莫也，即明此心。明此心而體會天命、性理，皆具於我矣。具於我，乃有諸己也，要須保任得，應用得，如明道所言：「有諸己，只要義理栽培。」理學家明體而達用，未有出此藩籬也。故晦庵嘗曰：「纔主一，便覺意思好，卓然精神，不然，便散漫消索了。」又云：「以敬為主，則內外肅然，不忘不助，而心自存。」「整齊收斂這身心，不敢放縱，便是敬。」「當使截斷嚴正之時多，膠膠擾擾之時少，方好。」「惺惺乃心不昏昧之謂，只此便是敬。」凡此皆近習禪定，於靜中體會得一念在，清明之象也。靜坐之說，則始於洛學，靜非冥然無知之謂。故曰：「所謂靜坐，只是打疊心下無事，則道理始出，今人都是討靜坐以省事，則不可。」乃主動中靜中，都須用工夫，及會得道時，亦有同於參禪者之初悟境象。如趙寶峰（偕）讀《慈湖遺書》，靜然省悟，有見「萬象森羅，渾為一體。」曰：「道在是矣！何他求為！」理學家見地，類皆至此為極。見此之後，發為聖解，析理出語，迥然超群者，蓋儒者得文字便宜，由此而發知解，不可一世矣。

象山一脈，世稱為佛化儒家，乃理學之禪者，但亦祇認得此心。陸門巨子，甬上四先生中，有袁潔齋（燮）者，象山教以直指本心，初未之信，一日，始豁然大悟，筆於書曰：「以心求道，萬別千差，通體吾道，道不在他。」又曰：「大哉心乎！與天地一本。」「道不遠人，本心即道。」「人生天地間，所以超然獨貴於物者，以是心耳，心者，人之大本也。」其於心法所明者若此，亦衹明得吾人心中這一著子也。復如楊慈湖（簡）謂「人心自明，人心自靈，意起我立，必固礙塞，始喪其明，始失其靈。」學者稱其言直截洞徹，謂慈湖以不起意爲宗，復議其爲禪。若以不起意與禪之「無念」爲宗，相提並論，無怪儒者所知之禪，止此而已，其於佛也，禪也，實未夢見。故謂理學家之見地造詣，衹明得意識心念清淨，起而應用爲極則，其於用工夫，則只入於冥坐澄心之途，餘猶非所及。

至於立言懸解，如濂溪之《太極圖說》，「實足以闡性命之根源，作人生之準則。」當之無愧。明道之《定性書》，價值亦足千秋。橫渠之《西銘正蒙書》，闡說「民胞物與」同體之理，無欲之仁實云至矣，固亦可爲禪者之參考也。宋元明清四朝理學，要皆不能超越於此，若治平事業之說，義不干此，所不及論。

儒家至宋而有理學崛起，遠邁往昔，傳述千秋，至爲盛矣，固爲其治學精嚴，足堪淑世。而儒者有碩德崇望，大抵皆得居高位，學以致用，以立身廊廟，以行道要務，實亦有政治之栽培使然也。若禪宗雖亦有依附於帝王卿相，爲之倡率，大致皆由民間自由推戴而成，價値重輕，亦有軒輊。至於理學末流於空疏迂闊，禪宗末流於知解狂禪，亦勢所使然，可謂同病相憐者也。今而後，禪亦以學名，禪亦理之禪矣；二家志士，固當勗之。

佛道儒化之教

儒佛道三家學術思想，二千餘年間，跡雖相距，理常會通；外則各呈不同之衣冠，內容早已匯歸一途，共闡眞理。嘗謂三家學術，論其端緒，則各有偏重。所謂偏重者，第言其入門途徑之所取尙，非謂整體皆然。如儒家則偏重倫理，留心入世，善則有俠氣，弊易入霸道。佛家則偏重心理，志求解脫，善則無可非議，弊則流於疏狂，而皆以心法入門，超拔精神進於「形而上」者。道家則偏重生理，從形質入門，善則出神入化，弊則易落私吝，而亦終外形器，而達「形而上」者。入門方法既有不同之等差，故爲學爲道之始，不期然而見偏重之異跡，及其終皆歸於道。佛說「一切賢聖，皆以無爲法而有差別。」旨哉言乎！「會萬物於己者，其唯聖人乎！」故爲學爲道之極致，皆以「無緣慈」、「同體悲」而興「民胞物與」之思，此皆三家之同一出發點也。

歷來三家之徒，欲調和偏執而會歸一致，代不乏人，然終不能化其跡象；蓋亦如形器名相之難脫也。明社將屋，有「理教」者崛起山東，仿元代「全眞教」之跡，而成新興宗教之一門，風行草偃，徧及南北，尤以北方爲盛。理教之爲學爲道，一則爲化易人心，一則爲保存民族正氣，雖不足語正大之宗教，實亦有可取之處。且其滙合三教，宗奉一尊，爲「聖宗古佛」（即觀世音菩薩），而以四維八德爲入德戒持之門，工夫日用，則以道家之修煉爲法則；教以理名，即儒家理學之義，「理即是道，道即是理，理外無道，道外無理。」理學至有「理教」產生，遂化佛道之跡，而別成一教矣。

「理教」創至崇禎末造之楊來如（教中尊稱爲羊祖，或楊祖。）登進士第時，適逢李自成、張獻忠之亂，繼遭亡國之痛，乃歸里養親，日誦觀音聖號及諸佛經，效善財童子之五十三參，自稱得感悟而成道。出而度世，終清之季，徧及朝野，風行南北，自爲應此一時代之機而勃興者。

乾嘉間，西蜀雙流，有劉沅（字止唐）者出，初以博學鴻儒，不獵功名，歸而學道，相傳得老子親傳，居山八年而成道。以儒者而兼宏佛道之學，著作等身，名震當世，世稱其教曰「劉門」。長江南北，支衍甚多，而尤以閩浙爲盛；其學以「沉潛靜定」爲旨，工夫口訣，採於道家，說理傳心，皆撮三教之長；而其實質，亦爲儒化佛道之另一教門，雖其標榜爲調和三家之業，然亦「斷崖無路祇飛梯」耳。

心物一元之佛法概論

佛法言心，厥有二義：一指妄念意識之心，亦曰妄心。一指如來藏性之心，亦曰眞心，復名爲性。此二義之所示，研習佛法者，首當抉擇；須視其經文全部教理，而審辨其所標之義別。若斷章取義，以偏概全，則佛法與近代心理學所不同者幾希。故視佛法爲唯心論者誠誤矣；然則，同於唯物論乎？斯尤誤矣，蓋佛法認心物二者，皆一體所生之用，亦即一元之二面也。故禪宗古德之言性，有時曰：「即心即佛」，有時曰：「不是心，不是物，亦不是佛。」以人智易執，一落言詮，即便迷頭認影，故須種種巧設權言，以透脫滯見，獨露眞如。《楞嚴經》云：「不知色身外洎山河大地，咸是妙明眞心中物。」唯識概八識於心王，第八阿賴耶識，含藏宇宙萬有心物之種子，皆標明佛法之言心，即謂心物一元之體性。又曰：如來藏性。亦曰：眞如。如者，如其眞耳，非離諸妄以外，而別有一眞如獨立常存。苟其若此，則眞如爲常，常見者，佛所呵斥。蓋眞與妄對，凡有對待，眞亦成妄，同遣眞妄對待二邊之見，故曰眞如，乃無以名之強立之名也。

本體之性，心物一如。寂然空淨，能生萬法。所謂法者，概心物等一切之理事而言。故謂自性具足一切法，不因修證而有增減，不因聚散而有生滅，不因動靜善惡而有淨染。雖能生萬有，而不隨萬有遷流，故生生不已而實無生。萬有雖滅而不隨之斷絕，故生滅輪旋而終無生滅處。夫既寂然不動，從何而得萬有之生滅往來？蓋體性功能，本然運行不息；運行者，體性無始功能之力，亦曰風，亦曰氣，而非習知之風與氣，故以功能之力言。功能之力，運行不息，常寂而常動。空寂之性，性自功能，無有主宰之者。唯動靜二方，互爲循環，運動發光。光明常寂而常照，明照極而暗生，明暗代謝，亦如動靜之往復，皆爲體性功能性自本然之力。光與熱俱，光熱熾然，電磁物質之極微，涵絪而成，熱極而爲溶液。復隨力與光、熱、電磁、液體等物之互相化合，地質物質，於以形成。故謂萬有之成，非自然而有，乃因緣所生。因緣者，多種生元之互爲化合也。唯體性功能，既非自然，又非因緣所生，能生萬有者，非萬有所能。非生因之所生，乃自性之所現。故力者光電等之互爲化合，萬有得以滋生，天地由是乎分。然此地質物質總依虛空而住，虛空猶爲體性功能之一現相，空間無際無量無邊，與體性合其寂然。而虛空非即體性，乃眞如本然一相也。

於體性寂然空淨之中，含有一靈明妙覺之知性。性淨妙明，含裹十方，光耀獨朗，能用於物，非物所容。靈明之光，爲常寂無相之光，不倚物而常存，及其起用，須依物而相應。雖靈光獨耀，而與體性功能力之運行，同其動靜明暗，循環往復，運動力強；強力妄行，動極生亂，則靈明覺知，變易爲動亂之無明矣。無明者，變易其明而不明也，雖然無明，而其爲靈知之性光者一也。徇無明以依附於物體，帶質而生我人之生命色身；身之生理，與物理同其工用，心之性理，則不同於物而異於本性之妙明寂淨矣。然所謂異者，變異也，若力能反此變異，雖動而固常靜，雖明暗生滅而不失其靈明妙覺，雖依附於物而常離，則復于體性寂然之功能，至此則靈光獨耀，迥脫根塵矣。迥脫根塵者，非物所能拘也。而體性功能者，以空爲體，其起用也，以萬有一切之用爲用，以一切相爲相，本即空寂，故靈明妙覺亦空寂，物亦空寂，雖有相之與用，皆一時間空間上之偶然緣合。故萬有之有，乃一時假聚化合而有，非有一常存者。唯體性能生空有，而非空有之所能。故曰：「緣生性空，性空緣生。」妙矣哉！誠非心思口議所可及矣。

佛法於體性之頌名別號甚多，略舉如曰「眞如」，以其眞而復如；如曰「涅槃」，狀其寂然本淨而圓寂；曰「法身」，爲體性之自身；曰「如來藏」，表其含藏萬有而本無去來；又曰「般若」，示靈明妙覺本空之靈知。凡此之類，異名羅列，皆體性一心之多名也。異學立爲別名，尤多不勝收，如涵義同斯，則皆一法之所印，等無差別，否則，概非正見也。復如曰「佛陀」，曰「正覺」，曰「見性明心」等，亦皆表詮證悟體性之極果耳。等次以還，名、相、理，皆可彙推；要皆標示治心之學，或爲心法之分析，不盡繁列矣。

是知心物爲一元之體性，證知體性者，乃明此心不復逐妄而迷眞。而此非生因之所生，乃了因之所了，非徒爲理知可及，乃心物之證驗可圓。故華嚴宗立四法界：曰「理無礙」、「事無礙」、「理事無礙」、「事事無礙」，若透徹事之與理，證得眞如，則心能轉物，即同如來。倘逐物而迷心，認心而非物，則皆見未圓融，自生障礙也。

心法與力學

心理現象，與力學運動，其原理與事實，完全相通，心理現象所生之見、聞、覺、知，歸納稱之曰念。當一意念生起作用，即發生聯想，或憶念之過程，亦如力學之圓周運動。所以然者，即如一意念初起時，刹那之間，即循此一意念而聯想，或憶及其他；當次一意念生時，前之初生意念，早已消逝。如此絡繹不斷，猶如一星之火，旋轉而有輪圈現狀，亦如波浪之相續，而見不斷之瀑流。實則，水流乃波波相續而成，輪圈乃火星聯轉而有。此心之意念，雖自覺如流之不息，輪之無端，實亦始於一念，雖其中間經過無數其他意念，而終歸於初生意念之流轉。

意念生起，或引發回憶，或引起聯想。細者爲思，粗者爲想，一刹那間，速率頻繁，不可捉摸。縱使捉摸得意念，已非初一意念。蓋心理現象，亦如物體運動之力，一意念之生起，即爲「向心力」，由內外界交感之「向心力」而構成一意念。但當一意念生時，同時即起「離心力」作用，「離心力」起作用，「向心力」即隨之而生，故意念終不能停止於一，如此旋轉不停，人之思想，永在變動，不得停止。試以念起之「向心力」生時，稱之曰生，念起「離心力」散時，稱之曰滅，如此生滅不已，交互循環，終無已時。即使在睡眠狀態，所起夢境，仍爲思想意念之一種，即心腦思惟，亦未稍減，雖睡眠住在一種極度昏迷狀態，亦有意念，自不覺察耳。即使完全停止意念而不起作用，謂之靜力之境。所謂靜力者，力之動向與功能，潛在未發也。如靜極而動，亦可謂乃「向心」、「離心」二力之交互作用，何則？以靜極爲「離心力」之極致境界，變動爲力之起用現象，故以「離心」、「向心」二力之交互往返，而見人生日常意識與生活動態；如強以「離心力」名之曰空，則「向心力」名之曰有，或代名謂之陰陽，均可象徵表示其體用。「離心力」中，含有「向心力」之能，「向心力」中，亦即具「離心力」之能；故空有陰陽動靜，交互爲用，心理生理，互爲消長，心理之悲歡喜怒，精神之衰旺，衡以力學，莫不皆如。故物極必反，樂極悲生，心雄萬夫，身力不及，身欲冲舉，力不從心，疲勞而思休息，休息復又思動，個人心身，終如二力之生滅，天地晝夜，風雨晦明，亦皆二力之盈虛消長。推而觀之，人與人間，人與社會間，人與宇宙間，亦復如是。如喜愛一物一人，久則生厭，久雨思晴，久旱祈雨，靜極思動，常動欲靜，皆同此離向二力之往復也。

故佛法名心意識之力，而日念力，日業力，日通力，日不可思議力等，總之爲一心之力也。此心力乃妙不可思議之物，視而不見，聽而不聞。其靜也，動力潛能於靜，故靜極而必動；其動也，靜力亦含於動，故動極而必靜。蓋心力亦如物力，有波動作用，其頻率至速。故人與人間，人與物間，心力堅強者，可互通，所謂心靈感應是也。如力之波率方向相同，由二而合於一，共成爲「向心力」，反之，復亦相排相盪，心力速率方向各異，而互成其「離心力」。故「三人同心，其利斷金。」同爲「向心力」也，「一人一心，各奔西東。」各爲「離心力」也。個人之心力，名爲別業之力，合衆人之心力，則成共業之力，其相同相反，而生共別業力之等差平等。由個體心力物力之單位，而與群體共力爲相推相盪，互爲吸引，乃合於宇宙萬有功能之共力。復由本體功能而產生「離心」、「向心」之功，於是「地心吸力」引聚萬類，「萬有引力」引聚地球，及諸星球，而運行不息。其理不易，可通萬彙。曠觀宇宙，唯一力之世界耳。

佛法治心，深明力之作用，以其「離心」、「向心」之力交互往還，旋轉不停，生滅無已，不能自主其控制，又無一實體之存在。故喻此變易不定，如猿猴之不可捉摸，而又謂此心無一實體，祇是空有盈虛消長，名之曰虛妄。《金剛經》云：「過去心不可得，現在心不可得，未來心不可得。」即極言此心無一永恆常止之「向心力」可得，亦無一永恆終止之「離心力」可得，但能互爲變易。而此力能實非生滅，生者，爲力之動，滅者，爲力之靜，動靜往返，互爲消長。然當其力之波動功能起作用現象時，在個體與共體之力與力間，其相排相吸，互爲摩盪，而形成因果關係，故因果律乃心力作用之不易原則也。然則，力之原起，又何自來耶？曰：本體之功能，本然具足也。然則，本體何狀？曰：非狀可及，姑謂之以空爲體。然則，力之原起亦空耶？曰：誠然！誠然！性空眞力，性力眞空。姑舉一相類似的譬喻，若吾人持一眞空球，以其無一切之存在，故輕而易舉，及其眞空爆破，則其力至巨，故本體雖空，而眞空中所含蘊之力源乃無窮也。

故治心法則，乃循於力學原理，導之使返於眞空體性，如修止修觀等禪定方法；初則使心意識先能單提一念，止於一點，止者，乃求力之支點集中「向心力」也。然愈求止，愈益紛擾，愈見其止向之難，於此中方見離向二力之交互迅速刹那不停。用志不紛，工力漸熟，迨能止於一念，已漸習漸凝，或出於自動，或出於自然，止之一念，驟然離捨，乃見「離心力」之現象。及乎此也，「離心力」現，「向心力」泯，遠離離向之二邊，而呈現心境一段空之現象；唯此中空如有境（即有一空之境界），尚爲念之覺受，空亦爲微細之念。及捨此空，心身兩忘，住於非思議之體性眞空，則了無一物可得，常寂常惺之性現前，返合於體性功能矣。然猶未也，迨眞空呈現妙有，習知空有離向之爲用，然後自主自在，控制操縱由一心而應用，返其自然之力，而約之在我，則治心程度，可臻玄奥矣。此循「向心力」之途徑所立之法則也。心法謂之止念，謂之收心，謂之內觀等，皆此例也。反之，但不隨念起止，唯靜觀念之生滅；其生也，知爲「向心力」所聚集；其滅也，知爲「離心力」所消散。或住於離散之有相空境，漸求進步。或於離向二力之往返，概放任其自然，而不制止，唯住於無靜境之靜，觀其變易，不加造作。久而久之，生滅二力之交還，皆消失於無形，唯一靜極呈現，亦無靜相之可得，然後離靜離動，能靜能動，皆操持由我。但須知動靜猶皆爲自性境也。如此順習，亦可入於玄閫。此循「離心力」之途徑所立之法則也。心法謂之空，謂之放心，或謂之放下等，皆此例也。如禪宗有言：放下，放下的亦放下。又曰：放不下提起走。此皆指示治心之善巧矣。

綜上所述，本體功能運行而爲力，力有動靜離向等作用，生滅於萬有，而本體功能非動靜離向所能也。於此觀察，透徹證入性眞，則於心物力之爲用瞭然矣。

心法與聲音

佛法於聲音之學，雖未詳說有如物理之聲學，而於人類心身與聲學之關係，特多闡發，並應用於心法之起修，約分為二：

一、尋求聞性之根源。

二、自發聲音之緣起。

二者統為觀世音菩薩法門，亦曰耳根圓通。

凡耳之於聲，以聞性為用也。今首言前之一者：但擇鐘、鼓、鈴鐸、風聲、水聲等任何一種或多種，專意於耳根，以聽聞其聲。於此，又姑分為內外二法：

（一）外聞者，當聽覺緣此聲時，聞有聲時，此謂之動相。而聲終無常，不能久住，當前聲已滅，後聲未生，此中間無聲可聞，雖有聽覺，亦了無用處，此謂之靜相。夫聲有斷續之相，聽緣可知，復乃追尋返聞，我之聞性，究有斷續否？當其聞聲，聞性是有，忽無聞時，聞性何存（原書為：當其聞聲聞性，是有忽無，聞時聞性何存）？如是心觀，追尋聞性，有聲時不因靜性而不聞，無聲時不因有聲而常存。如是久久漸純，方知聲有斷續來去有無，而我此聞性，終未有變。或有習此者，雖無外聲，而耳根似有聲存，此乃意識自生影響，非眞聲也，未可自認爲奇特。倘有迷戀，即成心理幻覺之精神變態矣。

（二）內聞者，即於聞性聽覺有聲時，謂之動相，聲無聞時，謂之靜相，於動相聞時，不住於動，無聞靜相時，亦復離捨，不住於靜，於此動靜二相之來去，了了分明，此了了者，亦復捨離，離至於無時，知得動靜二相，皆爲外緣所引發，我此聞性，非屬動靜，亦復當捨，捨之又捨，忽爾心身兩忘，了不可得；於不可得中，無有內外動靜諸相；經稱此謂返聞聞自性，遠離動靜二相之法門。然猶未也，即此心身不可得中，又爲靜相，尚當捨離，迨至捨無可捨，動靜如一，雖有二相，了然不生，則於聞性法門，可以入道矣。

次言後者：今日我人所居之世界，其已爲科學知識實驗所了知者，爲萬物及人類所發之聲，謂之動聲也。然聲亦如光，尚有非我人聽覺及科學智識所及知者，姑名爲靜聲。何謂靜聲？試爲例證：如修習禪定之人，至極靜境，其所聞聲，無遠弗屆，無微不至。以其靜也，故能聞蟲鳴如雷震，聞遠處聲音如在耳邊，同時可聞十方之聲。此即聞性功能凝聚於靜定境中，故不因物而阻隔；及其至也，雖在萬籟無聲之高峰絕頂，亦可得聞空中旋律清絕之聲，此聲也，夐非世間之聲，或曰：此即「天樂」也，或曰：此即莊子所謂「天籟之音」也，此說容亦有之。唯本體自性功能，具足一切法，體性之運行，聲隨光起，此體性功能自發之聲，要非心身常在動亂者可聞，必至此心如空，接近於自性空體，方得知之。唯光之與聲，自性均具，亦以空爲自性也，其受干擾於萬有之動亂，故通常所不能聞，唯自空其念力，能漸空清，接近於體性功能之波率者，即得聞知。如嬰兒初生，首能聞聲，動物無思惟意識亦能辨聲，五官感覺作用，唯以耳之聽覺，其應用力所及程度，爲最遠而普偏，故有耳通性海之說。復次，五官爲用，專事於一，易感疲勞，唯事聽覺者，可以持久，如聞音樂，可以移人性情。靡靡鄭聲，令人心蕩；易水悲歌，令人慨慷；以音樂訓練動物，功效亦著，凡此之類，皆足見聲之功能。

故佛法教人，造作自發之音聲，如持咒、念經、念佛號，以極和諧之旋律，先自怡悅，開廓其心情，然後依此音聲，又自返聞其聲，觀察此聲之緣起，乃喉、舌、口、齒、氣、鼻之交作；主之者，意也，因此諸緣和合，乃有聲音。有聲之起用也，謂之動相，其無此聲，謂之靜相，並復追尋，雖無聲音可聞，而心意識習慣已久，口雖無聲，心聲歷然。迨至動靜相滅，心聲不生，靜極無聲，內外皆寂，寂與性合，了然於聲之動靜有無。緣聲之動靜有無，易現空寂之境，空寂境界，接近於體性本然之眞空；則知經稱「此方眞教體，清淨在音聞」者，義究何指。聲以阻礙干擾而無，因空而傳播，聞性以寂時而無，因有而起聞，由此聲與聞二者之間，可明心法之理矣。

心法與光

現代物理學之言光，凡發光之體，謂之光能，光有輻射、折射等，光波互爲干擾，光速至快，科學計程稱謂光年，凡物皆在發光，祇因光波振動，而使光波之長短不同，乃有種種顏色不同，其爲光者一也。復謂自然光則偏滿空間，本此等原理，應用於事物者，洋洋乎大觀矣。

自然光者，偏滿空間，紅、橙、黃、綠、藍、靛、紫，皆光之色相，亦光波振動所變現。自然光之光能，即爲本體功能顯現，與力俱生，含照萬有，日月星辰等發光體，皆藉本體功能自然之力而放射光能，其力盡時，光亦消散。萬有亦秉此事理而存在，亦隨時在振動，我人心身，亦復如此。光之在人，曰神。心意識生起念力時，即有光之放射，唯非肉眼形器所能見。而眼之與心，互通作用，故心念靜定，精神強盛者，目光炯炯，心邪則目邪，衰老則目昏，孟子所謂觀眸子而知心者，良有以也。故佛法教修習禪定之人，「回光返照」，「內觀其心」，皆藉光之作用，而使漸返於本體之方法也。密宗「妥噶」（看光）、「光明成就」等法，亦即用此方便。禪定法門，初以兩目垂瞼，先使目光凝定，目光寧靜，即不攀緣外物而逐色相，心念雖動，力漸薄弱，迨心目之光凝定於一，即至心無念可起，目無相可見，住於初禪。如初得定者，用功致力既久，必色澤光鮮，目光定而有神。蓋心目靜定於無念境上，心身念力少有波動，既少波動，乃保持其飽和狀態，若能保持飽和狀態，自然減少放射。故得精神充沛，色澤光潤，此乃自然之理，不足爲異。若在禪定過程境中，心身內外，發現種種幻相之光，即爲念力未定，心力交互於動靜之間，摩盪發光，統爲幻相。禪宗名爲「光影門頭」、「弄識神影子」。此如人以手揉目，可見面前點點星光，體弱力衰，亦可見空中光或圓圈。此皆心身病態，未可認爲奇蹟，若一著此等，即成魔事，被幻覺錯覺所轉，而成心理變態之精神病象矣。凡修習禪定有經驗者，初則目光最不易定，心念亦隨之不止，迨將定時，目之與光，必如有外力驟使之返，乃入於寧靜之境，心身兩安矣。然雖至目光靜定，心念無起時，亦但屬初禪境象，及乎外觀無相，人物天地，皆如在夢幻光中而觀，一切覺無實體之存在；此時心身愉悅，無與倫比，雖視而不視，心而無心，用功至此，往往自謂已見本性，孰知此猶爲「光影門頭」事也。心身二者，已稍接近本體光力功能，猶爲未是。然後心身內外，與自然光能同成一片，久久定深，返於本體無相光境，則常寂光現，實相無相之體以見。而此中過程，微細難言，要在學者之實驗體會。苟至於此，與見性明心之事，猶迥無交涉，必如《楞嚴經》云：「見見之時，見非是見，見猶離見，見不能及。」若能如此，方許有少分相應矣。

故以佛法而觀空間之自然光，及物體個別之光；在物言物，則今日物理學所謂之光學知識，洵有所見；若以光透心物一元之本體而言，尚未能確爲究竟之論。蓋如來藏性，性自發光。唯體性之光，寂然無象，非視覺儀器可見，名曰常寂光，亦曰法身之光。其體空而常寂，以光名者，順世間之習稱也。然此實非通常光明之光，常光寂然，先宇宙萬有而常住，唯常光流注，靜力飽和而忽動；動力與光熱俱生，此之光明，即我人視覺儀器而測可見者；明暗代謝，晝夜往來，皆自然光之盈虛消長。而明暗皆爲光也，以光波振動不同，復生種種光色；萬物藉之以滋生，非光能生萬物，實爲同體而互爲用也。個別光體，振動放射，力盡時即消滅歸於自然之光，自然光則返於空之體性。生滅旋輪，祇是本體功能運行不息之現象也。以此曠觀宇宙，眞有「身世蜩雙翼，乾坤馬一毛」之感矣！

人之心目爲咎，念念生滅不休，目如照相機，心如攝影師，以機照像，留影而起分別者，我人心意識之作用也。如是念念旋流，心光振動頻繁，從朝至暮，無有已時，使心光放射消耗而終歸於無。迨生命滅時，即淪於黑暗狀態，此明暗代謝，如旦暮往返，永無停日。故須假定慧之力以凝之，使返於常寂光體，則可不隨生滅明暗之遷流，而能自爲之主矣。經云：「淨極光通達，寂照含虛空，卻來觀世間，猶如夢中事。」通乎其理，明乎其事，則於物理學所言光學，可推究其未及知者矣。

心法與電磁

盈天地間，萬物之生，皆一本體功能，性自運行，凝結而成，既成而住，又不斷放射其功能，乃至消散壞滅，於是復變易互入於他物。物質不滅之說，以此現象，爲其根據，迷於唯物論者，持之有故，言之成理。蓋天地萬物之生滅，乃本體自性功能變易之現象，其光力熱電等物，互爲化合，互爲消長，入此出彼，無有窮盡，雖生生不已，有世界之成住壞空，而本體寂然無生，無絲毫動靜往來；其有動靜往來，成爲宇宙間一切變化者，皆爲本體功能起用之相狀也。體性功能，動含於心物，其動也，即本然運行之力，力之運行，即具足聲光電化之變化。本體功能力之運行，本自具足電磁作用，空靜時，電力之用，潛蓄於空靜中，有向心吸引之能，運動時，電力放射，可生聲光化合之變化現象，有離心排外之力。天地之中心空靜，而有子午線與南北極之互爲吸引，故見天體爲一電組織，大地爲一電磁場。電磁之爲體，亦空靜如無物，迨其互爲摩盪而起用，方見有跡象之可循。佛法所說「眞空妙有，妙有眞空」之原理，比類可通。而電磁之爲用，又與太陽放射之光熱有密切關係，不但依年月而變，亦且隨時日分秒而變，由點而面，由面而體，隨時皆在放射其功能；其生成於萬有，亦復隨萬有而歸滅。故人與人間，人與物間，人與宇宙萬有間，其電磁可以互通，心靈可以交感，悉循其自然之生滅輪轉而無已時。

人之爲人，爲有心身，心身生存於天地間，亦如天地同爲一電磁組合，具放射與吸收作用，人物自然間，彼此互爲排吸，互爲因緣，而爲其樞紐者，乃即此心，故須修定慧以凝固其功能，使返於體性相應。初修定慧，為求止念，念止，則使心身放射者凝固。外物皆在放射，而我能凝固，則彼之放射者，即皆被吸收於我，漸得與外緣隔絕。復而心空一念，如磁針「中和區」現象，兩端雖有感應之用，而「中和區」終不能起感緣作用矣。終進而復返於體性，無我無物，同其一如，致後能使用生滅，轉心轉物，不為生滅心物之所轉。常人心身，循聲逐響，遇色追形，心識紛馳，騖於外境，如光電之放射無已，力難自主控制，強加制之，反生阻礙；若依定慧法門，久久修習，一旦豁然感通，則此心身，自與自然界之聲光電化之力，同其作用，自可得神通之妙用矣。此中微妙，實驗方知，略發其端，用供體究。

心理與生理

世出世間，一切事物之理，統攝於一心。而分析心法之最詳盡者，莫過於佛法。如唯識學析心之法相，般若學辨心之法性，《楞伽》《密嚴》《大乘起信論》等，世稱為如來藏宗者，詳論心性之體用，淵深博大，迥非現代心理學所可幾及。今之心理學，所牽涉範圍，有生理、遺傳、社會、病理等學，施之於實用。復有教育心理，群眾心理二者，用之於政教。犯罪心理，用之於偵訊。變態心理，用之於醫療。而皆以心理現狀，爲討究之對象。於以培養人格，範圍倫理，工用至鉅。但其爲學內容，則以人類有生命存在，依此意識心活動現狀爲依據。故其所謂心理者，即現實人生意識活動之現象與變化也。現實人生，當不能離生理而獨存，故學之造詣，亦止於意識而已。若離五官感覺與思想運用之明了意識，惟認知有一潛意識（或稱下意識），以之比觀唯識學之說，終不出第六意識範圍。即所謂潛意識者，僅當唯識之獨頭意識（或稱獨影意識）。若唯識所說第七末那識（我執），第八阿賴耶識（含藏持種之義），固非今時心理學所知。故說如來藏性，乃心物一體，天地同根，萬物一如，此中事之與理，若以心理學說觀點視之，則幽玄而不切實際，幾同於變態心理者知覺上之病態。復若般若學之說心識虛妄，體性空寂，意識運思，無一而非如空花夢幻，終無一實法可得，則尤爲心理學所未知者。故以佛法視之，今時心理學者，實乃唯識法相學中之一分耳。苟謂佛法即心理學，或謂佛法乃一種學術思想者，其去佛法誠遠矣。以此觀念，謂之研究佛學則可，謂之學佛或深入佛法，誠有嚴格之辨別矣！佛法之言心言性，皆切就其通乎本體而論，雖亦有侈言法相，析說妄心意識現象，皆非究竟之第一義事。所謂第一義者，「言語道斷，心行處滅。」不可思議者也。佛法實乃超科學哲學之一大實驗事，一切學理尋繹，但為其入門之準備，若滯情於此，則迷化城為寶所矣。

不但一般學者，謂佛法乃心理之學，即學佛法者，在概念上，亦多落此窠臼，故於身心二者，在思想上，常截分為二。孰知心理與生理，亦即心物二事之交互作用，皆屬一體之所生，《楞嚴經》及諸大乘經論，多涵此義。唯識學謂第八阿賴耶識，通含山河大地之種子。《大乘起信論》立一心眞如生滅二門，而皆極論此二者一元之變。人而具有心身，心識之為用，名之曰心理；身體之為用，曰生理。心識強盛者，力可轉變生理，例之精神治療，及催眠瑜伽等術可知。但生理實足影響心理，如人有病，心理反常，事例尤多，若仔細實驗觀察，固知心身實為一體之所生。身同物理世界，氣候之變化，通生理周期性之覺受，物質之轉移，刺激心理變態之現象，此皆人所習知者。若人身之精氣神同自然界之光熱電，主其中樞者，寂然應物之心性也。明體達用，須融會而貫通，直入頓超，捨心宗而莫屬。

然佛法心宗，禪門古德，均不言及此者何也？蓋祖意隱晦，蘊之工用之中，言之則恐落筌蹄，易滯跡象。至若密宗，則以調色身氣脈爲其首當要基（他如正統道家，「除旁門左道外」，則依身根而起修。）欲實驗修證佛法戒定慧，而不明斯理，輕心掉之，雖盡形壽，恐終難有成矣。蓋調攝氣脈，爲對治生理之缺陷，色身既調，通於自然，影響心理，得至空忍，二者之間，如風靜浪平，晴空無翳，則永住安謐晴暘之境，得於勝定。然後逆其變化之流，復返於體性本然之域，則於四大假合之身，六塵緣影之心，取捨由人，可得自在矣。故身在動者，心隨之移，心常亂者，色隨之變。故曰：「心能轉物，則同如來。」鴉片、嗎啡之爲物，吸之可轉移人心理性情，砒霜、草烏之爲物，食之戕人之生命。不能轉物，即爲物轉，事理至明。而心能轉物者，如來藏性之本體眞心也，妄心意識力弱，僅可移易小變耳。而言生理，則今時物理世界，聲光電化等學，略可通悟，善用之者，以之化物成性，不善用之者，隨流乘化以歸盡，波靡輪轉，終無已時矣。此義深窅，冀毋以人而廢其言，當今科學日進無疆，無數嶄新之創獲，正好為佛法作註腳，而益資證明，世有高明，必肯斯語。

附註：本篇怱促完成，未盡闡說，容後補充。

佛法與西洋哲學

西洋哲學，淵源於古希臘，流衍而成近代各學派之思想；有謂佛法亦係其中哲學思想之一派者，此實似是而非之論，須加辨正。按古代西洋之民族思想，多爲神話所籠罩，希臘諸哲學家酷愛眞理，探討尋求，不遺餘力，漸使神話理性化，而奠定哲學之基礎，影響歐洲數千年之文化，其在西洋哲學之功勳，洵有足多者；蓋希臘人生活簡樸，蔬食飲水，芒鞋布褐，樂其天年，其政治則早已創立民主制度，思想自由，學說爭鳴，故能孕育其哲學思想而發揚光大之，實非偶然事也。

希臘古代之宗教雛形，初亦爲庶物之崇拜，而演進爲多神教，終至成一有系統之神。如希西阿（Hesiod）之《神統記》（Theogony），阿斐克之《宇宙開闢說》（Orphic Cosmogonies），皆說明眾神有一定之系統；而其神亦爲人格化，人間亦必須神化。至若神自何來？與宇宙萬有始末之關係爲何？則又須哲學理論爲之解釋。哲學初起，皆爲「宇宙論」（Cosmology），其求證眞理之方法，則多爲「辯證法」（Dialectic），蘇格拉底（Socrates）建立「知識論」（Epistemology）之基礎，及黑格爾（G.W.F Hegel）乃集辯證法之大成，溯至康德（Immanuel Kant）時代爲止，常與科學相混合，無嚴格之區分；及後科學大興，始漸脫其範圍，二者儼然異趣；科學專重證驗，哲學概屬想像，門庭各別，愈離愈遠，竟不知二者之本爲一體，各執一端，而相水火，無有融會而貫通之者，實爲學術上一大缺憾！

希臘哲學初期心物之評

希臘最古學者泰來斯（Thales），即爲「唯物論」者，史稱其爲米勒都（Miletus）學派之基石。彼認萬有一切根源，發端於水，否認神爲「造物主」。但承認世界有精神之存在，磁能吸鐵，因磁最富於精神；且謂知識爲固具，非外力所加附。其門人亞拿其孟特（Anaximander），以萬有之根本爲無限；無限之爲物，充塞宇宙之間，既無一定性質，亦無一定界限。世界具體事物之形成，由於無定形之物質自身發冷發熱，交互分化；先則爲水，繼復凝固而引導火氣土之出現。一切萬有，均生發於無限，終復歸於無限。雖有消滅形成之過程，祇如舊變爲新，但不否認神之存在，唯神乃不參與世界之生滅；精神存在，同其師說。亞氏門人亞拿其孟斯（Anaximenes）放棄其師門之抽象物質論據，而以具體之物質空氣，爲萬有之根本；謂人生與宇宙，皆假空氣以維持其運行，空氣之稀薄者變爲火，濃厚者成風雲水地，甚至謂神亦由空氣所產生，但不直接否認神之存在；此皆爲米勒都學派哲學論說之特徵，依違於心物二者之間，終不能化矛盾爲統一；以現代科學進步之觀點視之，不待辯而知其誤矣。凡此諸說，與印度原有諸學派佛稱爲外道者，各家義理，大體甚爲相近。

有黑拉克勒特（Heraclitus）者，其立說不同於米勒都學派之所云，更接近於近代之思想，如云：世界上無不動之實體，亦無不變之實體，萬有一切，皆不斷在變化和運動，固無片刻之停止；人生亦然，如火燃焰而復熄滅。所謂宇宙，即爲生滅流轉之過程，無始無終之大變化；如火滅而形現，形消復歸於火。在此不斷創造變化之世界中，所謂「固定」、「休止」、「存在」等等，僅爲官能之幻覺耳。復謂事物都有內在矛盾而發生鬪爭，而又同時並存於統一之整體內，此種現象，不但爲自然發展之根源，且亦爲社會發展之根本，此皆爲規律的，乃自身所固具，絕非神之所賦予，故云：「生即是死，壯即是弱，少即是老。」而復反對調和矛盾之說，以爲唯有鬪爭力量，方能使物質世界存在和發展。黑氏爲當時「唯物論」者之巨擘，其思想不惟影響於當時，且波及於後代，成爲「辯證法」（Dialectic）之先導；此皆統於「唯物論」，但亦認精神現象爲萬物之要素。

復有畢達哥拉斯（Pythagoras）者，爲「數論」之創說者，其本人畢生無著述，唯門徒記載其理論，推崇備至，稱之曰「神人」。彼謂萬有根本，即是「數」，「數」乃抽象的，脫離一切感覺性，合理而支配整個世界。人能認識萬物，即是認識「數」，蓋萬物由面而成，面由線成，線由點而成，「點」和「數」，即爲物之起源。能諧和世界秩序之存在，皆基於「數」，人類社會生活亦然。對於「十」之一數，推崇備至，乃由「唯物論」

（Materialism）而進入「唯心論」（Idealism）矣。其於矛盾鬬爭之說，則斥爲無秩序而破壞均衡；故謂善之與惡，靜之與動，凡矛盾事實，但爲外表而非內在，矛盾乃彼此對立轉化之現象耳。此派學說，影響亦巨，學者爭趨其所立說，有相同於印度之「數論」，而猶不知點之從來，故於「數」之學，終未能臻化境。吾國古人，講《易經》之「理」、「象」、「數」之學者，亦以太極始於一畫，一始於點，點之連接爲線，爲一陽之初爻；而一猶非太極之究竟，必須知乎「畫前一卦」，方合於道矣；比之數論，較遠勝矣。

及至愛列亞（Elea）學派諸人，則宣稱一切存在，皆屬於「靜止」，本無矛盾可言，萬有根本，爲非感覺之物質，而爲唯一「靜止」不變不易之實在；其實在之特徵，唯理性才爲眞知之淵源，一切多種變化，咸爲感官之幻覺；彼依「唯心論」（Idealism）而詮釋實在，但又否認「造物者」之存在，復否認矛盾與運動，以萬物雖有運動，而每以一瞬間皆存在於空間一定之位置上，並未轉移於他方，唯不在於原定之位置。即使運動存在，亦不外於感性；感性者，乃虛幻無常，自爲變化耳；其思想已接近於「形而上」者，故黑格爾（Hegel）詆之爲「消極辯證法」（Negative Dialectic）。

希臘盛時心物之評

迨紀元前五世紀至四世紀之前半期，希臘哲學已由「宇宙論」（Cosmology）而轉入於「人事論」，前後百年之間，名人輩出，學術文化，達於鼎盛。爲「宇宙論」（Cosmology）者，皆依據其自發之「辯證法」（Dialectic），競以論證其主張。而爲「物質原子論」者，則開十八世紀「機械唯物論」（Mechanical Materialism）之先河，略如安拿沙哥（Anaxagoras）和恩培多克（Empedocles）二人，，即爲德模克利多（Democritus）「原子論」之最前驅。安拿沙哥（Anaxagoras）對於宇宙萬有，認爲必須有無數之元素，始足以說明其萬變之形狀，彼謂元素爲種子，以種子乃無始無終，不滅不變之微分子，生滅乃種子之離合聚散於空間；但爲外形之轉移，本質並無出入，而宇宙之運行，又非種子自能。假定物質以外，別有精神之存在，此精神具有偉大之能力，完全自由，而爲一切運動及生命之根源，且能洞悉萬物而支配宇宙。而復謂精神自體亦爲一至精微巧妙之物質。

恩培多克（Empedocles）亦爲當時「唯物論」（Materialism）者，彼謂「地水風火」，爲宇宙之根本要素，一切生滅變化，皆此四種元素離合之現象；而其所以有離合者，則因有愛憎之存在。愛爲結合之因，憎爲離散之因；宇宙間一切事物之生滅，即此愛憎交迭而生。彼反對愛列亞（Elea）學派不生不滅之「靜止」說，而認伊阿尼派之運動說爲眞。及德模克利多（Democritus），乃集「唯物論」（Materialism）者之大成。彼堅決反對蘇格拉底（Socrates）、柏拉圖（Plato）之「唯心論」（Idealism）及其政治觀。謂世界根源，乃原子之結合。然原子不變化、不可分之說，經後世科學證明，並非眞見；且於原子根本之所由來，終未探溯其究竟。

其時有蘇格拉底，爲當世唯心思想之大哲，彼謂宇宙爲「神」所創造，研究宇宙，乃違反「神」之意志，一切善之觀念知識，即乃人類認識自體。人之理性，謂之「普偏觀念」（Universal Concept），道德爲人類唯一之認識對象。依此，觀念即是世界根源，產生萬物，觀念非自然界事物之反映，亦非知覺與感性之產物。彼爲矯正「雄辯」（Sophist）、「懷疑論」（Skepticism）等學說，鄙棄個人利益，提出人類普偏善良、公正、永久道德等觀念，奠定後世遵循之一般理性。其於「倫理」（Ethics）、「形而上」（Metaphysics）學等，均大有闡發；有擬之爲西方孔子者。然自然之反映，與理性之「普偏觀念」（Universal Concept），其間關係，要不能盡洽其理，豈天命與性，亦夫子所罕言乎？而其學說，經門人柏拉圖爲之修正而益著。

柏拉圖（Plato）者，乃當時「唯心論」之泰斗，少游於蘇氏之門，由其師之「普偏觀念」，進而探尋宇宙根本之實在。彼分世界爲二：一爲理念世界，一爲物質世界，而以前者爲萬有之根源，後者爲理念世界之摹寫；故前者能雜物而存在，後者僅爲生滅虛幻之變化；且謂觀念唯理性可知，非感覺所及。蓋彼之思想，於一切存在之上，確立一永恆不變之理性，實爲「唯心論」者「形而上學」之總歸，影響古今唯心思想者至巨，其著述又全部留存，有擬之爲西方之孟子，彼之學說，較其師尤備。

亞里斯多德（Aristotle）爲柏氏門人，學問至博，其於「哲學」（Philosophy）、「倫理」（Ethics）、「藝術」（Aesthetics）、自然科學之著作均多，可謂集希臘哲學之大成。凡其認爲合理者，兼收而並蓄之，認爲錯誤者，則刪之務盡。其於中世紀哲學之思潮影響至巨；但其基本觀念，終徘徊於「唯心」「唯物」二者之間。對其師理念一說，則持反對態度；謂天體之運行，乃「神」力所引起，依「神」而有存在。綜其學說，殆爲本體一元之「神我論」，雖思想閃爍，理實模糊，蓋一博學之儒耳。

希臘末期哲學

紀元前三三六年，馬其頓王亞歷山大統治希臘，至紀元前一四六年，馬其頓與希臘，又爲羅馬所滅亡。隨此政治之變動，希臘文化，相隨分解，由「唯心論」（Idealism）、「形而上學」（Metaphysics），轉入於「唯物論」（Materialism），注重自然界及社會生活之研究。

伊比鳩魯（Epicurus）在雅典創立自己學派，擁護德模克利多之「原子論」（Atomism），分哲學爲三部，一爲物理學（Physics），二爲論理學（Logic），三爲倫理學（Ethics）。其於「認識論」（Epistemology），則又帶有「唯心論」（Idealism）之說，主張感覺之存在，而以精神爲特殊之運動，係圓形原子所構成，隨人體而毀滅。其於「倫理」則認內心之閒靜安逸，爲人生之至樂，理想人格，即爲澹泊寧靜之智者，較奇勒內學派（The Cyrenaics）之肉體快樂主義，更重眞知之追求。繼其後者，爲羅馬之路克理多（Lucretias），主張「無神唯物論」（Atheistic Materialism），此外，尚有斯道亞學派、懷疑派、折衷派及新柏拉圖學派等。

斯多亞學派（Stoic School）：乃芝諾（Zeno）所創，後繼者大有人在，漸傳至羅馬森內加等處（當紀元前三年至紀元後六五年間），人才輩起，學說紛陳，大抵皆爲理性主義之倡導者。其早期學說，多接近於「唯物」思想，而非如「唯物論」者之偏執。彼謂火爲世界之根源，與「神」同一重要。而於「認識論」，多有同於亞里士多德（Aristotle）。於「倫理」，則立足於先天之理性，以人有天賦之理性，但能循理而行，即爲有德之士，而合乎自然之理，若德與不德，善與惡，皆存於內心，且無中和可以緩衝者，故以從自然而生活，爲人生之最高目的；而此自然者，謂之曰「神」，謂之曰「理性」，即充塞天地間之「天道」，亦即爲存在於人性間之法則。故以物慾乃反乎道者，順從理性，棄欲絕物，隱遯山林，遨遊湖海，以度其安逸之人生。可謂西洋出世學派之先導者，相當於佛法所稱之自然外道。

懷疑派（Sceptics）：乃派浪（Pyrrho）所創，繼之者有阿西斯勒斯（Arcesilaus）、恩培里可（Empiricus）。彼認「知識」爲相對性，凡對一切事物之認識，如是非、眞僞、善惡、妍媸之判斷，皆是人以不同感覺之特點，遽下之「特稱蓋然判斷」，盡不可靠；當棄智絕慾，實踐倫理道德，樂其安適之人生。蓋乃達觀一流，遊心物外，浮沉於世者。

新柏拉圖主義（Neo-Platonism）：此爲基督教「神」學之創始，其中代表人物，如埃及之勃羅提納（Plotinus），極力反對「唯物論」；謂物質爲反統一，不協和，最醜陋；「神」爲一切存在之根源，乃盡善盡美之精神實體；「神」以自身之「發放物」創造世界理性，理性依其順序產生世界精神，此世界精神，復產生可感覺之形體，形體之後，始有純粹之物質。故物質非爲實體，乃神造一切中最低級之物，人體同於物體，固當爲邪惡者；故能引導人之精神，走向罪惡途徑，我人必須擯棄一切肉體物質之誘惑，救出精神，歸於超感覺的「神」之世界，乃得與「神」相接。若沉湎感覺，其終將貶爲物質之奴隸，或成動物，或成植物，此其所以異於柏拉圖之學說者。蓋柏氏論「神」，僅能高於實在，而不能高於理念；新派之「神」，則超越一切，尤非理念之可及，「神我論」之宗教學說，實植基於此。

希臘哲學合論

綜觀希臘哲學，歸納其類，不外於本體之尋求，稱之曰「本體論」。知識之研究，稱之曰「認識論」。「倫理」之建立，亦曰「人生哲學」。「本體論」者，大抵歸於一元、二元、多元之別；爲其根本者，或謂「精神」（Spirit），或謂「物質」（Matter），或謂「神」（Deus）。「知識論」者大抵皆取證於「論理學」，且極重「辯證法」（Dialectic）。「倫理」之說，大抵皆求世界人生之眞善美，唯觀點不同，方法有異。綜合各家學說，如主張「唯物」者，至德模克利多而極盛；主張「唯心」者，至柏拉圖而大成，淵源遠溯於先民神祕之尋求，終以學者之觀察，而爲哲學之解釋。其求證之方法與工具，端藉聰明睿智之思想；故哲學者，實至高深之思想也。吾國宋儒程明道所謂：「思入風雲變態中」，實極狀邃於思想者之善變。當西方哲學之初入吾國，學術思想，均激而一變，甚之，有謂吾國文明，亦來自希臘，且周秦百家學說，皆係受其影響而產生，愚昧無知，曷勝感喟！世界文明古國，如中國、希臘、印度、埃及，源遠流長，各有其獨立之文化思想，雖略有出入，而亦互相形似者，蓋人類思想智慧，大體均同，所謂「人同此心，心同此理」也。雖東西疆域各別，而其知見所及，終不越乎人心思想之範圍，各以種種不同之名言理趣，闡說其理耳。至若取希臘哲學與吾國先哲學術思想，較其短長，此中軒輊，大須甄別，安可儱侗而混爲一談。復推西洋宗教神學理趣，其內容羅致殊博，追溯淵源，皆由希臘哲學漸變而來，乃有中世紀「經院哲學」之產生，此實希臘哲學之結晶也。

歐洲中世紀哲學

中世紀一名，史家所言，各不一致。以政治史言，則自紀元四六七年西羅馬帝國滅亡，至紀元一四五四年，東羅馬帝國之滅亡止，前後約千年。以文化史言，則自紀元五二九年羅馬帝封閉雅典大學，及其他世俗學校，令文化事業，全歸基督教會起，迄十五世紀歐洲人文運動之勃興止，亦約一千年。以哲學史言，斷自紀元五世紀至十五世紀中葉止，由於基督教教權之伸張，迄至文藝復興，創開世界思想自由之先河，爲屬此一時期。

當此時期，政治文化，變遷均大，羅馬人起於意大利中部泰北河岸之羅馬市，以智勇征服四鄰，建設一大帝國，後復分爲東西二羅馬，漸以式微，先後繼亡，代之而興者，爲日耳曼民族與沙拉遜帝國。日耳曼民族征服羅馬，即吸收其文化（五世紀至十二世紀之間），其別支盎格魯撒克遜人和哥爾人，則在英法等地，分途建立王國，後復爲英、法、德諸國發展之基。故此時實爲基督教文化鼎盛時期，一切文化思想，皆以宗教信仰爲主，於先哲遺訓，教會特權，奉之惟謹。哲學思想中心，皆依從「教會」及「經院」，以奧古斯丁（Augustine）、柏拉圖（Plato）、亞里士多德（Aristotle）之哲學為理據，盡其智能，以哲學解釋其教義；復以信仰歸納其哲學之思惟，一切皆假定宗教之眞理為合理；理智與信仰，上帝啓示與人類思惟，皆當一致。故斯時之哲學，但努力與宗教信仰溝通，調和了解，以成「經院哲學」（Scholastic Philosophy）之大成；學者有稱謂「神父哲學」云。其開創鉅子，當推奧古斯丁，奧氏致力於證實已所習知之定論，範圍宗教眞理，不遺餘力。其方法概用演繹法，依思惟運用之三段論法，作為研究之資；其興趣對象之所在，亦非「認識論」，而為超越世界之「眞神」。故於自然科學及精神科學，皆所忽略。謂心靈不能用分析而知，倫理未可以經驗而論，人間至善，皆上帝所賜福。故於昔來希臘之人本人文主張，皆易而為「神本」觀念，一切以依靠於「神」之信仰為中心。

「經院哲學」之「宇宙觀」，認為世界乃上帝所創造，而非上帝本質中所產生。因上帝不斷在創造，故宇宙不致於支離破碎；時間和空間，亦上帝所創造，而上帝自身，則無時間空間之限制。被創造之宇宙，則非永久存在，乃有限而爲變化消滅者。又：上帝乃一全智全能全德之神，且可以設想之事物，皆可表示於其中；上帝所創造之事物，本爲絕對之善，故於「人生觀」，完全以至善之道德觀念爲歸；並以惡非眞實之惡，乃善之缺乏，而善之缺乏，乃由人自身之所爲，故人須避惡遷善，以返於上帝之至善意志。

當羅馬帝國時代，因知識階級之改變，教會組織之發展，基督教之僧侶，已漸起而替代往日之哲學家而掌握學問特權；及至日耳曼民族勃興，其所有僧侶，殆盡爲野蠻民族之子弟加入，智識淺陋，興趣低級，對於古希臘之哲學精神，漸已消滅於無形。故當第七、八世紀之際，實爲歐洲文明最黑暗之時期，及至九世紀中葉，始復有伊利季那之著作，公之於世，可稱爲「神父哲學」（Patristic Philosophy）之繼承者，於基督教之哲學史上，作爲一種革新之先驅。此一階段，如是持續，約五世紀半之久，統稱爲「經院哲學」時期；及至十三世紀，而亞里斯多德之哲學復興，基督教學者，依其學說爲背景，漸爲開明之說。雖承認絕對爲實在，而不承認超越萬有而存在，謂即在萬有之中。此種思潮運動，以大阿爾伯（Albert the Great）與多瑪斯・阿奎那（Thomas Aquinas）爲其中大師，盛於十三世紀，衰於十四世紀。厥後思想家遂認共相之「普徧觀念」，非爲萬有之本質，乃爲我人心中之一般概念，或一名辭而已。此與十一世紀之「唯名論」（Nominalism）如出一轍，終至打破「經院哲學」設想信念之說，而摧毀其權威。

按：此一時期哲學與宗教之神學，若水乳交融，成爲一宗教「經院哲學」之特色；而以學術觀點仔細觀察，則二者之間，仍各有其藩籬，如涇渭之分清。蓋宗教但使專於信仰，則應放棄理智，一切皆爲多餘之說；若欲依絕對眞實之理性，依理智而入於信仰，則其中罅漏殊多，仍不得不有所審辨。唯經院學派之集思廣益，彙諸異學他宗之說，而闡揚神學之教義，此種努力精神，至現代而彌堅，洵足嘉佩。即如民國三十一年間，外國教會，嘗以數百美元之代價，請燕京大學教授郭某，在西蜀灌縣靈巖寺，譯搜吾國道藏經典，以供參酌。我曾目擊其事，深佩其存有中世紀經院集成學術之精神。復若香港道風山之基督教叢林，羅致他宗人物及其學術著作，亦至努力。故其教義常能隨各國之人情文化，而求適合於時代，非偶然也。至若神之存在，神之體用等辨，義關宗教學術，姑置勿論。

阿拉伯哲學

初，穆罕默德（Mohammeds）之信徒，由於傳教之熱情，於紀元六百三十二年起，至七百十一年間，競以武力征服四鄰，建立一地跨歐亞非之大帝國（即沙拉遜帝國）。斯時，敘利亞、埃及、波斯、阿非利加及西班牙，皆併入於東方大帝國之領域內，於是阿拉伯之學者，得有機會，認識亞里士多德之哲學。首由敘利亞文翻譯，後由希臘文翻譯，更進而究柏拉圖之「共和國」（The Republic）之說；凡法律、數學、天文、醫學，以及其他自然科學，皆得而研究發揚，於後世學術上之貢獻頗大。

西歐學者，本帶有新柏拉圖學派之精神，回教學者自得希臘學術之助，乃將其宗教奠基於哲學之上，而創一不同於西歐之宗教哲學。其研究中心，爲神之默示，以及人類之知識與行爲有何關係，其目的在調和《可蘭經》（Koran），使信仰合於理性。阿拉伯哲學之典範，乃一部「百科全書」，此書由五十篇論文組織而成，乃十世紀「回胞教團」之產品，對回教信仰，貢獻至大。謂一切現象，皆由於「神」之一統而流露，終復歸之於「神」。人生乃宇宙之縮影，必須脫離物質羈絆，自潔聖明，而後能返乎其所自出。書中極盡神祕之理，末後附有巫術、占星術，及鍊金術等，皆說之至詳。

然回教學者之間，爭論亦多，如「神」之預言，與「人」之自由關係，「神」之統一和「神」之屬性關係等問題。其正統派則認《可蘭經》教義，確定有一全知全能之眞「神」，支配萬事萬物。而自由思想家，則反對其說，以理性爲眞理之標準，取哲學見解，以維持其理論。而至十一世紀末，阿爾格澤又一面攻擊哲學，一面並反對正統派所持之理論，對於前此之創造說、人格不滅說、神爲絕對預知之信仰等，皆加以詆誹。遂使阿拉伯之哲學，一趨於衰微。及至十四世紀間，又復有一派起而反對哲學，同情於正統派。此外如回教高等神祕派，則側重於新柏拉圖派之神祕說，謂現實爲幻象，物質是神所遺留之最低級產物；人能修煉至無我無欲境界，則靈魂可遠離迷夢，而得入於神之懷抱。而對此持反對論者，又有理性派，如阿爾發拉比（Al-farabi）、阿非散拿（Avicenna）等，皆注重「論理學」爲哲學之入門，但甚爲膚淺，以怪異迷信之低級信仰爲尚。

東方阿拉伯之哲學，在十一世紀之末，固已式微，而西方阿拉伯之哲學，則依然盛行於西班牙之穆爾地方，尤其在科多華，乃有名學校之所在地；猶太教徒、基督教徒，皆自由研究學問於其中，各自相安而無忤。其中代表人物，如阿溫柏斯（Avempace）、阿布巴塞（Abubacer）、阿維羅斯（Averroes）等，皆爲「物理學者」兼「哲學家」，其思想影響於基督教經院學者亦巨。阿溫柏斯（Avempace）之學說，謂各人心中之「普徧智慧」爲不滅，人生理想，可超出心靈之低級階段，而入于完全「自我意識」；在「自我意識」中，思想與對象，能爲合一；而此種狀態，可由各人之精神機能逐漸發展，而達到其境界。其實踐理論，稍似於禪觀初修行者。唯以「自我意識」爲極則，正落在識神境上，距離究竟尚遠。阿布巴塞（Abubacer）贊成其說，曾在哲學小說中，描寫一人獨居荒島，其自然能力逐漸發展，因禁欲與無我修養，而得與神相接。阿維羅斯（Averroes）亦認人類心理，有共通現象，故曰：「靈魂不死」；復謂宗教中所說之眞理，乃係象徵性者，哲學家以比喻說明之，常人則於字面講究之，故宗教與哲學，皆彼此否認而異趣。以此見解，終被回教逐出教廷。

按：回教受希臘哲學之影響，故其宗教哲學，亦植基於此，不但與基督教關係密切，即受吾國道家思想，及北印度後期密宗之影響亦巨。近代學者，有謂基督教與印度教有關，且謂回教亦復如此。蓋穆罕默德其初商旅於歐亞各地，復隱居專修於青海邊境山中數年，故其論教義與哲學，可能爲東西哲學宗教文化交織之產品。

近代哲學之變革及影響

當十五世紀至十八世紀三百四十餘年之間，史稱近代，實爲人類思想之一大轉變時期。其時交通發達，經濟繁榮，東西各國，往返頻仍，物質文明，日新月盛，而「新大陸」之發現，尤使人之眼界擴充，自尊心理增強，於往昔之聖哲遺訓、宗教道德，悉皆懷疑而毀棄之。所有謙讓、退隱、順從、皈依、信仰等觀念，幾盡視爲變態之心理。而於一切政治、經濟、知識等等，亦皆起一大變革運動。故其時西洋之宗教哲學，亦漸由「神本」思想而轉爲「人本」主張，一反過去之「經院哲學」，而脫離其羈絆。然無論如歐陸之「唯理論」（Rationalism）與英倫之「經驗論」（Empiricism），人才輩起，學說繽紛，而大抵皆承認其基督教之教義，並未能超出「神學」之範圍，故學者謂西洋哲學家，都有「神」之觀念存在，允爲可信。

降至現代，各種新興哲學，其精闢獨到之論固多，而窮源溯本，亦皆遠紹於希臘哲學之固有精神。雖因時代推移，人類思想進化，科學智識發達，理論依據雖新，要皆盡爲支離之擴充，並無嶄新高遠之識見。故其哲學影響於政治社會者，終至失去理性唯心之權衡，難脫現實物欲之枷鎖；於是馬克斯（Karl Marx）、恩格斯（Friedrich Engels）等人，乃創立「辯證唯物論」（Dialectical Materialism）之哲學，席捲風靡，自成一家之言。復以其理論根據之現實，詭辯矯飾之細密，學者皆驚爲神聖，「蘇俄」乃竊之爲思想麻醉之工具，以遂其侵略之野心，造成今日人世間空前絕後之慘禍，豈非學術流毒人心之過乎？若欲辯正其誤，則必融會東西古今各家哲學，證以科學，而折衷於佛法精義，必可有以澄清之。然茲事體大，一人之識見能力有限，更非草率可辦。運會時新，必有賢者起而正之，瓣香祝天，企踵以待。

西洋哲學之批判

今者，綜合以希臘為淵源，演變而成西洋哲學，古今諸家之知見續紛綜錯，如網交織。無論其所立宗旨為何，要皆不能出於思想之範圍。哲學者，以聰明睿智之思惟，各言其是，作為人類思想之一類則可，若欲於此中尋求人生眞諦，解決宇宙萬有根源者，終見其有未可。如希臘時代各說，與印度各派主張，與佛稱之謂外道者相同之處頗多。印度自釋迦出世，偏習外道異學，終於菩提樹下，證悟大覺；乃起而掃除邪說，建立法幢，如赫日經天，群陰掃跡；其所駁斥諸外道異學之見者，約納為五類：曰身見、邊見、邪見、見取見、戒禁取見。

所謂身見者：即執我有身，而以我身為主，觀察萬法。西洋哲學皆以執我之見，立主觀之論。即使力避主觀，自稱客觀者，孰知其所謂客觀一觀念，亦正爲意識思惟之主觀也。

邊見者：如執一元、二元、多元、唯心、唯物、唯神等，皆屬於斯，何則？皆依有一體而立，有邊際之可循也。

邪見者：如肉體快樂之主張。唯物論者，若馬克斯、恩格斯之物質經濟決定一切等，皆屬於斯。

見取見者：即以我所見者爲眞，此之思想理念知見爲最高，一切皆非，獨取此見之極則爲是。

戒禁取見者：自立此觀念爲眞，立有禁犯範圍，一切宗教之說，皆屬於斯。

以此五見，例彼西洋哲學，實皆未脫此窠臼。佛說「如來藏性」，姑順學名，謂之「本體」，然體非實相，體自性空，一既不立，多自何居？主宰爲神，神從何立？神若非屬本體，則本體與神析而爲二；若謂是一，一則何獨靈於其神？論萬有之生滅，以因緣緣起爲妙有之用，故非自然能生。然依體性自空之如來藏性而言，則又非因緣，更非自然所能。論萬有之生滅過程，皆是無常。無常者，即一切均在變化運動遷流而不常在也。體性眞常，常亦名言方便之設辭。故說本體爲一「眞如」，如者，即如其萬物之如。《楞嚴經》所謂：「離一切相，即一切法。」但有名言，都無實義。至若求證此體性之方法，在思惟法則上，仍採用論理之「因明」。在實驗證覺上，則採用思惟禪定次序，而終趨智慧之性海。而「因明」三段論法，則以「中觀」正見爲依。「中觀」者，不但捨二邊而立「中道」，即「中道」亦屬空名，如有中可立，中亦同邊矣。且力言意識運用之思惟，終不能求證體性。蓋體性正以思惟而起自障也。故說認識之知識，終爲虛妄，何則？若有所見則見仍非實；以無見爲眞見，而無又非冥頑斷滅之無。其論人生以無常苦空爲警戒；而生命雖幻而實有，世界雖幻而實存在；此過程以人爲本位，範圍於倫理，與物同如其一體，故興「無緣之慈，同體之悲」，犧牲自我，救度眾生。復以生未可盡，而不以厭離。起無盡無量之大願大行，以盡其至眞至善至美之人事，且不以之爲我之德，乃順性爲當然之行。

復以體性空而無相，一切之立皆爲假有。而立假即眞，以假妄而顯眞如之實相；故又不捨名言，示此眞旨。空自性能，即生萬法，心物二者，皆自性之所生。雖生終滅，眞亦同妄，形似矛盾，其終統一矛盾而析入於空。空亦不立，權假中說，但皆非思惟意識之可達，唯證方知。故極稱「不可思議」，以顯體非思想可即。若如唯識所立：相分、見分、自證分、證自證分四者，衡諸哲學思想之旨歸，則但爲識見之一端耳。相分者，約一切萬有現象存在之謂相。見分者，約以我之見而見相分。自證分者，復進而能證自見之體。證自證分者，即此自證之體，究竟爲何，仍當再一返證。如此由外物現象而返證自心於知，終而空無實相。故徧觀哲學思想之理趣，祇在見分上立足，學者自身，大抵皆未返自證分之知見，故罅漏百出，罄竹難書。若知自心不得見乎自心，思而得者未必實，識所見者未必眞，可入聖道矣。雖然，以華嚴十玄門之義，綜合西洋哲學，亦可視爲佛法之一門。若世稱佛法，亦爲一種哲學思想，實謬不可以千里計。今依佛法立場觀點而言哲學，略如上述，此篇草就，爲時過促，未暇詳評；若以禪宗之祖師禪論之，則統爲閒學解，亦何有於道哉！至如西方哲學與宗教哲學中之神祕學派等說，皆未涉及，統俟他日稍得從容，另作專論。

修定與參禪法要

佛說戒定慧，爲三無漏學。即定言定，實爲戒慧二法之中心，且亦爲全部佛法修證實驗之基礎；蓋由定而使戒體莊嚴，慧發通明，八萬四千方便法門，皆乘定力而入菩提果海，各宗修法，皆定所攝。唯定並非專指跏趺坐（俗稱打坐）而言，坐與行住臥等，各爲四威儀之一，且坐有多種姿勢，修定門中，約爲七十二種；諸佛所說，以跏趺坐爲最殊勝。跏趺坐中，既得定已，而後於行住臥中鍛鍊如一，乃至應事接物，定力不失，方爲堅固。以此證取菩提，如攀枝取果，無不得心應手；然知見不正不徹，修法易歧，攝其理趣法要，略陳端緒，廣探其奧，須徧習諸經論，尤於禪觀等經，如天臺止觀、密宗法要等學，詳爲會通。

茲略述坐法——毘盧遮那佛七支坐法。

一、雙足跏趺（俗名雙盤），不能者或金剛坐（右腳放在左腿上），或如意坐（左腳放右腿上）。

二、兩手結三昧印（右手掌仰放左手掌上，兩大拇指相拄。）

三、背脊直立如串銅錢（身體不健康者，初任其自然，定久自直。）

四、肩平（不可斜嚲拖壓）。

五、頭正顎收（後腦略向後收，下顎收壓左右兩大動脈。）

六、舌抵上顎（使舌輕接於上齦唾腺中心點）。

七、兩目半斂（即半開半閉狀，或開而易定則開，但不可全開，稍帶斂意，或閉而易定則閉，但不可昏睡。）

附註事項：

1.坐時褲帶等束身之物，一併放鬆，使身體鬆弛，完全休息。

2.氣候涼冷時，必使兩膝及後頸包裹暖和，否則，風寒侵入，非藥可治，須特別注意。

3.初習定者，空氣光線應須調節，不可使光線太強或太暗；因光強易散亂，光暗易昏沉。座前三尺，空氣務使對流。

4.過飽不可即坐，昏睡過甚不可強坐，待睡足再坐，方易於靜定。

5.無論初習或久習，臀部必須稍墊高二三寸。初習者，兩腿生硬，可墊高至四五寸，漸熟漸低。（臀部不墊，身體重心必至後仰，氣脈壅塞，勞而無功。）

6.下座時，兩手搓揉面部及兩腳，使其氣血活動，然後離座，且當作適度運動。

7.坐時面帶微笑，使面部神經鬆弛，慈容可掬，不可枯槁，免使面容趨於峻冷矣。

8.初習坐時，時間少坐，以適爲度，次數多坐，以勤爲用，如初練時，強之久坐，必生煩厭。

初習禪坐時，務須極力注意姿勢，如漸久成習，無法改正，影響生理心理，反易成病。此七支坐法，所以必須如此規定，其中皆涵有深義，極合於生理心理之自然法則，不宜或違。

人之生命，首賴精神之充溢，故精神須加培養；培養之法，但使心空身寧，使生理機能，生生不已；生之不絕，耗之日少，自然充沛勝常。精神隨色身氣血之衰旺而見盈虧，氣血以思慮勞疲而漸消失；故安身可以立命，絕慮棄慾，可以養神。古醫者謂生機藉於氣化，氣運流動，循脈以行；脈非血管，謂身體內部氣機運行必循此一規則之線路；惟此事微妙，非粗淺所可知。《內經》言奇經八脈，當從古代道家脫胎；道家以任、督、衝三脈爲養生修仙之要，西藏密宗亦以三脈四輪爲即身成佛要法。密典如《甚深內義根本頌》，論氣脈之學，較之《內經》《黃庭》諸書，各有其獨到之處。唯藏密與道家，雖皆修三脈，而道家主前後，藏密主左右，此爲修法之大不同者。但均重中脈（衝脈）爲樞紐，兩家之見皆同。坐禪姿勢，採取毘盧遮那佛七支坐法，雖不明言專注氣脈，而其功效，已涵蘊於中。兩足跏趺，使氣不浮，易沉丹田，氣息安寧，心易靜止，氣不亂行，漸循諸脈流動，反歸中脈，迨其脈解心開，妄念不生，心身兩忘，斯入於大寂之境。如其氣脈不寧，而云能得定，絕無是事。例如常人身體，健康正常，心感愉快，腦力思慮亦少；如有病態，則屬相反。又如得定至初見心空者，必感身體輕安愉快，神清氣爽，無可言喻。足見心理生理二者，交互影響，元是一體也。人身神經脈絡，由中樞神經左右發展，而相反交叉，故兩手結定印，兩大拇指相拄，成一圓相，左右氣血，起交流作用。體內腑臟，皆掛附於脊椎，若曲脊彎背，五臟不能自然舒暢，必易致病，故豎直脊樑，可使腑臟氣舒。肋骨壓垂，肺即收縮，故肩平胸張，可使肺量自由擴張。後腦為思慮記憶機樞，頸間兩動脈之活動，運輸血液至腦，增加腦神經活動，故後腦稍向後收，下顎略壓二動脈，使氣血運行和緩，減少思慮，易得寧靜。兩齒唾腺間，產生津液，可助胃腸消化，故舌接唾液，以順其自然。心目為起心動念之機括，見色而動，聞聲逐象，皆目為之機，心亂則轉動不止；傲而散者則上視，陰而沉思者則下視，邪險者常左右側視，故斂視半閉，可凝止散亂之心。鬆解束縛，使身安適，常帶笑容，使精神愉悅，皆為靜定之要。故禪坐姿勢，皆有關於氣脈，雖不專言調和氣脈，而已存攝於其中。若專修氣脈，身見歷然，我執難去，反為正覺之礙矣。倘不調正姿勢，隨意而坐，曲背彎腰，久必成病，故修禪習坐者，或致氣壅，或致嘔血，色身禪病，自是叢生，可不慎哉！如依法修持，身體本能活動發生作用，氣機流行，機能活潑，大樂現前，光明流露，皆為禪定過程，乃心身動靜交互摩盪所生現象，概不可著，執之即為魔境，致成向外馳求。若修定合法，心身必得利益，如頭腦清涼，目明耳聰，呼吸深沉，四肢柔暢，甘粗糲若珍饈，宿病消除，精力充沛。至此，須力戒消耗，若一著淫慾，則氣塞脈閉，心身皆病矣。

初修禪定入門方法

定慧入門，首重發心，次當修諸福德資糧，方能入道。顯密修法，各以四無量心為重，若無大願大行，終入歧途。夫工欲善其事，必先利其器，吾人六根外對六塵，逐妄迷眞，隨流不止，《楞嚴經》中稱謂六賊，如云：「現前眼耳鼻舌及與身心。六為賊媒，自劫家寶。由此無始眾生世界生纏縛故，於器世間不能超越。」今欲依禪定之力，而返還性眞，亦當如世俗成事，而有藉於工具。修定工具，不待外求，即吾人六根是也。無論眼耳鼻舌身意任取何種，繫心一緣，熟練漸純，即可得初止境。但每一根塵，可產生若干差別法門，分析難盡。佛說一念之間，有八萬四千煩惱，故云：「佛說一切法，爲度一切心，我無一切心，何用一切法。」今言修定入門方法，亦隨吾人根器相契者，任擇其一，爲所依止。試列通常習知者數種言之，廣則應習顯密諸經論（《楞嚴經》二十五位菩薩圓通法門，已多彙列）。

眼色法門：納爲二類：繫緣於物，與繫緣光明。（一）緣物者：如於眼可見處，平放一物，或爲佛菩薩像，或其他任何物件，但以稍能發光者爲宜，而於光色選擇，亦須配合個人心理生理，例如：神經過敏，或腦充血者，用綠色光，神經衰弱者，用紅色光，個性暴躁者，用青色柔和光體；凡此須視現實情況而定，未可執泥一端，既選定一種，即不變更，若時常變易，反爲累矣。（二）繫緣光明者：如對一小燈光（限用青油燈），或香燭光、日月星光等（催眠術家用水銀晶球光），此可納爲一類；但以光對視線，稍偏爲宜。此外如觀虛空，或空中自然光色，或觀明鏡，或觀水火等物光色：亦統納一類。唯鑑鏡觀形，習之純熟，未達理趣，可致神離，幸勿輕試。

若斯諸法，內外諸道通用；其在佛法，首須知爲盡是權設，不過初用繫心，爲入門方便耳。若執著爲實，即落魔外，因心不能止於一緣，用作制止。而修定過程中，有種種差別境象，光色境中，易生幻象，或發眼通，不依明師，終爲險道。而有上根利器，不即不離，於色塵境中，豁然而悟者，則非常例可拘；如覩明星，或瞥見物，即洞見本性。禪宗古德，靈雲禪師，覩桃花而悟道，甚爲奇特。悟後有偈曰：「三十年來尋劍客，幾回落葉又抽枝，自從一見桃花後，直至如今更不疑。」後賢有步其後塵，復頌曰：「靈雲一見不再見，紅白枝枝不著花，叵耐釣魚船上客，卻來平地摝魚蝦。」誠能如是，自非諸小法所可囿矣。

耳聲法門：約有內外二種：內則自作聲音，如念佛、念各種經咒等；此復分爲三：有大聲念、微聲念（經稱金剛念）、心聲念（經稱瑜伽念）。當念此聲，即用耳根返聞其聲。初則聲聲念念，漸漸收攝，終歸於專心一念一聲，即得繫心初止。外則任緣何種音聲皆可，但最好以流水聲、瀑布聲、風吹鈴鐸聲、梵唱聲等。凡緣音聲，最易得定，《楞嚴》二十五位菩薩圓通法門，獨以觀音爲最，故云：「此方眞教體，清淨在音聞。」當初專一聲音，不沉不散。已得定矣，持此有恆，忽入寂境，於一切聲，皆不聞矣。此乃靜極境象，定相現前，經稱「靜結」，不可貪著。當離動靜二相，不住不離，證知中道，了然不生，則已由定而進於觀慧之域矣。慧觀聞性，非屬動靜，不斷不常，體自無生。然此猶為次第漸法。若禪宗古德，不歷階梯，一句了然，言下頓悟，聞聲解脫，忘其筌象者，為數至多，故禪門入道者，統皆謂觀世音法門可也。如百丈會中，有僧聞鐘聲而悟，百丈即曰：「俊哉！此乃觀音入道之門也。」他如香嚴擊竹而了，圓悟見雉飛而知聲，又若圓悟勤之「薰風自南來，殿角生微涼。」又如舉唐人艷體詩曰：「頻呼小玉原無事，祇要檀郎認得聲。」等，皆於言下證入，偉哉勝矣！世之修習耳根圓通者多矣，於動靜二相，了然不生句下死者，亦復甚眾。縱然離外境音聲，了不相關，自能寂然入定；孰知定相現前，仍為靜境，不了自心自身，皆本來在於動靜二相之中，猶為外見，若能超越於此，可許入門矣。

鼻息法門：統納一類，即緣呼吸之氣也。進而呼吸細止，即謂是息。凡修氣、修脈，練各種氣功、數息、隨息等法，皆攝此門；天臺、藏密二家，尤所注重。其最高法則，即爲心息相依。凡思慮過多，散亂心盛者，依息緣心，易見功效，既得止已，細微體察，可見心息本來相依爲命。念慮非緣息而不生，氣息以念慮而起作，氣定念寂，泊然大靜。然斯二者，皆爲本性功能之用，非道體也。道家之言，有先天一氣（氣或作炁），散而爲氣，聚而成形之說。一般外道，誤執氣爲性命之根本，認物迷心，不知體性爲用，內外之道，於是分歧。若了自性，工用日深，得心息自在之用，則歸元無二，一切皆爲權法矣。

身觸法門：此分廣狹兩類：廣義者，如上所述諸法，莫不依身根而修，苟我無身，六根何附？狹義者，如專注想色身一處，如眉間、頂上、臍下、足心、尾閭、會陰等；或作觀想，或守氣息，修氣、修脈之類，統攝於此。依身修法，易見感受，觸覺、涼暖、和軟、光滑、細澀等，不一而足。執此者，常視氣脈現象等見，以定道力之深淺，終至陷於人相、我相、眾生相、壽者相。密宗、道家，易陷此過，終不易脫法執。身見難忘，黃檗禪師嘗以爲嘆。《圓覺經》云：「妄認四大爲自身相，六塵緣影爲自心相。」古今愚味，同此一例。故永嘉云：「放四大，莫把捉，寂滅性中隨飲啄。」或曰：功未齊於諸聖，何能如此？要當借假修眞，以此爲方便，豈非入德之門耶？曰：苟知如此則可，唯恐迷頭認影，終難自拔耳！老子曰：「吾所以有大患者，爲吾有身！」至哉言乎！從知禪宗古德，絕口不言氣脈者，信有以也。

意識法門：統攝諸類，廣繹如八萬四千，大體如《百法明門論》之所具。若上來諸法，雖有五根塵境，五識之所對攝，而五識由意識爲主，如傀儡登場，中藉一線牽繫。意識如統牽諸線之主力，心王爲牽線之主人公，凡諸法相，無非心之所生。故一切法門，皆意識所造作也。獨指意識自性，強爲規範，則觀心、止觀、參禪等法，當屬此門所攝。所謂觀心，入門之初，非指具體眞心，乃謂念頭生滅之妄識心也。靜坐觀心，唯內觀返照，覓此生滅妄心，來蹤去跡，相續生滅之流頓斷，前念已滅，滅而不追，後念未生，未生不引，當體空寂。喻如香象渡河，截斷眾流，當體此境，即爲「奢摩他」之止。然猶未也，此猶住空，非爲究竟，當體觀有自空起，空自有立，生滅爲眞如之用，眞如爲生滅之體，不住二邊，而見中道，中亦不立，邊見捨除，即爲「毘鉢舍那」之觀慧。由此而止觀雙運爲因，得定慧等持之果，地地上進，可證圓滿菩提。天臺之學，與藏密黃教《菩提道炬論》，中觀正見等學，不出斯門也。至於參禪，初期禪宗，不立一法示人，言語道斷，心行處滅，何有於斯。後代參禪，以參話頭，起疑情，做工夫，非意識而何？唯其用意識入門，而不同於他法者，即疑情之爲用也。所謂疑情：非如止觀之觀心慧學，亦非百法所攝之疑，疑而曰情，實徹第八阿賴耶本識，帶質而生。此心此身，互和而凝爲一，如有物橫胸，不可拔鍥。必待遇緣觸物，豁然頓破。故曰：「靈光獨耀，迥脫根塵。」「凡所有相，皆是虛妄」矣。若「末後一句，始到牢關，把斷要津，不通凡聖。」此爲踏破「毘盧」頂上，抛向「威音」那畔，千聖琛議，難措一詞，豈是思知慮得，擬議所及哉！

定慧影像

佛法小乘之學，由戒而定，得乎慧而解脫，終至解脫知見。大乘由布施、持戒、忍辱、精進，而禪定，終至般若之果海。曰止曰觀，皆爲定慧之因，言其初象耳。凡六根爲用，演出八萬四千方便法門，初皆爲止此意念之用。念止爲定，以工力之深淺，分別其次序。其方法則或先以有爲之有而入空，或以空其所有而知妙有之用。方便多門，歸元無二也。今揀修定，首明其定相。繫心一緣，制心一處，即爲止境，入定之基也。何謂定？即不散亂，又不昏沉，惺惺而復寂寂，寂寂而亦惺惺，定也。「不依心，不依身，不依亦不依。」定也。修法之初，不爲散亂，即爲昏沉，此二者交相往來，吾人竟日畢生，於此中討生活而不覺耳！今析此二法之象。

散亂

粗名散亂，細名掉舉。若心不能繫止於一緣，妄想紛飛，思想、聯想、回憶、攀緣等等形狀，不能制心一處，此爲粗散亂。若心似已繫住一緣，而有若干輕微妄念，如遊絲塵埃，猶在往來，雖不干擾，而終爲纏眠，此如「多少遊絲羈不住，捲簾人在畫圖中」之概，此爲掉舉。用工夫者，住此境中者至多，不識不知，自謂已得定矣。孰知其大謬不然！初用心人，先則妄念不止，心亂氣浮，不得安靜，可先勞其身，若運動，若禮拜，使其身調氣柔，再行上座，但不隨妄念，祇住一緣，久久自熟。換言之，視妄念亂心，如賓客往來，我但專作一主，不迎不拒，漸漸可止。唯將止時，自心忽又覺此止境，即又起妄。再復去妄，妄去又止。如此周旋，終難止矣。須不作修止修定之想，止象現前，不必耽著，方可漸入。倘覺禪坐時，妄念反較平時爲多，此乃進步之象，不必厭煩。喻如明礬投水，方見穢濁之質；又如日光過隙，方見飛塵之揚，不足爲累。如散亂力大，不可停止，對治之法，可作數息、隨息等法，或觀想臍下或足心，有一黑色光點。又出聲念阿彌陀佛，念至佛時，使此最後聲音，拖長下沉，好像心身皆沉至無底處。此皆爲對治散亂之有效方法也。

昏沉

粗名睡眠，細名昏沉。睡眠乃身疲勞，或心疲勞所致，有此情形，不可強坐。先令睡足，方再上座，如借禪坐而睡，習慣一成，終無得定之望矣。昏沉者，心似寂寂，既不能繫心一緣，亦不復起粗妄想，唯昏昏迷迷，乃至亦無心身感覺，此種現象初起時，或有幻境，如夢相似。換言之，幻境之來，必在昏沉狀態中者。因在此境界時，意識不能明了，獨影意識，生起作用也。修定者，最易落在昏沉狀態，若自以爲定，墮落可悲。宗喀巴大師嘗云：若認此種昏沉爲定，命終墮入畜生道。可不愼哉！對治之法，觀想臍中有一紅色光明點，直衝上頂而散。或極力提全身力量，大呼一聲吒，或捏閉兩鼻，忍住氣息，至無可忍時，極力用鼻射出，或用冷水沐浴，或作適度運動，如練習氣功者，可能少有此種現象。（又有認昏沉即頑空，非也，頑空乃木然無思念，類似白癡。）

散亂昏沉，若得離已，忽於一念之間，心止一緣，不動不搖，必生輕安現象。輕安生起，亦有二途：若初自頂上有清涼感覺，如醍醐灌頂，偏貫全身，心止身輕，柔若無骨，身直如松，所緣境念，歷歷分明，了無動靜昏散之相，自必喜悅無量，但或久或暫，猶易消失。若初自足心發起，或煖若涼，漸上至頂，如洞穿天宇，則較易爲保持。儒家稱靜中覺物，皆有春意，如云：「萬物靜觀皆自得」，即由此境中體會得來。輕安現象發後，最好獨居靜室，直道上進。倘復攀緣，終至消逝。如精進無間，輕安覺受漸薄，此非失去，亦如慣食其味，漸失初時異感耳。

由此精進不斷，定力堅固，清明在躬，色身氣脈，有種種變化，發煖發樂，微妙莫名，即得內觸妙樂之趣，方可斷除世間慾根。而初機發動，生機活潑，陽氣周流，如忘繫緣一境，必使慾念熾然，如履險道，可不慎乎！過此以往，發生頂相，氣息歸元，心止寂境，三昧所戒，難用言傳。且此中過程，心身變化百端，皆須知其對治，方克有濟，戒所遮止，姑置勿論。

止定之道，至此或有氣住脈停現象，他家言其境象至詳。邵康節詩云：「天根月窟常來往，三十六宮都是春。」但言之甚易，行之維艱。至此仍住定境，可發五種神通，神通以眼通最難發，如眼通發起，其餘可相繼而發。亦有根器不同，或發一通，或爲併發，並無一定。眼通發時，無論閉目開目，徹見十方虛空，山河大地，微細塵中，一一如透明琉璃之體，不隔毫端。凡所欲覩，應念可見；其餘四通，例彼可知。然當此時，定心未臻上乘，智慧未開，既隨妄流轉，失卻本心矣。至若以此惑人，即成魔事。故以定爲止境者，如履黑夜，最易落險。魔外分途，正在於此，不可不察。或不發通，而定心堅固有力，隨意可控制心身，停止氣息心臟活動，若印度婆羅門、瑜伽術、吾國之鍊形器合一之劍術等，皆得此而用，以驚世駭俗。唯篤行至此，非摒除外務，窮年累月，專心致力，亦不可倖得也。

佛法內明定慧之學，以定爲基，得此定已，終復捨此一念，住於「生滅滅已，寂滅現前。」此心此身，皆所不取，何況心身所發現之諸境界。一有境界可得，即爲心所之所生，仍屬生滅之念，終爲虛妄。《楞嚴經》云：「現前雖得九次第定，不得漏盡成阿羅漢，皆由執此生死妄想，誤爲眞實。」若捨定相，住於寂滅，性空現前，爲小乘所宗之果，破了我執得人空耳。修大乘菩薩道者，猶捨空寂，轉觀假有實幻之生滅往來，緣起無生，成爲妙有之用。終復不住不著，不執空有二邊，捨離中道，不即不離，以證等妙二覺果海，方知一切眾生，本來在定，不假修證也。其中理趣，佛說一大藏教，反復詳論，毋待贅言。雖然捨定無基，徒知其理，未證其事，終爲乾慧狂見，隨流不返，不能主持由我，亦屬虛妄耳。世之學貫古今，舌粲蓮花者夥矣，工用毫無，徒逞口說者，任從說得頑石點頭，終見其無濟於事，徒逞人我，毀他自讚，寧為佛心耶！古德云：「說得一尺，不如行得一寸。」必當猛自反省，痛砭斯病，循五乘階梯之學，為不易之理，相期同勉之。

參禪指月

參禪法門，不同禪定，亦不離禪定，其中關係（見〈禪宗與禪定〉〈參話頭〉各節），已略言之矣。今復畫蛇添足，且作落草之談。夫參禪者，首當發心。且須知直趨無上菩提，應非小福德因緣可辦，由人天二乘而至大乘，五乘道所攝六度萬行，修積福德資糧諸善法，均須切實奉行。達摩初祖曰：「諸佛無上妙道，曠劫精勤，難行能行，非忍而忍，豈以小德小智，輕心慢心，欲冀眞乘，徒勞勤苦。」發心眞切，福德圓具，自然時節因緣易熟，擇法智慧分明，故曰：「學道須是鐵漢，著手心頭便判，直取無上菩提，一切是非莫管。」既具辦此心胸見識已，須覓眞善知識，依止明眼過來人，急覓拄杖，直趨大道，不生退悔心，今生不了，期之來生，堅志三生，無有不成者。古德有謂：「抱定一句話頭，堅挺不移，若不即得開悟，臨命終時，不墮惡道，天上人間，任意寄居。」須知古德中之眞善知識，深明因果，絕非自欺欺人者，其所立言，寧不可信！話頭者，即爲入道之拄杖，善知識者，猶如識途老馬，手握拄杖，乘彼良駒，見鞭影而絕塵，聞號角而脫鎖，自他互重，子啄母啐，一旦豁然，方知本未曾迷，云何有悟耶！

若以起疑情、提話頭、作工夫，而並論參禪，其中過程，可作影響之談。須知此所言者，實爲影響，非實法也，「與人有法還同妄，執我無心總是癡！」如執以爲鑑，印己勘人，皆變醍醐成毒藥，喪身失命，過在當人。倘輕以爲非，則龍見葉公，頓時遠避。是法非法，交代清楚，不任其咎矣。

青原惟信禪師上堂法語云：「老僧三十年前，未參禪時，見山是山，見水是水。及至後來，親見知識，有個入處；見山不是山，見水不是水。而今得個休歇處；依前見山祇是山，見水祇是水。大眾，這三般見解，是同是別？有人緇素得出，許汝親見老僧。」

故曰：「參要眞參，悟要實悟。」若大死一番，忽然大活，初見悟境現前，心目定動，覓此身心，了不可得，古德所謂：「如在燈影中行」，乃實事境象。到得此時，夜睡無夢，而可證得醒夢一如之境。三祖所謂：「眼若不寐，諸夢自除，心若不異，萬法一如。」方乃親見實信，純爲實語，非表詮法相。故陸大夫向南泉禪師曰：「肇法師也甚奇特，解道天地與我同根，萬物與我一體。」師指庭前牡丹花曰：「大夫，時人見此一株花，如夢相似！」此所指夢相似，以及經教所示如幻如夢之喻，皆與事合。及乎至此，亦視力有深淺，須加保任。雲巖示道吾以笠，囑蓋覆，庶免滲漏，正爲此也。而蓋覆保任之功，如百丈示長慶，曰：「如牧牛人執杖視之，令不犯人苗稼。」否則，仍復退失。世之禪人，亦多經此境，究乃「如蟲禦木，偶爾成文。」俗謂瞎貓撞著死老鼠，自無把握。若明得見得，如牧牛保任之功，自然復能深入。但初得此象，易發禪病。韶山示劉經臣居士曰：「爾後或有非常境界，無限歡喜，宜急收拾，即成佛器。收拾不得，或致失心。」黃龍新示靈源清曰：「新得法空者，多喜悅，或致亂，令就侍者房熟寐。」若到得此已，能隨處茅茨石室，長養聖胎，只待道果成熟，然後向世出世間，兩邊行履，「一切治生產業，皆與實相不相違背。」說得的即是行得的，悟行合一，不落邊際，大義當爲之事，雖鑊湯炭火在前，應無分別而行。久久鍛煉，於念而無念之間，自在運用矣。

然猶未也，於此無實相境象，仍要捨離，著此即落法身邊事，涅槃果海，猶隔重關。仍須死活幾番，打得心物一如，方得心能轉物。苟以前境純熟，得如圓滿月時，恰爲初悟。曹山所謂：「初心悟者，悟了同未悟。」於此語中，須細檢點。故南泉玩月時，有僧問：「幾時得似這個去？」師曰：「王老師二十年前，亦恁麼來！」曰：「即今作麼生？」師便歸方丈。何以謂至此須打得心物一如，方可轉此重關？歸宗曰：「光不透脫，祇爲目前有物。」南泉曰：「這個物，不是聞不聞。」又云：「妙用自通，不依傍物，所以道通不是依通。事須假物，方始得見。」又云：「不從生因之所生。」文殊云：「惟從了因之所了。」夾山曰：「目前無法，意在目前，不是目前法，非耳目之所到。」凡此等等，難以枚舉，皆有事相，非徒爲理邊事也。既到此已，又須拋向那邊，如靈雲法語，可通斯旨。

長生問：混沌未分時，含生何來？師曰：如露柱懷胎。曰：

分後如何？師曰：如片雲點太清。曰：未審太清還受點也無？師不答。曰：恁麼含生不來也？師亦不答。曰：直得純清絕點時如何？師曰：猶是真常流注。曰：如何是真常流注？師曰：似鏡長明。曰：向上更有事也無？師曰：有。曰：如何是向上事？師曰：打破鏡來與汝相見。

然則打破鏡來，已是到家否？曰：未也。到家事畢竟如何耶？曰：豈不聞乎：「向上一路，千聖不傳。」雖然如此，姑且指個去路，曰：最初的即是最末的，最淺的就是最高深的，諸惡莫作，眾善奉行。

如上簡述，皆是事理並至，實相無相，影響之談。是法非法，由人自揀。倘是上根利器，早已不受他人惑亂之言。但切勿輕率口說禪道，事相毫無證得，知解自重，狂言呑人。曰：古德云：大悟十八回，小悟無數回。我已身心皆忘，不識不知，頓然入寂，大死大活過幾回，猶未在也，何得言之極簡？曰：古德此說大悟小悟，非證事相之言，謂悟理入之門耳。此語固可激勵後學，而誤人亦匪淺矣。若言頓寂與大死大活無數回，統屬工用邊事，如曹洞師弟所稱功勳位上事，不盡關於吾宗門之實悟事也。惟悟後行履，「不異舊時人，衹異舊時行履處。」不執功勳，亦重功勳耳。利智之士，直探根源，但如賊入空室，赤條條來去無牽掛，何有於理於事哉！雖然，也須出一身白汗始得，非如畫眉點額事，輕淺可及也。所言出一身汗，終亦不可執相，不出汗而悟者，亦大有人在。但示非甘苦到頭，終不踏實耳。如：

龍湖普聞禪師，唐僖宗太子。眉目風骨，清朗如畫，生而不茹葷，僖宗百計移之，終不得。及僖宗幸蜀，遂斷髮逸遊，人不知者。造石霜，一夕，入室懇曰：祖師別傳事，肯以相付乎？霜曰：莫謗祖師。師曰：天下宗旨盛傳，豈妄為之耶？霜曰：是實事耶。師曰：師意如何？霜曰：待案山點頭，即向汝道。師聞俯而惟曰：大奇！汗下。遂拜辭。後住龍湖，神異行跡頗多。

靈雲鐵牛持定禪師，太和磻溪王氏子。故宋尚書贄九世孫也。自幼清苦剛介，有塵外志，年三十，謁西峰肯庵剪髮，得聞別傳之旨。尋依雪巖欽，居槽廠，服杜多（頭陀）行。一日，欽示眾曰：

兄弟家！做工夫，若也七晝夜一念無間，無個入處，斫取老僧頭做舀屎杓。師默領，勵精奮發，因患痢，藥石漿飲皆禁絕，單持正念，目不交睫者七日。至夜半，忽覺山河大地，徧界如雪，堂堂一身，乾坤包不得。有頃，聞擊木聲，豁然開悟，徧體汗流，其疾亦愈。且詣方丈舉似欽，反覆詰之，遂命為僧。

五祖演參白雲端。遂舉僧問南泉摩尼珠語請問。雲叱之，師領悟。獻投機偈曰：山前一片閒田地，叉手叮嚀問祖翁，幾度賣來還自買，為憐松竹引清風。雲特印可……。雲語師曰：有數禪客自廬山來，皆有悟入處；教伊說亦說得有來由；舉因緣問伊，亦明得；教伊下語，亦下得，祇是未在！師於是大疑，私自計曰：既悟了，說亦說得，明亦明得，如何卻未在？遂參究累日，忽然省悟，從前寶惜，一時放下。走見白雲，雲為手舞足蹈。師亦一笑而已。師後曰：吾因茲出一身白汗，便明得下截清風。

若斯之類，方爲親切，而又何其便捷，倘執「大死大活」、「枯木生花」、「冷灰爆豆」、「囫的一聲」、「普化一聲雷」等。形容譬喻字句，認爲實法，必有事相，則於宗門無上心法，永未夢見在，不值識者一笑。如認此皆是譬喻語，非關事相，亦如癡人說夢，不知夢是癡人也。

然則，參禪悟後人，復修定否？曰：修與不修，乃兩頭語。「不擒不縱坦然住，無來無去任縱橫。」終日著衣吃飯，未曾咬著一粒米，未曾穿著一條線，如飛鳥行空，寒潭撈月，終無事相之可得。若猶未穩，一切法門，皆同實相，自可任意摩挲，不妨從頭做起。臨濟示寂時有偈曰：「沿流不止問如何？眞照無邊說似他，離相離名人不稟，吹毛用了急須磨。」曰：還須坐禪否？曰：是何言哉！行住坐臥四威儀中，自然處處會得方可，未可獨謂坐禪方是，亦不可謂坐禪不是，如是悟道人，自解作活計，「長伸兩足眠一寤，醒來天地還依舊。」又有何處不是耶？黃龍心稱虎丘隆爲瞌睡虎，豈偶然哉！又如：

臨濟悟後，在僧堂裡睡，黃檗入堂，見，以拄杖打板頭一下。師舉首見是檗，卻又睡。檗又打板頭一下。卻往上間，見首座坐禪。乃曰：下間後生卻坐禪，汝在這裡妄想作麼？

鐵牛定悟後，值雪巖欽巡堂次。師以楮被裹身而臥。欽召至方丈，厲聲曰：我巡堂，汝打睡，若道得即放過，道不得即趁下山。師隨口答曰：鐵牛無力懶耕田，帶索和犂就雪眠，大地白銀都蓋覆，德山無處下金鞭。欽曰：好個鐵牛也。因以為號。

但石霜會中，二十年間，學眾多有「常坐不臥，屹若株杌。」天下謂之枯木眾。亦非獨謂睡方是道也。玄沙見亡僧謂眾曰：「亡僧面前，正是觸目菩提，萬里神光頂後相。學者多溟涬其語。」復有偈曰：「萬里神光頂後相，沒頂之時何處望？事已成，意亦休！此個來蹤觸處周，智者撩著便提取，莫待須臾失卻頭。」此之所舉，須切實參究，不可草草，落在斷常二見。至若禪門之禪定，《六祖壇經》、諸祖語錄，言之甚眾，文繁不引，且錄南泉語，以殿其後。

「據說十地菩薩，住『首楞嚴』三昧，得諸佛祕密法藏，自然得一切禪定解脫，神通妙用、至一切世界，普現色身，或示現成等正覺，轉大法輪，入涅槃。使無量入毛孔，演一句經，無量劫其義不盡。教化無量千億眾生，得無生忍，尚喚作所知愚，極微細所知愚，與道全乖。大難！大難！珍重。」

《金剛經》云：「我所說法，如筏喻者；法尚應捨，何況非法。」然則上來所述種種，皆作夢語觀可也。若有作實法會取，即化醍醐成毒藥，言者無心，聽者受過矣。

跋

心地法門，單提直指，向上一路，密不通風。蓋直下即會，箭過新羅，豎拂擎拳，皆成話墮；惟離心意識參，絕聖凡路學，將一句無義味語，含裹識田，如金剛圈、栗棘蓬，吐吞不得，直饒到坐地斷，爆地折，方許少分相應。其或頂上聞雷，豁開正眼，徹底掀翻，失聲一笑，始知截流一句，不涉唇吻，堂堂歲月，空費草鞋。從此虛空爲口，萬象爲舌，燈籠露柱，晝夜常說，剎竿倒卻，處處逢渠矣。樂清南懷瑾先生，誕鄰玄覺之鄉，密契曹溪之要，具透關眼，現居士身，髫齡誓志，徧歷諸方，禪教道密，不捨一法，以道無內外，法泯中邊，語其究竟，靡不涵蓋，真爲佛子，作丈夫事，橫流泛濫，僅覯斯人。所撰《禪海蠡測》一書，包孕群品，翕納眾流，百川雖殊，海水味一，於無說中，熾然有說，舉從上祖師緘封密固，不肯與人道破者，不惜拈出龜毛，顯透消息，洵可謂婆心片片，痛切肺肝者矣。此事如粉雪煤墨，毫釐千里，未明者個，皆在騎牛覓牛，直須毒手一擊，頓教伎倆都盡，然後太虛迸裂，千山獨露，經塵點劫，何曾暫離！寶茲妙藥，普癒瘖聾，無米油糍，嘗者有分。以如是眼，讀如是書，作者苦心，庶不唐喪。

佛曆二五二〇年歲次乙未仲夏月優婆塞菩薩戒弟子張無諍謹跋

禪海蠡測賸語

禪宗一門，爲我國佛教中之一革新派，旨在傳佛心印。自釋迦牟尼傳大迦葉，遞至二十八代菩提達摩，東來震旦，是爲此土初祖。復自二祖僧璨遞傳至六祖惠能，宏開五葉，宗風大振。雖所提倡以「不立文字，直指人心，見性成佛」爲宗旨，惟文字語言，亦未始非心傳方便法門；故達摩初亦曾用《楞伽經》四卷以印心。惠能於黃梅，剛道得「本來無一物」一偈，便得衣鉢，惟當授受之際，猶爲說《金剛經》。其在曹溪弟子亦有《壇經》之記。厥後二派五宗，無不直指向上，皆令自求、自行、自悟、自解；然亦究不能無說，說不能無文。蓋借語傳心，因指見月，語言文字，有時亦不失爲接引開示之方便也。

世謂禪宗爲教外別傳，實則謂之別傳固可，謂之非別傳而爲嫡傳亦可。蓋眞諦不二，以教證宗，以宗舉教，教實有言之宗，宗本無言之教。三藏十二部，默契之則皆宗；千七百公案，舉揚之則皆教。佛說法數十年，未嘗說得一字，以法尙應捨也。故究竟言之，教原未嘗有言，而宗亦未嘗無言也。天下同歸而殊途，百慮而一致。歸元無二路，方便有多門。能徹悟自心是聖，自心是佛，則觸著便了，更無餘事。天地與我同根，萬物與我一體，豈可因門庭施設，而分宗分教，儼然門戶崢嶸，自生差別哉！

南君懷瑾，頃以所著《禪海蠡測》書稿見寄。細讀之，深覺其超情離見，迥出格量。君雖深契禪宗，然不以話頭爲實法，不以棒喝作家風；橫說豎說，語語由自性心田中流出，絕非如優人俳語者可比。其中冶儒釋道各家之言，而綜諸一貫，會歸一旨，儻非能如大海之納百川者，曷克臻此？是書雖累十餘萬言，要亦祇道得一字。若會時，看固得，不看亦得；不會時，不看固不得，看亦不得。洛浦安答僧云：「一片白雲橫谷口，幾多飛鳥盡迷巢。」是佛固著不得，經典公案亦著不得。讀者於此書所示，一字一句，又豈能著得？「不離文字難爲道，盡捨語言始是經。」讀者切勿泥於語句，墮入文字禪中，而宜獨超冥造乎語言文字之外，是爲近之。否則依然陷在妄想知見網中，雖一輩子學佛，一輩子參禪，一輩子求道，騎驢覓驢，與自己本來面目，毫沒干涉，而終歸是凡夫。余昔贈靈巖寺僧傳西有句云：「不學佛時方成佛，非參禪處即參禪。」此與張拙見道偈之：「斷除煩惱重增病，趨向眞如亦是邪。」及憨山大師所謂：「妄想與而涅槃現，煩惱起而佛道成。」其義一也。

余與懷瑾，論交十餘年矣。抗戰初起時，君甫逾弱冠。殫力墾殖，深入夷區，部勒戍卒，蠻烟瘴雨，躍馬邊陲，氣宇如王，高自期許。卒以囿於環境，單騎返蜀，復事鉛槧。曾述其經歷，著《西南夷區實錄》一書；則又恂恂儒者，非復向日馬上豪雄矣。無何，任教中央軍校，時余主持《黨軍日報》，每相與論天下事，壯懷激烈，慨然有澄清之志。惟以資稟超脫，不爲物羈，故每嘗芒鞋竹杖，徧歷名山大川，友天下奇士，不知者輒目爲癡狂，而君則恬然樂之。嘗曰：「鐘鼎山林，固皆夙願，苟頓脫可企，則視天下猶敝屣耳！」三十二年，余以嬰疾，藥爐禪榻，時益相親；曾與徧訪高僧，並同師事光厚老和尚。不期年，君辭軍校事，而致學於金陵大學研究院社會福利系。後又棄隱於青城之靈巖寺，霜楓紅葉，日伍禪流。旋從禪德袁煥仙居士遊，契入心要。嗣即不知蹤跡者久之。一日，忽有客自峨嵋來，始知閉關於中峰絕頂之大坪寺，西川舊好，相顧愕然！耆年如謝子厚、傅眞吾，及君師袁煥仙等，相約入山訪之，始知由名僧普欽之介，悄然至峨嵋，初於龍門洞猴子坡等處，疊示靈異之跡，乃獲寄跡該寺。在此期中，並曾折服當時負有盛名之唯識學者王某。龍門寺僧演觀，曾記其事與對話，刊有專冊行世，不脛而走。龍泉在匣，光芒不掩，眞性情人，行事大抵固如是也。

後三年，余宰灌縣，君飄然菈止，美髯拂胸，衲衣杖策，神采奕奕。問從甚處來？答謂：「前從靈巖去，今自金頂回。」問：在峨嵋山何爲？曰：「三年閉關，閱全藏竟。」復問其今後擬往何處？則曰：「到處不住到處住，處處無家處處家。」相視而失笑者久之。翹夏青城後，即遠遊康藏，窮探密宗之奧；行跡徧荒山絕巘，叢林古剎。行腳愈遠，所接大德高僧奇人異士亦愈眾，而跡亦愈晦。蓋所謂：「就萬行以彰一心，即塵勞而作佛事」者也。嗣聞其經康藏至昆明後，曾講學於雲南大學。折返錦城，並一度應川大哲學教授傅養恬之邀，講學於哲學研究會。斯時已聲光併耀，緇白聞風問道者絡繹。迨抗戰勝利後二年，君即返里省親，嗣復深隱於天竺靈隱山中，棲心玄祕。爾時，余適于役京畿，彼此不相聞問矣。

三十八年夏，余自滬來臺。一夕，君忽枉訪於臺北寓所，始悉其方有所營爲。越明年，事與願違，忽爾晦跡，行藏莫卜者久矣。迄去冬，因某居士之約而復聚於海濱一陋巷中，破窗塵几，意趣蕭然；當力促以重親筆硯。初不謂然，幾勸始諾。曾未數月，遂成斯篇，都凡二十章，鈎元提要，探幽闡微，手眼別具，發前人之所未發。全書以禪宗爲主眼，而融會眾流，歸趣大海，雖於從上各家之說，略有損益，要皆言必有宗，指歸至當。至若〈參話頭〉〈中陰身〉，及〈修定參禪法要〉諸篇，則皆古人穩密緘固不肯爲人說破者，今皆不惜眉毛，金針巧度。雖小出作略，而其資益於眞心向道者，寧爲淺鮮？至其提持綱要，語不滯物，思泉坌湧，如山出雲，殆今日之廣陵散矣。余初識懷瑾，英年挺拔，跌宕磊落，前途正未可量；卒之鄙棄功名，參伍猿鶴，得以博覽法藏，獨契心源，返樸還淳，泥塗軒冕，所謂遊於方之外者非歟？又君髫年曾習武技與方術，卒致力於佛法；深入禪教密各宗之堂奧。今後究將以何者爲其歸止，則又未可逆測。其殆遊戲人間，應物無朕者耶！爰因其書成，略綴其生平行履一斑以附，庶讀其書者，亦得略知其人。余雖早歲皈命瞿曇，然放逸怠荒，憚於精進，似草野人，爲廊廟語，門外之誚，寧能倖免？惟承命爲校訂，於義不能無言，拉襍書之，亦自哂也。

蕭天石　中華民國四十四年六月於臺中草廬

禪海蠡測

建議售價・380元

編 著 者・南懷瑾
出版發行・南懷瑾文化事業有限公司
地址：106台北市大安區羅斯福路三段125號5樓之3
電話：（台北）+886-2-2367-5678
（台中）+886-4-2265-2939（白象文化）
法律顧問・翰廷法律事務所黃秀蘭律師
代理經銷・白象文化事業有限公司
台中市402南區美村路二段392號
經銷、購書專線：04-22652939　傳真：04-22651171
印　　刷・基盛印刷工場
版　　次・中華民國一〇三年（西元2014）九月初版一刷

設計編印　白象文化
www.ElephantWhite.com.tw
press.store@msa.hinet.net
總監：張輝潭　專案主編：林榮威

國家圖書館出版品預行編目資料

禪海蠡測／南懷瑾著. --初版.—臺北市：南懷瑾文化，2014.09
面：　公分.
ISBN 978-986-90588-5-8（平裝）
1.禪宗
226.62　　103011898